PHILIPP FLEITER
PETER & JOHANNES SICH
Jack the Ripper

GOLDMANN

Buch

Er ist der bekannteste Mörder der Welt. Doch bis heute kennt niemand seine wahre Identität. Jack the Ripper war im London des ausgehenden 19. Jahrhunderts für fünf brutale Frauenmorde verantwortlich. So glaubt zumindest die Polizei, denn gefasst wurde er nie. In einem Bekennerschreiben nannte er sich selbst »Jack the Ripper«. Wer er wirklich war? Das weiß man bis heute nicht. Er suchte seine weiblichen Opfer vermeintlich wahllos aus, tötete sie in den dunklen Gassen des Londoner East Ends und wurde zur düsteren Legende. *Verbrechen von nebenan*-Podcast-Star und Bestseller-Autor Philipp Fleiter rollt den berühmtesten True-Crime-Fall der Welt neu auf – als Kriminalgeschichte zum Miträtseln. Spannend, spielerisch und klug recherchiert. Ein True-Crime-Rätselbuch für Erwachsene und nichts für schwache Nerven!

Autoren

Philipp Fleiter wurde in Ostwestfalen geboren und wollte als Kind am liebsten *Wetten, dass ..?* moderieren. Stattdessen studierte er Pädagogik und Psychologie und arbeitete nach seinem Abschluss als Radiojournalist und Moderator. 2019 startete er den Podcast *Verbrechen von nebenan*, der schnell zu einem der erfolgreichsten deutschen Podcasts geworden ist. Bei *SKY* moderierte Fleiter eine eigene Fernseh-Adaption des Podcasts und ging außerdem mit dem Format auf Live-Tour durch Deutschland, Österreich und die Schweiz. Als Experte für Kriminalität ist er ein gern gesehener Gast im TV und in anderen Podcasts. Fleiter lebt in Gütersloh.

Johannes Sich ist Illustrator und Spieleentwickler. Geboren in Köln und aufgewachsen zwischen Rhein und Ruhr, entdeckte er früh seine Leidenschaft fürs Zeichnen, für Geschichten, Spiele, Rätsel und das Kaffeetrinken. 2021 erschien der erste Teil seiner Krimispiel-Serie *MicroMacro: Crime City*, der den Titel *Spiel des Jahres* sowie zahlreiche weitere internationale Auszeichnungen erhielt. Seitdem ist er fast ausschließlich damit beschäftigt, Kriminalfälle zu entwickeln, Kaffee zu trinken und kriminelle Charaktere zu zeichnen.

Peter Sich kennt sich aus mit Rätseln und guten Geschichten, immerhin hat er u. a. Philosophie und Literaturwissenschaften studiert. Anschließend hat er an verschiedenen Unis unterrichtet, als Lektor gearbeitet und war als Reporter für die *Süddeutsche Zeitung* unterwegs. Mittlerweile kümmert er sich um Kommunikation und PR und sorgt bei der Brettspielreihe *MicroMacro: Crime City* dafür, dass nicht nur die Stories, sondern auch die Texte stimmen.

Außerdem von Philipp Fleiter im Programm:

Verbrechen von nebenan
auch als E-Book erhältlich

PHILIPP FLEITER

PETER & JOHANNES SICH

JACK THE RIPPER

Ein Fall für »Verbrechen von nebenan«

GOLDMANN

MIX
Papier | Fördert gute Waldnutzung
FSC® C014496

Penguin Random House Verlagsgruppe FSC® N001967

2. Auflage
Originalausgabe Oktober 2023

Umschlag: Uno Werbeagentur, München
Umschlagmotiv: FinePic®, München
Redaktion: Carla Felgentreff
Karte: © Peter Palm
Satz: Satzwerk Huber, Germering
Druck und Bindung: GGP Media GmbH, Pößneck
Printed in Germany
JE · cb
ISBN 978-3-442-14280-4

www.goldmann-verlag.de

Inhalt

Personen

Mary Ann »Polly« Nichols, ehemalige Haushaltshilfe ohne festen Job
Dick, Nachtportier des Willmott's
Emily Holland, Freundin von Polly
Charlotte Frances Foster, Reporterin der New York Tribune
Berta Paddington, Wirtin von Charlotte
Thommie, Straßenjunge, Informant von Charlotte
Ken & Paddy O'Ryan, Droschkenkutscher
Frederick Abberline, Inspector bei Scotland Yard
Simon Green und Brady Baker, Constables
Pavel, Paul und Pinky, Stadtstreicher
Mary Jane Kelly, ehemalige Prostituierte
Joseph Barnett, Freund von Mary Jane Kelly
Zahnlose Miranda, Inhaberin des Red Lion
Eliza Ann Chapman, Blumenverkäuferin
William Nichols, Exmann von Mary Ann Nichols
Isabelle Beaufort, Inhaberin des Maison D'Amour
Tim Donovan, Wächter des Wohnheims Crossingham's
Amelia Richardson, Vermieterin des Hauses 29 Hanbury Street
Prinz Albert Victor Christian Edward, Enkel von Queen Victoria
John Netley, Kutscher des Prinzen
Dora Ferguson, Zimmermädchen
Charles Moore, Inhaber der Central News Agency
Henry Lamb, Constable
Minerva Wilkins, Wirtin der Pension in der Berner Street
Israel Schwartz, Zeuge
Catherine Eddowes, verkauft Schmuck auf der Straße
Elizabeth Stride, Putzkraft ohne festen Job

Alfred Long, Constable
Aaron Kosminski, ehemaliger Barbier, gilt als geisteskrank
Arthur Wilson, Mitglied der Bürgerwehr
George Lusk, Gründer der Bürgerwehr
Hank Harding, arbeitsloser Ganove
Jakob Ludwig, arbeitsloser deutscher Auswanderer, Spitzname »Messer-Jake«
Dr. John Williams, Geburtsmediziner
Lizzie Williams, Ehefrau von Dr. Williams
John McCarthy, Vermieter von Mary Jane Kelly
Matilda Kosminski, Schwester von Aaron Kosminski
Polydore de Keyser, Bürgermeister von London
Sir James Whitehead, de Keysers Nachfolger im Amt

Vorwort

Ein Buch ist eine Reise mit unbestimmtem Ausgang, hat irgendein schlauer Mensch mal gesagt. Für dieses Buch stimmt das definitiv, wir haben gemeinsam eine weite Reise hinter uns – ziemlich genau 700 Kilometer nach Westen und knapp 150 Jahre in die Vergangenheit. Wahrscheinlich habe ich die letzten zweieinhalb Jahre mehr Zeit in London im Jahr 1888 verbracht als in meiner Lieblingsbar. Und eigentlich fängt die Geschichte dieses Projektes auch in einer Bar an: Im August 2020 treffe ich meinen Lektor Johannes zum allerersten Mal in einer Hipster-Kneipe in der Nähe des Sendlinger Tors in München. Der Vertrag für mein erstes Buch ist da noch gar nicht unterschrieben, aber ein kluger Verlagsmensch fragt seinen Autor natürlich, welches Buch er gerne als nächstes schreiben würde.

»Ein True-Crime-Rätselbuch«, antworte ich ihm in meinem Aperol-getriebenen Leichtsinn, ohne zu zögern. Viele andere Verlagsmenschen würden wahrscheinlich sowas sagen wie »Aha« und dann schnell die Rechnung bestellen. Aber überraschenderweise findet Johannes die Idee genauso gut wie ich. Und bevor mein erstes Buch überhaupt erschienen ist, habe ich auch schon einen Vertrag für das nächste unterschrieben, also für genau das Buch, das ihr gerade in der Hand haltet. Spoiler: Ganz so einfach, wie ich mir das Ganze nach drei bis vier Aperol in der Münchner Spätsommersonne vorgestellt habe, war es dann doch nicht. Woher sollten die Rätsel kommen? Wie baut man die am besten in die Geschichte ein, und was ist mit den Leuten, die vielleicht gar nicht rätseln und nur lesen wollen? Und überhaupt: Um welchen Fall soll es gehen?

Die Frage nach dem richtigen Kriminalfall klärt sich zum Glück schnell: Jack the Ripper ist wohl der bekannteste True-Crime-Fall der Welt und fasziniert die Menschen (mich eingeschlossen) bis heute.

Ziemlich schnell ist auch die Frage mit den Rätseln geklärt, als wir mit den Brüdern Peter und Johannes Sich zwei echte Experten mit ins Boot holen. Und doch stellt sich schnell heraus, dass ich dieses Buch eben doch nicht so einfach schreiben kann, wie mein erstes. Ich brauche einen Rahmen für den Fall, eine spannende Handlung, die die historischen Ereignisse miteinander verknüpft und aus den Fakten eine Geschichte macht. Zum allerersten Mal in meinem Leben (mal abgesehen von meinen selbst aufgenommenen Kassetten als Kind) muss ich mir also Charaktere ausdenken und sie mit Leben füllen. Gleichzeitig müssen die Opfer, die Tatorte und auch das Leben in London zu dieser Zeit möglichst historisch korrekt recherchiert sein – basierend auf realen Ereignissen eben. Habe ich mich in den letzten zweieinhalb Jahren mehr als einmal gefragt, ob das ganze Projekt eigentlich eine gute Idee war? Definitiv. Bin ich trotzdem (oder gerade deshalb?) unglaublich stolz und glücklich über dieses Buch? Absolut.

Ihr könnt auf den nächsten Seiten also einiges über die Ripper-Morde lernen oder es einfach lesen wie einen True-Crime-Roman und Charlotte Foster bei ihren Ermittlungen folgen. Aber mehr Spaß macht es definitiv mit den insgesamt zehn Rätseln, die im gesamten Buch verteilt sind. Noch nie in meinem Leben habe ich so lange an einem einzelnen Projekt gearbeitet wie an diesem hier. Ich hoffe, ein bisschen merkt man das beim Lesen.

Viel Spaß dabei!

euer Philipp

Kapitel 1

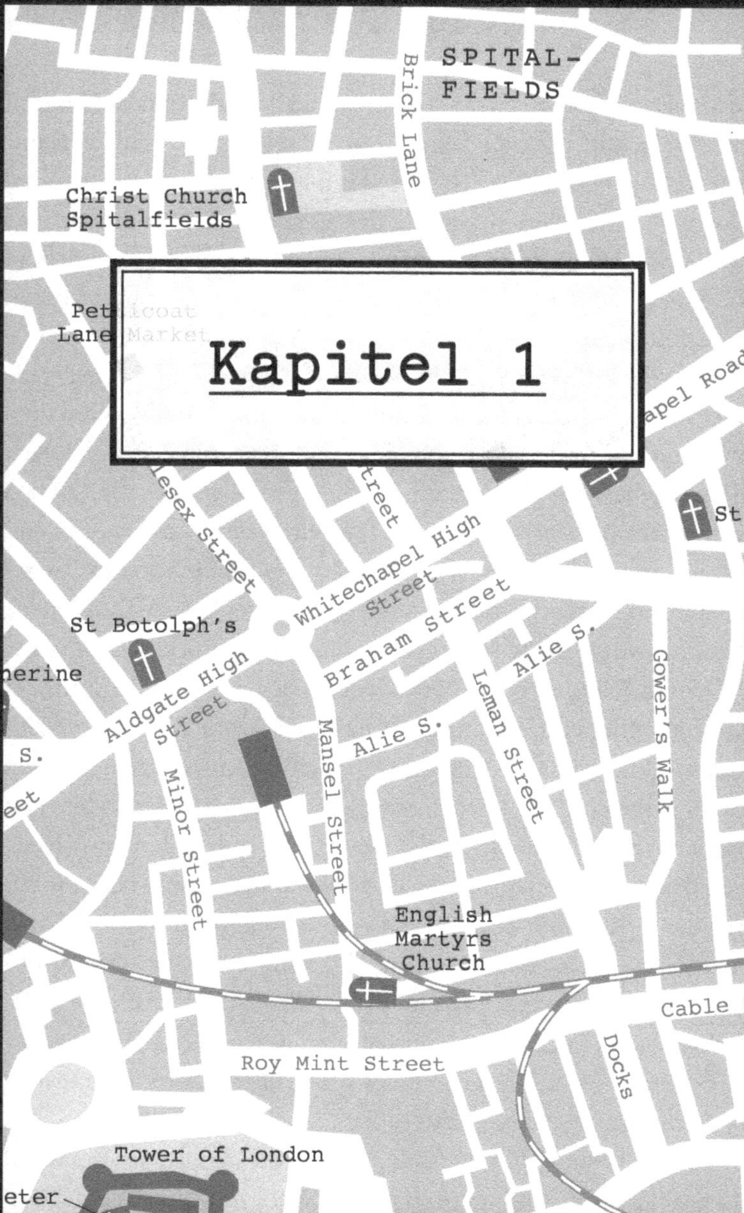
SPITAL-
FIELDS
Brick Lane
Christ Church
Spitalfields
St Botolph's
Whitechapel High
Street
Aldgate High
Street
Braham Street
Alie S.
Alie S.
Leman Street
Gower's Walk
Mansel Street
Minor Street
English
Martyrs
Church
Cable S
Roy Mint Street
Docks
Tower of London

Freitag, der 31. August 1888 – Polly

Als Polly Nichols aus dem lauten, verrauchten Pub in die Londoner Nacht trat, hatte sie keine Ahnung, dass sie in wenigen Stunden tot sein würde. Die Tür des »Frying Pan« war noch nicht mal hinter ihr zugefallen, da traf sie der eiskalte Wind schon wie eine Ohrfeige ins Gesicht. Alles drehte sich, und Polly musste sich an die Mauer lehnen. »Scheiße, das waren eindeutig ein paar Gin zu viel«, murmelte sie.

Die Uhr im weißen Kirchturm der Christ Church hatte gerade Mitternacht geschlagen, und nur noch wenige dunkle Gestalten huschten an diesem sehr frühen Freitagmorgen durch die schäbigen Gassen. Mit zitternden Fingern wühlte sich Polly durch die Taschen ihres Rocks und ihrer Weste und fand ein weißes Taschentuch und einen Kamm, aber nicht einen einzigen Pence. Sie hatte ihr letztes Geld auf der klebrigen Theke des Wirtshauses gelassen und keine Ahnung, wo sie heute Nacht ein warmes Bett herbekommen sollte.

Polly drückte sich von der Mauer weg und taumelte auf dem Kopfsteinpflaster in Richtung Thrawl Street, zum Wohnheim Willmott's. Sie kannte den Weg und hatte schon einige Nächte in dem Heim verbracht. Die kleinen, stickigen Kammern hier waren vielleicht nicht die saubersten der Stadt, aber zumindest musste sie sich das Zimmer nicht mit irgendwelchen fremden Männern teilen, denn das Willmott's war ein reines Frauenwohnheim. Für ein paar Pence bekam man hier einen Platz auf einer fleckigen Stroh-Matratze in einem Stockbett und eine dünne, kratzige Decke. Alles war besser, als noch eine Nacht hier draußen im eiskalten Wind zu verbringen, der durch ihr braunes Kleid pfiff und sie trotz zweier Unterröcke übereinander zittern ließ.

Als Polly beim Willmott's klopfte, musste sie sich an der Wand abstützen. Die Tür öffnete sich quietschend, und Dick, der Nachtportier des Wohnheims, streckte seinen Glatzkopf heraus und musterte die Besucherin. Unter seinem buschigen Schnurrbart zogen sich seine Mundwinkel nach unten. »Du bist doch schon wieder besoffen, Polly! Hast du dieses Mal wenigstens Geld dabei?«

Polly wühlte ein weiteres Mal in ihren Taschen, auch wenn sie genau wusste, dass sie dort keine einzige Münze finden würde. Ihr Gesicht wurde ganz heiß – was wollte dieser Typ eigentlich von ihr? Schließlich war sie hier so was wie ein Stammgast und hatte bisher immer pünktlich gezahlt. Genau das wollte sie dem massigen Portier gerade erklären, aber irgendwie klebten die Worte in ihrem Mund fest, und sie bekam nur ein »Hab gerade nix dabei« heraus.

Sofort gingen Dicks Mundwinkel noch weiter nach unten, und in seinen Blick mischte sich eine Spur von Verachtung. »Dann verpiss dich und such dir einen anderen Platz zum Pennen!«

Was glaubte der eigentlich, wer er war? Fieberhaft suchte Polly nach einer schlagfertigen Antwort, aber ihre Gedanken zogen sich wie Sirup, und aus ihrem Mund kam ein lautes, kreischendes Lachen. »Ich bekomme die Kohle für die Nacht schon noch zusammen, verlass dich drauf!« Dann straffte sie die Schultern und kam dabei fast wieder ins Wanken, aber das konnte Dick nicht mehr sehen, er hatte ihr die Tür des Willmott's schon vor der Nase zugeknallt.

»Arschloch«, zischte Polly und stolperte auf die Straße zurück. Erst mal an die Mauer gelehnt durchatmen. Irgendwie musste sie jemanden finden, der ihr ein paar Pence für ein Bett leihen konnte. Wenn es nur nicht so beschissen kalt wäre heute Nacht. So ein kleines Schlückchen Gin könnte schon helfen, ihren dünnen Körper wieder warm zu bekommen. Bei dem Gedanken an einen guten Schluck musste Polly sogar ein bisschen lächeln, auch wenn das hier in der Dunkelheit niemand sehen konnte. Ein bisschen Kohle zusammenschnorren, dann einen guten Schluck oder vielleicht zwei und danach ein trockenes Plätzchen irgendwo in einem

Hauseingang – das war es, was sie jetzt brauchte. Trotzig schob Polly die schwarze, mit Samt besetzte Haube auf ihrem Kopf zurecht, auf die sie so stolz war.

Es war gar nicht so lange her, da war sie auch eine von den feinen Damen mit den schicken Hauben gewesen, die sie jetzt immer so mitleidig von der Seite anschauten. Vor einem Vierteljahr hatte das Ehepaar Cowdry sie aus dem Armenhaus in ihr Häuschen in Wandsworth, im Süden von London, geholt. Als Haushaltshilfe. Ein freundliches älteres Paar, wenn auch ein bisschen zu christlich für Pollys Geschmack. Lady Sarah Cowdry hatte ihr ein Zimmer unter dem Dach gegeben und ihr neue Kleidung besorgt. Es war eine gute Stelle gewesen, denn Polly hatte nichts weiter tun müssen, als das Haus sauber zu halten und den Herrschaften drei Mahlzeiten am Tag zu kochen. Am schönsten waren die Wochenenden gewesen, wenn die Cowdrys Freunde aus ihrer Gemeinde besuchten. Dann hatte Polly das hübsche kleine Haus ganz für sich gehabt und es sich auf einer Decke im gepflegten Garten der Cowdrys bequem gemacht, als wäre sie selbst eine feine Dame. Aber die Abende waren schlimm gewesen. Sobald die Sonne in Wandsworth unterging, wurde es totenstill im Haus. Die Herrschaften gingen früh zu Bett, und Polly hatte die Abende alleine auf ihrem Zimmer verbracht. Diese furchtbare Stille hatte sie fertig gemacht: keine Musik, kein Stimmengewirr von der Straße, kein lautes Lachen aus irgendeiner Bar. Wenn sie sich wenigstens ein Schlückchen Schnaps hätte genehmigen können, aber für Baptisten wie das Ehepaar Cowdry war Alkohol Teufelszeug. Das war kein Leben für eine Frau von 43 Jahren wie Mary Ann »Polly« Nichols, da hätte sie sich ja direkt begraben lassen können. Also packte Polly eines Nachts ihre gesamte Kleidung, ihre Ausrüstung und ein paar andere Kleinigkeiten zusammen, für die sie bei einer der Pfandleihen im East End bestimmt ein hübsches Sümmchen bekommen würde.

Drei Monate später war von dem Geld, das Polly für die Klamotten bekommen hatte, nichts mehr übrig – nur die hübsche kleine Haube mit dem schwarzen Samtbesatz erinnerte sie noch ein wenig an ihren letzten Versuch, ein »anständiges Leben« zu leben.

Während Polly weiter durch die Straßen irrte, huschten ihr mehr Erinnerungsfetzen durch den Kopf. Irgendwann hatte sie mal eine Familie gehabt, einen Ehemann und fünf Kinder. Wie alt war ihr jüngster Sohn Henry jetzt, neun oder zehn? Sie schob den Gedanken weg. Wäre ihr Mann nicht dauernd fremdgegangen, dann würden sie wahrscheinlich immer noch zusammen in der kleinen Wohnung in der Blackfriars Road wohnen. Über eine Nacht mit einer anderen hätte sie ja noch hinwegsehen können, aber dass William wochenlang mit ihrer Hebamme ins Bett gestiegen war, während sie sich von der Geburt ihrer jüngsten Tochter Eliza erholte? Das war zu viel gewesen. Polly war abgehauen und hatte William mit den Kindern sitzengelassen.

Seit acht Jahren schlug sie sich jetzt schon alleine durch, auf den Straßen hier im East End, und irgendwie hatte sie es noch immer geschafft, das Geld für ein Zimmer zusammenzubekommen. Polly Nichols zog den Kragen ihres Kleides noch ein Stückchen nach oben und setzte sich in Bewegung. An der Whitechapel High Street musste sie eine kurze Pause einlegen, in ihrem Kopf drehte sich immer noch alles. Polly stolperte, ihre Hände ruderten durch die Luft und suchten nach etwas zum Festhalten. Verdammt, war da nicht gerade noch eine Mauer gewesen?

Eine Sekunde später lag sie auf dem kalten Pflaster. Mühsam versuchte sie, wieder hochzukommen, und fiel ein weiteres Mal, dieses Mal in einen Stapel Holzkisten, die ein Gemüsehändler wohl vor seinem Laden vergessen hatte.

Plötzlich hörte sie eine Stimme, die ihr irgendwie bekannt vorkam: »Polly? Bist du das?«

Und dann stand da auch schon Emily vor ihr und schaute sie mit gerunzelter Stirn an. Polly und Emily hatten sich im Willmott's schon ein paarmal ein Doppelbett geteilt, um Geld zu sparen. Eine nette junge Frau, aber für Pollys Geschmack eindeutig zu neugierig.

»Was machst du denn ganz allein hier draußen?«, war direkt ihre erste Frage, dabei wollte Polly doch nur ihre Ruhe und einen guten Schluck Gin.

Aber Emily plapperte einfach weiter: »Komm, ich helf dir, und dann gehen wir zusammen ins Willmott's du kannst ja nicht hier auf der Straße pennen.«

»Keine Kohle«, murmelte Polly, »kannst du mir nicht was leihen?«

Emily schüttelte den Kopf. »Hab selber gerade genug für mein eigenes Bett, tut mir leid, Polly.«

»Dann lass mich in Ruhe!«, fuhr Polly sie an, und es klang härter, als sie es eigentlich gemeint hatte.

Nach kurzem Zögern drehte Emily sich kopfschüttelnd um und ließ Polly alleine.

Eine Stunde später wankte Polly durch eine heruntergekommene enge Straße, rechts von ihr leer stehende Lagerhäuser, links flache, zweistöckige Mietsbaracken aus Backstein. Mit den Händen tastete sie nach einem Mauervorsprung oder einem Hauseingang, nach irgendeinem Platz, an dem der Wind nicht so eisig pfiff. Das Klackern der metallverstärkten Absätze ihrer Stiefel auf dem Kopfsteinpflaster war das einzige Geräusch in der dunklen Gasse. Ihre Finger ertasteten ein Tor, das ein bisschen versetzt vom Gehweg lag – endlich. Sie rüttelte an dem Holzgriff, aber das Tor war fest verschlossen. Polly brauchte eine Pause, nur ganz kurz, sie lief schließlich schon die halbe Nacht durch die Stadt. Kaum hatte sie sich an das Tor gelehnt und auf den Boden rutschen lassen, fielen ihr auch schon die Augen zu.

Polly Nichols erwachte, als sich eine kalte Hand um ihren Hals legte. Sie riss die Augen auf und sah ein Gesicht, eigentlich mehr einen Schatten unter einem breitkrempigen Hut. Sie wollte schreien, doch die andere Hand der dunklen Gestalt drückte ihr den Mund und die Nase zu. Das Adrenalin fegte die Müdigkeit aus ihrem Blut, und ihre Gedanken wurden ganz klar: Luft, sie brauchte unbedingt Luft. Aber die beiden Hände umklammerten ihre Kehle und ihr Gesicht wie ein Schraubstock. Alles drehte sich, und dieses Mal war nicht der Alkohol schuld. Vor Pollys Augen begannen kleine Lichter zu tanzen, dann wurde alles schwarz. Dass die Klinge durch die Haut an ihrem Hals schnitt, ihre Luft- und Speiseröhre zerfetzte und bis auf ihre Halswirbel drang, bemerkte sie nicht mehr. Als ihr zierlicher Körper zurück auf das kalte Pflaster fiel, war Polly Nichols bereits tot.

Freitag, der 31. August 1888 – Charlotte

Ein Klopfen. Erst zögernd, dann immer lauter und schneller. Charlotte Foster wühlte sich durch ihr Bettzeug aus ihrem Traum zurück in die Wirklichkeit.

»Verdammt, wer klopft denn da mitten in der Nacht?« Sie schob sich aus dem Bett, vorbei an ihrem Schreibtisch, der unter Bergen von Notizen und Büchern kaum noch zu sehen war, und stieß dabei mit dem Fuß eine halb volle Kanne Kaffee um, deren Inhalt sich schwarz und klebrig auf dem Teppich verteilte. Das Klopfen wurde noch lauter.

»Ich komme ja schon!« Wütend riss Charlotte die Tür auf und blickte direkt in ein verkniffenes Gesicht.

Vor ihr stand schnaufend ihre Hauswirtin Berta Paddington, die den Türrahmen fast komplett ausfüllte und sie mit großen Augen über noch größeren Tränensäcken entsetzt anstarrte: »Sie haben ja nur ein Nachthemd an!«

»Das könnte daran liegen, dass es mitten in der Nacht ist.« Mühsam versuchte Charlotte, wenigstens ein bisschen Ordnung in ihre braunen Locken zu bringen. »Ich hoffe, Sie haben mich nicht geweckt, um mit mir über meine Nachtwäsche zu sprechen.«

Ihre Hauswirtin nahm sofort Haltung an. »Natürlich nicht! Draußen vor der Haustür steht so ein Straßenbengel und verlangt nach Ihnen. Ich habe schon versucht, ihn wegzuscheuchen, aber er ließ sich nicht abwimmeln.«

»Warum sagen Sie das nicht gleich?« Mit einem schnellen Griff angelte Charlotte nach ihrem Morgenmantel und fegte dabei den überquellenden Aschenbecher von ihrem Nachttisch. Sie nahm immer gleich mehrere Treppenstufen auf einmal und stand Sekunden später vor dem kleinen Thommie, einem der vielen Straßenkinder, die jede Nacht unter den überdachten Marktständen am Covent Garden schliefen. Charlotte hatte keine Ahnung, wie alt der Junge sein mochte. Sein kleiner dünner Körper ließ sie ihn auf höchstens zwölf schätzen, aber die großen grauen Augen in seinem schmutzigen Gesicht schienen zu einem viel älteren Menschen zu gehören.

»Sorry, Miss Charlotte, dass ich Sie so früh wecken tu.« Thommie versuchte sich an einem entschuldigenden Grinsen, das einige fehlende Zähne in seinem Mund zeigte. »Aber Sie hatten mir ja gesagt gehabt, dass ich Bescheid geben soll, wenn es für Sie was zu schreiben gibt.«

Nach etwas mehr als einem Jahr als Reporterin in der Hauptstadt des Britischen Empire hatte Charlotte sich eine ganze Reihe von Informanten organisiert, die sie wie Thommie für ein paar Pence auf dem Laufenden hielten, falls etwas Spannendes passierte. Und es musste schon etwas sehr Spannendes passiert sein, wenn der kleine Thommie mitten in der Nacht an ihre Tür klopfte.

»Drüben in Whitechapel habense eine Leiche gefunden, das ham Sie noch nie gesehen, Miss Charlotte! Aufgeschlitzt wie ein Schwein!«

Die Müdigkeit in Charlottes Kopf war augenblicklich wie weggeblasen. »Kannst du mich hinführen?«

Thommie nickte eifrig mit dem Kopf.

»Sehr gut! Mrs Paddington, könnten Sie bitte Ken und Paddy Bescheid sagen, dass ich eine Droschke brauche? Ich ziehe mir eben etwas an, und dann können wir los.«

Reporterinnen im 19. Jahrhundert

Der Journalismus ist im 19. Jahrhundert wie viele andere Berufsfelder sehr von Männern dominiert, aber eben nicht komplett: Eine der bekanntesten Journalistinnen dieser Zeit ist Elizabeth Jane Cochran (1864–1922), besser bekannt unter ihrem Pseudonym Nellie Bly. Cochran schreibt unter anderem für die New York World und gilt als eine Pionierin des investigativen Journalismus. 1889 geht sie für die Zeitung als eine der ersten Frauen überhaupt auf Weltreise und berichtet aus fernen Ländern. Sie ist das reale Vorbild für Charlotte Foster.

Freitag, der 31. August 1888 – Abberline

Frederick Abberline hatte schon bessere Freitage erlebt. Seit einem Vierteljahrhundert arbeitete der Inspector bei der Metropolitan Police, der Dreck der Stadt zwischen Whitechapel und Spitalfields war sein Alltag. Doch an diesem Tag spürte der 45-Jährige in jedem Knochen, dass die unzähligen viel zu kurzen Nächte seiner Karriere ihren Tribut forderten. Um drei Uhr früh hatte ihn die Nachricht aus dem warmen Ehebett gerissen, dass hier in Whitechapel wieder ein Mord geschehen war. Knapp eine Stunde später stand Abberline in einer ebenso schmalen wie verdreckten Sackgasse und zupfte an seiner Weste, die ihm in den letzten Monaten etwas zu eng geworden war. Ihm gegenüber stand ein junger Constable mit einem sommersprossigen Gesicht und abstehenden Ohren, der sich als Simon Green vorgestellt hatte und ganz außer Atem war.

»Vielen Dank, dass Sie so schnell gekommen sind, Sir! Wir haben hier einen Mord unter Stadtstreichern, aber zum Glück konnten wir die drei Verdächtigen noch am Tatort festsetzen, sodass wir nur noch herausfinden müssen, wer von ihnen der Täter ist!«

Abberline rieb sich seinen gepflegten dunklen Bart. Jetzt wurde er schon für einen ermordeten Penner mitten in der Nacht aus dem Bett gerissen. Er streckte seinen schmerzenden Rücken und sagte: »Jetzt mal ganz ruhig, Constable Green. Erzählen Sie bitte von Anfang an.«

Der junge Polizist lief rot an, bemühte sich dann aber sichtlich, alles ruhig und in der richtigen Reihenfolge zu schildern: »Also, ich war mit meinem Kollegen Brady Baker hier in der Gegend auf Streife, als wir aus dieser kleinen Gasse einen Schrei gehört haben. Wir sind dann zügig zum Eingang der Gasse hinüber gelaufen und konnten gerade noch verhindern, dass diese drei hier sich vom Tatort entfernen.«

Mit diesen Worten wies der sommersprossige Polizist auf drei Männer in zerlumpter Kleidung und mit vor Dreck starrenden Gesichtern, ganz offensichtlich ebenfalls Stadtstreicher.

»Das heißt, die Gasse ist leer, und Sie können ausschließen, dass der Täter sich in eine andere Richtung entfernt hat?«, hakte Abberline nach.

»Ja Sir, diese Sackgasse endet an einer Hauswand, und außer dem Opfer ist da niemand mehr. Brady und ich sind sofort hergelaufen, als wir den Schrei gehört haben, der Mörder hatte keine Chance zu fliehen. Einer der drei muss unser Opfer dahinten also getötet haben …«

»Das würde ich mir gerne selbst ansehen«, unterbrach Abberline den jungen Polizisten und machte sich mit einer Gaslaterne in der Hand auf den Weg zum Ende der Sackgasse. Zwischen Bergen von Müll, alten Fässern und halb zerbrochenen Kisten lag das Opfer. Der ungewöhnlich große Mann war durch einen heftigen Schlag auf den Kopf getötet worden, das erkannte der Inspector auf den ersten Blick. Die Wunde an der Stirn war nicht zu übersehen, das Blut war über das ganze Gesicht gelaufen und hatte den ohnehin schon verfilzten Vollbart des Mannes weiter verklebt. Offenbar hatte das Opfer auf einer großen Kiste gesessen, als ihn der Schlag von vorne traf. Durch die Wucht des Angriffs war sein Körper nach hinten gekippt, und seine großen Füße, die in löchrigen braunen Socken steckten, ragten über der Kiste in die Luft. Direkt neben der Leiche lag eine rostige Eisenstange, an der Blut und Reste einer grauen Masse klebten. Nach der Tatwaffe musste Abberline also nicht lange suchen.

»Ganz klarer Fall, Herr Inspector«, bemerkte Simon Green, der neben ihm aufgetaucht war. »Wir haben es hier mit einem Raubmord zu tun! Dem Opfer wurden die Schuhe geklaut. Unglaublich, wozu diese Leute fähig sind, eine Schande ist das!«

»Ganz so klar ist der Fall nicht, fürchte ich«, erwiderte der Inspector. »Oder haben Sie bei einem der drei Verdächtigen da drüben die Schuhe unseres Opfers gefunden?«

»Nein, Sir«, antworte der Constable mit den Segelohren deutlich leiser.

Nachdenklich schaute Abberline die ungepflasterte Gasse hinunter. Es hatte kurz vorher geregnet, und der feuchte Boden war mit gut sichtbaren Fußspuren übersät.

»Geben Sie mir eine Viertelstunde«, sagte er zu dem jungen Kollegen, »in der Zwischenzeit könnten Sie und Ihr Kollege Brady mir einen Gefallen tun und die Schuhe der drei Verdächtigen vermessen. Ich will ihre Schuhgrößen!«

Dann zog Inspector Abberline ein Notizbuch aus der Tasche seines schweren Mantels und begann, jede Fußspur auf dem Boden der Gasse abzugehen. Zu seinem Glück war es nicht besonders schwer, die Spuren der schweren Polizeistiefel von den Abdrücken der löchrigen Sohlen der Stadtstreicher zu unterscheiden.

Nach 15 Minuten hatte der Inspector eine schematische Skizze der Spuren angefertigt. Drei Fußspuren führten zum Opfer hin und auch wieder zurück zum Eingang der Gasse, wo die drei Verdächtigen von den Polizisten aufgegriffen worden waren. Es gab eine weitere Spur, die nur zum Opfer hin führte, aber nicht wieder weg. Diese Spur war von Schuhen der Größe 10, wie Abberline mit dem Maßband herausgefunden hatte. Die anderen Abdrücke passten eindeutig zu den Schuhgrößen der drei Verdächtigen, die die beiden Constables mittlerweile ebenfalls vermessen hatten.

Als Nächstes nahm Abberline sich die Aussagen der drei Stadtstreicher vor. Alle drei hatten, wie auch das Opfer, die ruhige Sackgasse als Unterschlupf für die Nacht genutzt. Jeder von ihnen gab zu, kurz zuvor auch im hinteren Teil der Sackgasse gewesen zu sein, wo sich das Opfer befand. Doch alle bestritten, den Mann getötet zu haben.

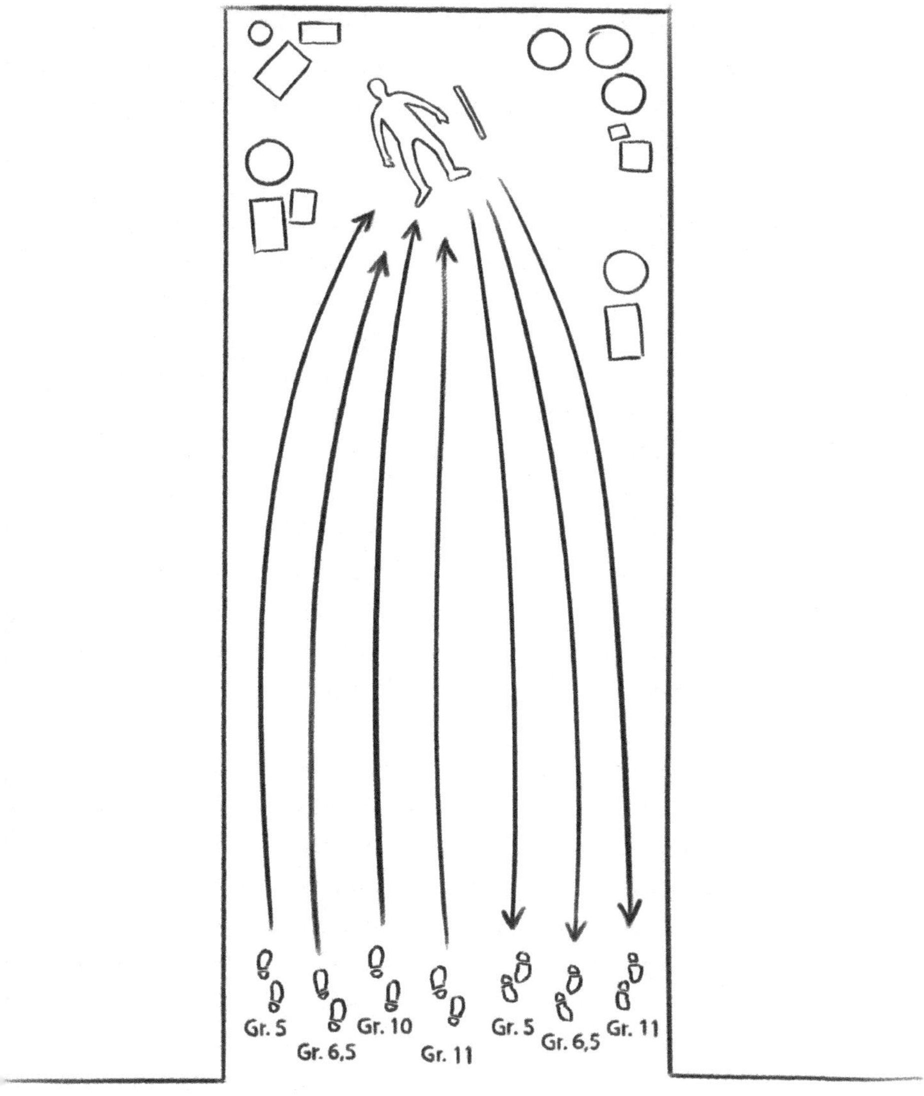
Gr. 5
Gr. 6,5
Gr. 10
Gr. 11
Gr. 5
Gr. 6,5
Gr. 11

Pavel (Schuhgröße 5): »Ich war kurz bei ihm, um ihn nach etwas Tabak anzuschnorren. Hat mir aber nichts gegeben. Da bin ich zurück zu meinen Sachen, und kurze Zeit später hörte ich den Schrei. Natürlich wollte ich schnell abhauen, aber da kamen auch schon die Polizisten angerannt.«

Paul (Schuhgröße 6,5): »Ich bin mal hingegangen, um ihn zu fragen, wie es ihm so geht. Aber er hat nur gegrunzt, dass ich mich verziehen solle. Also bin ich zurück zu meinem Platz am Eingang der Gasse. Ein paar Minuten später hörte ich ihn schreien, aber als ich gerade meine Sachen gepackt hatte, um mich zu verziehen, stand da schon die Polizei.«

Pinky (Schuhgröße 11): »Ich bin zum Ende der Gasse, um zu schauen, ob da vielleicht noch ein trockenes Plätzchen wäre. Aber der Kerl war nicht gerade freundlich, also bin ich wieder zurück zu meiner Decke. Wollte mir gerade ein Schlückchen aus meiner Flasche genehmigen, da hörte ich seinen Schrei. Ich hab ein bisschen gebraucht, bis ich aufgestanden war und wollte gerade gehen, da kamen diese beiden Polizisten um die Ecke.«

Abberline hatte die Hände hinter dem Rücken verschränkt und sah nachdenklich in die Gasse. Während Constable Baker bei den drei Verdächtigen geblieben war, wandte sich der Inspector an seinen Kollegen mit den Segelohren: »Constable Green, wenn das hier wirklich ein Raubmord sein soll, dann fehlt uns die Beute. Schauen Sie doch mal bitte da hinten bei der Leiche zwischen den Kisten und Fässern nach, irgendwo muss unser verschwundenes Paar Schuhe ja stecken!«

Der junge Polizist nickte und machte sich sofort auf die Suche. Keine zwei Minuten später hielt er triumphierend ein Paar ziemlich zerschlissener Männerstiefel in die Höhe. »Sie hatten recht, Sir! Die hier mit Größe 10 lagen hinter einer Kiste, direkt neben dem

Opfer. Hätte ich nicht danach gesucht, hätte ich sie wahrscheinlich nie entdeckt. Aber wie sollen wir jetzt damit den Mörder finden?«

Abberline konnte sich ein Lächeln nicht verkneifen. »Den haben wir schon gefunden.«

Gerade als Abberline dazu ansetzte, den Constables Green und Baker seine Lösung des Falles zu erklären, kam ein junger Sergeant angelaufen und blieb direkt vor ihnen stehen. Schweißtropfen liefen über sein hochrotes Gesicht, und sein blondes Haar klebte an seiner Stirn. Offenbar war er ziemlich in Eile.

»Inspector Abberline? Mir wurde gesagt, dass ich Sie hier finde. Wir brauchen Sie in der Buck's Row. Ein Kollege hat dort eine tote Frau gefunden. Sieht echt übel aus. Sie sollen sofort kommen und sich das ganze anschauen.«

Auch das noch, dachte Abberline, ließ sich aber nichts anmerken. Hastig verabschiedete er sich von den beiden Constables: »Baker, Green, ich werde woanders gebraucht. In der Zwischenzeit nehmen Sie bitte unsere drei Stadtstreicher mit auf das nächste Polizeirevier. Wenn Sie sich meine Notizen, den Tatort und unsere drei Verdächtigen anschauen, haben Sie alles, um herauszufinden, welcher von ihnen der Mörder ist. Vielleicht kommen Sie selbst drauf, ansonsten verrate ich Ihnen meine Theorie gerne später beim Yard.«

Damit tippte sich der Inspector an die Mütze und folgte dem verschwitzten Sergeant zum nächsten Tatort. Wenn er gewusst hätte, was dort und in den nächsten Wochen auf ihn wartete, hätte sich Abberline wahrscheinlich mehr Zeit gelassen.

Scotland Yard

Der Name Scotland Yard hat einen historischen Hintergrund: An der Stelle, wo sich zum Zeitpunkt dieser Geschichte das Hauptquartier der Metropolitan Police befindet, soll früher die Londoner Residenz des schottischen Königs und seiner Botschafter gestanden haben. Schnell wurde der Straßenname Scotland Yard zum Spitznamen der dort ansässigen Polizeistation. Auch wenn sich die Behörde seit 2016 am Victoria Embankment befindet, ist der Name geblieben.

Rätsel 1:
Der Mord in der Sackgasse

Welcher der drei Stadtstreicher hat den Mord begangen?

____

____

____

Die Lösung findest du auf Seite 351.

Freitag, der 31. August 1888 – Charlotte

Als Charlotte und der kleine Thommie in Whitechapel ankamen, hatte die Uhr der Christ Church gerade fünf Mal geschlagen. Langsam begann der Morgen in den Straßen und Gassen des East End. Die Straßenhändler sortierten ihre Waren, die Bettler stritten sich um die besten Plätze für den Tag, und die Arbeiter machten sich auf den Weg zu ihren Zwölf-Stunden-Schichten in den Fabriken.

»Hier habense die Leiche gefunden«, sagte Thommie und zog Charlotte in die Buck's Row, eine schmale Gasse, die noch heruntergekommener wirkte als der Rest des Viertels.

Am Ende der Gasse sah Charlotte ein paar uniformierte Polizisten stehen, die versuchten, neugierige Nachbarn vom Tatort fernzuhalten, ansonsten war sie leer. Thommie deutete auf ein Holztor, und die beiden schlichen so leise und unauffällig wie möglich hinüber, ohne den Blick von den wild diskutierenden Polizisten abzuwenden, die etwa einhundert Yards entfernt mit den Rücken zu ihnen standen. Selbst auf dem schmutzigen Bürgersteig war der etwa sechs Inches große Blutfleck gut zu erkennen. Hier musste die Leiche gelegen haben.

Britische Längenmaße

Mit dem »Weights and Measures Act« wird in England 1824 das über Jahrhunderte gewachsene System verschiedener Maßeinheiten erstmals komplett gesetzlich reguliert. Die wichtigsten Längeneinheiten sind bis heute Inch (2,54 cm), Foot (30,48 cm), Yard (0,914 m) und Mile (1,609 km).

»Thommie, wo ist hier die nächste Leichenhalle?« Charlotte musste unbedingt einen Blick auf die Tote werfen, um sich ein eigenes Bild zu machen. Wahrscheinlich hatten die Polizisten die Leiche weggebracht, um sie in Ruhe und geschützt vor neugierigen Blicken untersuchen zu lassen.

Thommie musste nicht lange überlegen, und Charlotte wunderte sich ein weiteres Mal, warum der Junge in diesem Alter schon solche Dinge wusste: »In der Old Montague Street, das ist gut zehn Minuten zu Fuß.«

»Dann sollten wir uns beeilen, mit etwas Glück ist der Arzt noch nicht da.«

Kurze Zeit später standen die beiden vor einem dunklen Gebäude, das völlig ausgestorben wirkte, auch die Tür war fest verschlossen.

»Keiner da, Miss Charlotte«, bemerkte Thommie.

Charlotte dachte nach. »Irgendwo müssen sie die Leiche ja hingebracht haben, wenn die Leichenhalle noch zu ist. Wahrscheinlich an einen Ort hier ganz in der Nähe.«

Gemeinsam umrundeten sie und ihr junger Begleiter das Gebäude und wären fast einem uniformierten Constable in die Arme gelaufen, der mit verschränkten Armen vor dem Tor zum Hinterhof der Leichenhalle Wache stand.

»Treffer!«, flüsterte Charlotte. »Wahrscheinlich haben sie die Tote erst mal im Hinterhof abgestellt, weil die Leichenhalle noch geschlossen ist. Manchmal muss man auch Glück haben.«

So leise wie möglich schlichen die beiden zurück um die Ecke der Hofmauer in eine Gasse, wo der Polizist sie nicht sehen konnte. Die glatte Backsteinmauer ragte locker sechs Fuß in die Höhe – zu hoch, um einen schnellen Blick in den Hof zu werfen.

»Thommie, kannst du auf meine Schultern steigen, über die Mauer gucken und mir sagen, was du siehst? Dafür gibt's auch ein paar Pence extra.«

Thommies Augen begannen zu leuchten. »Klar, Miss Charlotte.«

Der Junge war erschreckend leicht auf ihren Schultern, wog höchstens 40 oder 50 Pfund. Charlotte hoffte nur, dass jetzt keiner von den Polizisten um die Ecke kam: »Kannst du irgendwas erkennen?«

»Ja, Miss Charlotte. Keiner da. Aber auf dem Hof steht ein Handkarren, da liegt eine Decke drauf.«

»Das wollte ich hören!« Sie bedeutete Thommie, von ihren Schultern zu klettern. »Pass auf, Kleiner, ich werde jetzt mal versuchen, über die Mauer zu kommen. Du schleichst dich zurück um die Ecke und sorgst dafür, dass mir der Constable nicht in die Quere kommt.«

Während Thommie um die Ecke bog, schwang Charlotte sich, so elegant wie es ihr bodenlanger Rock zuließ, die Mauer hoch. Dann war der Turnunterricht zu Hause in den USA doch für irgendwas nützlich, dachte Charlotte, als sie in den leeren dunklen Hinterhof sprang. Vor ihr stand ein großer Handkarren aus Holz, auf dem ein in eine grobe graue Decke gewickeltes Bündel lag. Vorsichtig zog die junge Frau die Decke zur Seite. Sie hatte bei ihrer Arbeit als Reporterin für die New York Tribune schon viele schlimme Dinge gesehen, seit sie vor drei Jahren dem damaligen Verleger der Zeitung so lange mit ihren gepfefferten Leserbriefen auf die Nerven gegangen war, bis der sie eingestellt hatte. Seitdem arbeitete sie als Auslandsreporterin und schrieb nun seit etwas mehr als einem Jahr über das Leben und Sterben der armen Bevölkerung von London. Aber so etwas hatte Charlotte Foster in ihrem ganzen Leben noch nie gesehen: Auf dem Karren lag eine etwa fünf Fuß große und zierliche, fast dürre Frau in ärmlicher Kleidung. Die Tote hatte hohe Wangenknochen, und ihr braunes Haar war von grauen Strähnen durchzogen. An ihrem Kiefer und ihrer linken Wange leuchteten zwei blaue Flecke. Als Charlottes Blick vom Gesicht der Frau nach unten wanderte, spürte sie, wie die

Übelkeit in ihr hochkroch. Der Hals der toten Frau war von links nach rechts regelrecht aufgeschlitzt worden. Ihr Mörder musste das Messer mit unglaublicher Kraft oder mit unbändiger Wut angesetzt haben, der Schnitt ging bis an die Rückenwirbel. Das Mieder der Toten war aufgeknöpft, ihr Kleid und ihre beiden Unterröcke waren hochgeschoben und gaben den Blick auf noch mehr furchtbare Verletzungen frei. Im Unterleib der Toten fand Charlotte mehrere tiefe Schnitte, die teilweise bis zum Bauch reichten. Hier war es nicht nur darum gegangen, einen Menschen zu töten, der Mörder hatte sein Opfer regelrecht zerfetzt.

Charlotte spürte, dass sie trotz der morgendlichen Kälte schwitzte, und tupfte sich mit einem Taschentuch die Stirn ab, während sie versuchte, in der Dämmerung auf dem Hinterhof weitere Details zu erkennen. Die beiden Hämatome am Kiefer und an der Wange der Frau kamen ihr nicht zufällig vor. Vorsichtig legte sie ihre rechte Hand auf das kalte Gesicht der Leiche, und tatsächlich: Die beiden blauen Flecke lagen genau dort, wo bei einer größeren Hand der Daumen und der Zeigefinger wären. Der Mörder hatte seinem Opfer also wahrscheinlich mit rechts den Mund zugehalten und mit der linken Hand die Kehle durchtrennt. Und trotz der Gewalt und der Grausamkeit waren die Schnitte präzise und ohne ein Zittern der Hand durchgeführt, als würde ein routinierter Angler einen Karpfen ausnehmen. Das hier war kein gewöhnlicher Mord unter den Ärmsten der Armen, das war Charlotte Foster in diesem Moment klar. Der Mörder war eiskalt, wusste genau, was er tat – und er würde höchstwahrscheinlich weiter morden.

Dieser letzte Gedanke ließ Charlotte trotz ihres dicken Mantels zittern, während sie nachdenklich auf ihre Unterlippe biss. Vor lauter Grübeln hörte sie die leisen Schritte hinter sich erst, als es schon zu spät war und sich eine schwere, kalte Hand auf ihre Schulter legte. »Hab ich dich!«

Kapitel 2

SPITAL-
FIELDS
Brick Lane
Christ Church
Spitalfields
Petticoat
Lane Market
Whitechapel High
Street
St Botolph's
Braham Street
Alie S.
Aldgate High
Street
Alie S.
Mansel Street
Leman Street
Gower's Walk
Minor Street
English
Martyrs
Church
Roy Mint Street
Docks
Tower of London

Freitag, der 31. August 1888 – Mary Jane

Der Teller verfehlte Mary Jane Kelly nur um vielleicht zwei Inches, bevor er mit einem lauten Krachen an der Wand zerschellte und das laute Geschrei ihres Freundes Joseph direkt hinterherflog: »Das kannst du dir von der Backe putzen, du gehst auf keinen Fall wieder auf den Strich!«

Streit war in ihrer fast anderthalbjährigen Beziehung fast zum täglichen Begleiter geworden, und meist ging es entweder um Schnaps – oder um Geld, so auch heute.

»Wag es nicht, auch noch unseren zweiten Teller nach mir zu werfen, Joseph Barnett!«, fuhr die 25-Jährige ihren fünf Jahre älteren Freund an. »Wenn wir wegen dir keine Teller mehr haben, dann kannst DU vom Boden fressen.« Sie kannte ihren Freund: Wenn er sich etwas Mut angetrunken hatte, wurde er gerne laut, aber meistens brachte sie ihn ziemlich schnell wieder runter. »Wer von uns beiden war denn so dämlich, sich in seinem Job beim Klauen erwischen zu lassen?«

Joseph brummelte seine Antwort unverständlich in seinen blonden Schnurrbart.

»Jetzt mal im Ernst, wie, bitte schön, willst du viereinhalb Shilling Miete für diese Bude hier zusammenkriegen, nachdem sie dir deine Lizenz als Fischträger weggenommen haben?«, schleuderte ihm Mary Jane entgegen, während sie sich mit verschränkten Armen einmal in dem spärlich möblierten Zimmer herumdrehte. »Oder hast du etwa einen neuen Job in Aussicht, von dem ich nix weiß?«

Josephs Antwort klang schon wesentlich weniger laut und wütend. »Nee. Aber ich finde bestimmt irgendwas, ich kenne Leute … viele Leute … Der Billingsgate Fischmarkt ist so was wie mein Zuhause!«

»Dann hättest du vielleicht nicht in deinem eigenen Zuhause klauen sollen! Ich gebe dir drei Tage, dir einen neuen Job zu suchen, dann melde ich mich bei der alten Beaufort und frage, ob sie Arbeit für mich hat – notfalls auch auf dem Rücken!«

Joseph wusste anscheinend nicht, was er darauf antworten sollte, also drehte er sich auf dem Absatz um und stiefelte aus dem Zimmer. Mary Jane schaute ihm wütend hinterher, während sie sich eine Tonscherbe aus dem rotblonden Haar zupfte.

Freitag, der 31. August 1888 – Charlotte

Blitzschnell drehte Charlotte sich um. Hinter ihr in dem Innenhof stand ein dunkel gekleideter Mann in seinen 40ern mit einem beeindruckend präzise getrimmten, dunklen Backenbart und einer schwarzen Melone, der sie wütend anfunkelte. »Was in Gottes Namen machen Sie hier?«

Sofort hatte Charlotte sich wieder gefangen. »Ich arbeite hier, und Sie?« Mit einer fließend eleganten Bewegung, die jahrelange Erfahrung in der höheren Gesellschaft verriet, reichte Charlotte dem Mann die Hand. »Charlotte Frances Foster, Auslandsreporterin der New York Tribune.«

Die Mundwinkel ihres Gegenübers zuckten für den Bruchteil einer Sekunde, als er ihre Hand ergriff und fest drückte. »Inspector Frederick Abberline, Scotland Yard.« Er musterte sie von oben bis unten. »Ich hatte Sie für eine von diesen Leichenfledderern gehalten, die hier seit einiger Zeit unterwegs sind und versuchen, den Toten ihre Wertsachen zu stehlen.

Aber wie auch immer: Sie werden jetzt sofort hier verschwinden, das ist eine polizeiliche Untersuchung und keine Teeparty für gelangweilte Damen.«

Instinktiv verschränkte Charlotte die Arme und tat so, als hätte sie den letzten Teil des Satzes nicht gehört. »Haben Sie schon eine Theorie zu diesem Mord? Sieht mir nicht nach einem Anfänger aus, der Mörder scheint gewisse Grundkenntnisse über die menschliche Anatomie zu besitzen.«

Schon wieder dieses Zucken in Abberlines Mundwinkeln, war das etwa eine Art Lächeln? »Sehr geehrte Miss Foster, ich freue mich sehr, dass Sie sich für unsere Arbeit interessieren, aber gibt es in London nicht spannendere Geschichten als eine ermordete Hure?«

»Wie kommen Sie darauf, dass die Frau eine Prostituierte war?« Die Frage war schneller und wütender gekommen, als Charlotte es beabsichtigt hatte, aber sie hasste es, wenn Männer sie abkanzeln wollten.

Erneut huschte die Spur eines Lächelns über Abberlines Gesicht, allerdings ein wenig verunsicherter als eben. »Welche anständige Frau würde sich mitten in der Nacht in irgendwelchen dunklen Gassen im East End rumtreiben? Zwei meiner Kollegen sind bei ihrem Kontrollgang gegen halb drei heute Nacht am Tatort vorbeigekommen, da lag die Frau noch nicht da.«

Charlotte spürte, dass sie noch wütender wurde. Diese offensiv zur Schau gestellte Ruhe des Inspectors und die Art, wie er über die ermordete Frau sprach, machten sie wahnsinnig. »Hier in Whitechapel gibt es Tausende Frauen die kein schönes, warmes Bett wie Sie oder ich zu Hause haben und sich jede Nacht einen neuen Schlafplatz organisieren müssen. Und wenn ich mir die Kleidung der Toten anschaue, gehörte sie wahrscheinlich genau zu dem Teil der Bevölkerung – was NICHT heißt, dass sie ihren Körper verkauft hat.«

Abberlines Gesicht ließ keine Emotion erkennen. »Verehrte Miss Foster, es gibt überhaupt keinen Grund, sich aufzuregen. Hier im

East End bringen sich jeden Tag Menschen gegenseitig um. Wir von Scotland Yard werden uns darum kümmern.«

Charlotte wollte gerade Luft holen, als ihr Gespräch von einem lauten Schimpfen unterbrochen wurde.

»Verdammt, du spinnst wohl!« Hinter ihnen kam der uniformierte Constable mit hochrotem Gesicht in den Hof gestapft und zog den sich heftig wehrenden Thommie am Ohr hinter sich her. »Herr Inspector, dieser Bengel hier hat mir in den Finger gebissen!« Die Stimme des Constables zitterte vor Wut. »Hab ihn draußen an der Straße rumlungern sehen, der wollte bestimmt gucken, ob es bei unserer Leiche was zu holen gibt – vielleicht gehört der auch zu dieser Leichenräuber-Bande?«

Abberline schaute erst zu seinem Kollegen und dann zu Thommie, der weiterhin versuchte, den rotgesichtigen Constable irgendwie mit seinen kleinen Fäusten zu treffen.

Bevor der Inspector etwas sagen konnte, schaltete Charlotte sich ein: »Der Junge gehört zu mir. Er ist mein … Assistent.«

Jetzt gab es doch eine Regung in Abberlines Gesicht, der Inspector runzelte leicht die Stirn. »Bisschen jung für einen Assistenten. Und sein Schreibzeug hat er auch vergessen.«

Thommie wollte gerade zu einem neuen Schwall Schimpfwörter ansetzen, aber Charlotte stoppte ihn. »Wir müssen jetzt leider zurück in die Redaktion, Herr Inspector, aber ich bin sicher, wir sehen uns ziemlich bald wieder.«

Ohne sich noch mal umzusehen, machten Charlotte und Thommie sich auf den Weg. Der erste Satz war natürlich gelogen, aber dass sie und der Inspector sich früher wiedersehen würden, als ihnen beiden lieb war, da war sich Charlotte Foster sicher.

Frederick Abberline
Frederick George Abberline (1843–1929) ist zum Zeitpunkt der Ripper-Morde Inspector bei Scotland Yard, dem Hauptquartier der London Metropolitan Police. Er hat zuvor lange in Whitechapel seinen Dienst verrichtet und bringt außerdem Erfahrung bei Mordfällen mit verstümmelten Leichen mit. Deshalb wird er in diesem Fall zum leitenden Ermittler ernannt.

Samstag, der 1. September 1888 – Charlotte

Mit einem Seufzen drückte Charlotte ihre Zigarette in dem übervollen Kristallaschenbecher aus, den Mrs Paddington erst vor wenigen Stunden mit einem abschätzigen Blick geleert hatte. Sie hasste es, dass ihre Vermieterin ständig in ihrem Zimmer auftauchte, um nach eigener Aussage »für Ordnung zu sorgen«.

Direkt nachdem sie Thommie gestern vor ihrer Haustür ein paar Münzen für seine Arbeit zugesteckt hatte, war Charlotte an ihre Remington gestürzt und hatte einen ersten kurzen Artikel zu der unbekannten Toten aus der Buck's Row runtergetippt. Mittlerweile war es Samstagabend, und sie wartete immer noch auf eine Antwort von ihrem Chefredakteur aus New York. Sie hasste nichts mehr als Warten. Also schlüpfte Charlotte in ihren Mantel und machte sich auf zu einem kleinen Spaziergang. Vielleicht konnte sie in der Zwischenzeit mehr über die ermordete Frau herausfinden.

Eine Stunde später hockte sie im Red Lion, einer der berüchtigtsten Spelunken im East End. Hier trafen sich die Bettler, Betrüger und Blumenhändlerinnen des Viertels, um ihren hart verdienten Lohn in Bier und Schnaps zu investieren, und auch viele Prostituierte aus Whitechapel tranken sich hier ab mittags ihren Pegel für die Nacht an. Der Pub gehörte der zahnlosen Miranda, die ihr Geld fast 20 Jahre lang auf dem Strich verdient hatte, bis ihr ein reicher alter Freier ein hübsches Sümmchen vermacht hatte. Von dem Geld hatte sie sich erst mal ein knallweißes Porzellan-Gebiss gegönnt, das sie nach ein paar Schnäpsen gerne aus dem Mund nahm und stolz präsentierte. Mit dem Rest der Summe hatte sie den Pub gekauft und führte die Kneipe mit lauter Stimme und notfalls auch mit den Fäusten, falls ihr mal einer der Gäste krumm kam. Charlotte mochte die zahnlose Miranda und ihren Pub, vor allem weil man hier im Red Lion immer irgendwen traf, der den neuesten Tratsch aus dem East End im Gepäck hatte. Nicht nur einmal war aus diesem Kneipenklatsch am Ende eine Geschichte für die New York Tribune geworden.

Charlotte hatte sich gerade auf einen der wackeligen Holzstühle im Schankraum fallen lassen, als sie hinter sich eine Stimme hörte: »Charlie Foster! Dass sich dein gottverdammter Yankee-Hintern auch mal wieder hierher verirrt!«

Charlotte drehte sich in die Richtung, aus der die Stimme gekommen war. »Und du siehst aus, als hätte sich dein englischer Hintern die letzten Wochen überhaupt nicht weg vom Tresen bewegt.«

Die Frau, die leicht schwankend auf Charlotte zukam, verzog ihr blasses Gesicht zu einer Art schiefem Grinsen und ließ ihren plumpen Körper auf den freien Stuhl an Charlottes Tisch fallen. Im funzeligen Licht der Kerze auf dem Tisch fiel Charlotte direkt auf, dass Dark Annie, wie ihr Gegenüber hier von allen genannt wurde, um Jahre gealtert war, seit sie sie das letzte Mal getroffen hatte.

»Wir haben uns ja ewig nicht gesehen«, begrüßte sie Annie, deren dunkle Haare ihr strähnig ins Gesicht fielen. Die beiden hatten sich vor etwa einem Jahr bei einer von Charlottes Recherchen über das Leben der meist sehr jungen Blumenverkäuferinnen auf den Straßen von London kennengelernt. Auch Annie hatte damals versucht, mit dem Verkauf von Blumen und Häkelarbeiten ein paar Pence zu verdienen, aber gegen die süßen Gesichter und die großen, traurigen Kulleraugen der meist 10- bis 14-jährigen Flower Girls hatte eine nicht besonders ansehnliche Frau mittleren Alters wie Dark Annie keine Chance. Seit der Recherche waren sich die beiden im East End immer wieder über den Weg gelaufen. Charlotte mochte Annie, bei der man nie genau wusste, was gerade hinter ihrer runden Stirn vorging. Sie schien kultivierter und klüger zu sein als die meisten anderen Frauen hier, gab sich aber gleichzeitig alle Mühe, das zu verbergen.

»Lass uns auf unser Wiedersehen trinken«, schlug Charlotte vor, bestellte an der Theke bei der zahnlosen Miranda zwei Pints Bier und zwei Gin und wurde dafür mit einem breiten porzellanweißen Lächeln bedacht. Die Gläser hatten den klebrigen Holztisch noch nicht mal berührt, als Annie nach dem ersten grabschte und das Ale in einem Zug herunterstürzte. Mit einem zufriedenen Grinsen wischte sie sich den Schaum von ihren hängenden Wangen. Schon als Charlotte Dark Annie das erste Mal getroffen hatte, hatte sie getrunken – wie eigentlich fast jeder hier im East End, der ein paar Pence übrig hatte. Aber ihr Durst schien seitdem noch viel stärker geworden zu sein.

»Es sind harte Zeiten, da braucht man wenigstens ein kleines Schlückchen zwischendurch«, murmelte sie in Charlottes Richtung. Es gab Gerüchte, dass Dark Annie früher eine Frau der besseren Gesellschaft mit einem Ehemann und drei Kindern gewesen war, aber Annie sprach nie über ihre Vergangenheit, sie redete generell nicht viel. Gerade schien sie mal wieder in ihrer eigenen Welt zu versinken, und Charlotte wusste, dass sie das Gespräch irgendwie am Laufen halten musste, wenn sie auf Informationen von Annie hoffte. »Hast du das von dem Mord letzte Nacht in der Buck's Row gehört?«

Annie hob ihren trüben Blick von ihrem Gin-Glas und ließ die Faust auf den Tisch krachen: »Goddamnit, es ist eine Schande! So was hat Polly nicht verdient, keiner hat das verdient ...« Der Rest ihrer Worte ging in einem wütenden Murmeln unter.

Charlotte zog die Augenbrauen hoch. »Polly?«

»Ja genau, Polly Nichols, wir kennen uns von ... Na ja, wir kennen uns halt.« Wieder verfiel Dark Annie in wütendes Schweigen und starrte auf ihr leeres Glas.

Sofort stand Charlotte auf, um für Nachschub zu sorgen. Ihr Instinkt sagte ihr, dass sie jetzt dranbleiben musste.

Nach dem nächsten Pint schien Annie ihre Sprache wiedergefunden zu haben. »Ihr Mann William hat's mir erzählt. Die beiden waren zwar nicht mehr zusammen, aber er hat ihr hin und wieder mal ein paar Shilling geschickt nach der Trennung. Und William musste ihre Leiche heute Morgen idennifi... ifennzidi...«

»Identifizieren?«

»Ja genau, sag ich doch. Polly wurde aufgeschlitzt wie eine gottverdammte Sau beim Schlachter! Wer macht denn so was? Zuletzt war sie wohl bei so einem Ehepaar im Süden zum Arbeiten, aber da hat sie es nicht lange ausgehalten, das waren so ganz Christliche, weißt du ... Keine Musik, kein Tropfen Alkohol, kein bisschen Spaß, das ist doch nichts!« Annie versuchte sich an einem Grinsen, das mehr Lücken als Zähne entblößte. »Wo wir gerade dabei sind, ich könnte auch noch ein Schlückchen vertragen!«

Charlotte orderte bei der zahnlosen Miranda eine neue Runde und hoffte, dass Annie nicht gleich zu betrunken wäre.

»Weißt du, wie Polly mit ganzem Namen hieß?«, fragte sie Annie, während sie die Gläser auf dem Tisch abstellte.

»Mary Ann Nichols. Hat meistens im Willmott's an der Thrawl Street gepennt oder einfach direkt auf der Straße.«

Charlotte kannte das Wohnheim, hier landeten nur Frauen, die nicht mehr viele andere Möglichkeiten hatten. »Weißt du«, sagte sie zu Annie, die auch ihr drittes Bier in einem Zug geleert hatte, »ich bin an der Geschichte dran und habe schon Bekanntschaft mit dem zuständigen Inspector gemacht, einem Frederick Abberline. Und der glaubt, dass Polly eine Hure war …«

Zum ersten Mal seit dem Beginn ihres Gesprächs schaute Annie sie direkt an. »Bloody Hell, eine was?« Der überraschende Gefühlsausbruch der Frau ging sofort in einen heftigen Hustenanfall über, den Annie mit einem schmutzigen Taschentuch zu ersticken versuchte. Charlotte bemerkte die Blutflecken auf dem Taschentuch, auch wenn Annie sich bemühte, es schnell wieder in ihrer Rocktasche verschwinden zu lassen. Eigentlich war die Schwindsucht hier in London seit einiger Zeit meldepflichtig, aber Dark Annie hatte wie die meisten Kranken wohl keine Lust, in ein städtisches Sanatorium zu gehen, das eher einem Gefängnis als einem Krankenhaus ähnelte.

Der Hustenanfall war vorbei, aber Annies Atem ging immer noch rasselnd. »Polly Nichols eine Hure? Im Leben nich! Polly ist so sehr auf den Strich gegangen, wie die Zähne unserer Miranda hier echt sind … Aber ich weiß schon, für die feinen Herren von Scotland Yard sind alle Frauen Huren, die abends nicht brav mit ihrem Ehemann und ihren Kindern zu Hause im Salon sitzen …« Irgendetwas an diesem Gedanken schien Dark Annie traurig zu machen, denn auf einmal wurde sie ganz still und starrte wieder in ihr Glas, als ob sie dort eine Antwort finden würde.

Charlotte dachte nach. Wenn das Opfer keine Prostituierte war, ermittelte die Polizei also gerade in die völlig falsche Richtung. Vielleicht konnte sie bei dem Ehemann des Opfers mehr erfahren.

»Hast du zufällig eine Ahnung, wo ich diesen William finden kann? Ich würde gerne mit ihm sprechen.«

Ganz langsam, als ob sie das unglaubliche Anstrengung kosten würde, hob Annie den Kopf und schaute Charlotte an: »Der lebt mit seiner neuen Frau in der Coburg Road. Ich geb dir die Adresse.«

Nachdem Charlotte die Anschrift notiert hatte, tauchte Annie wieder in ihre eigene Welt ab. Sie schien gar nicht mitzubekommen, wie Charlotte sich verabschiedete, bei Miranda ihre Schulden bezahlte und sich auf den Weg machte.

Pubs im 19. Jahrhundert

Erste Überlieferungen von öffentlichen Häusern zum Trinken in England sind bereits 2000 Jahre alt, damals noch als Weinbar für die Römer. Im Laufe der Zeit bilden sich im heutigen Großbritannien drei verschiedene Formen heraus: Die Alehouses für die ärmere Bevölkerung, in denen es oft nur Ale und billiges Essen gibt, die Inns für Reisende, die auch ein Zimmer für die Nacht suchen, und die Taverns, in denen anfangs vor allem Wein für die reichere Bevölkerung ausgeschenkt wird. Im 19. Jahrhundert setzt sich dann die Bezeichnung »Pub« als Kurzform für »Public House«, also öffentliches Haus durch. Viele Pubs sind genau das, nämlich oft umgebaute Wohnzimmer von Familien, in denen sich die gesamte Nachbarschaft trifft. Auch wenn das Red Lion meiner Fantasie entsprungen ist, gibt es in London zu diesem Zeitpunkt Hunderte, wenn nicht Tausende ähnlicher Pubs für jede Bevölkerungsschicht.

»Das hat Mary Ann nicht verdient« William Nichols schnäuzte sich laut. »Nein das hat niemand verdient!« Charlottes Gegenüber war ein Berg von einem Mann in den 40ern, dem sein langer schwarzer Gehrock viel zu eng war. »Ja, Polly war nur ihr Spitzname. Eigentlich hieß sie Mary Ann, Mary Ann Walker. Ich habe sie damals über ihren Bruder kennengelernt. Das ist so unglaublich lang her …« Nichols nestelte mit seinen Pranken an seiner Krawatte, offenbar trug er diese Art von Sonntagskleidung nicht besonders regelmäßig. »Wir haben vor 22 Jahren geheiratet, am 16. Januar 1864 in St. Brides in der Fleet Street.«

»Das ist doch die Kirche der Drucker, oder?«, fragte Charlotte mit Blick auf Nichols riesige Hände, unter deren Fingernägeln sich Spuren von Druckerschwärze versteckten.

»Ja, genau. Ich bin Drucker, mein Leben lang schon. Kennen Sie die Bücher von Charles Dickens? Hab ich gedruckt.«

Charlotte nickte lächelnd und wartete, bis ihr Gegenüber von allein weitersprach.

William Nichols tat ihr den Gefallen. »Wir hatten Glück und haben damals eine Wohnung in dem neuen Peabody Building in der Stamford Street bekommen.«

Charlotte musste sofort an einen Artikel denken, den sie über die Bauprojekte des amerikanischen Bankers und Wohltäters George Peabody geschrieben hatte, die seit einiger Zeit überall in London entstanden waren: moderne Wohnblocks für Arbeiterfamilien mit sauberen Wohnungen für kleines Geld, sogar mit Wasserklosetts auf dem Flur. Wie landete man von dort aus innerhalb weniger Jahre auf den versifften Straßen des East Ends? Sie musste unbedingt mehr herausfinden. »Erzählen Sie mir von damals.«

William Nichols' Mund umspielte ein leichtes Lächeln. »Wir hatten die Wohnung Nummer 3 in Block D – vier Zimmer, reichlich Platz und nette Nachbarn. Es war die schönste Zeit unseres

Lebens …« Wieder ein lauter Schniefer in das Taschentuch. »Aber irgendwann hat Mary Ann sich verändert. Das Geld war knapp, wir mussten in eine kleinere Wohnung ziehen, dazu die fünf Kinder. Irgendwie ist sie damit nicht klargekommen und hat mir jeden Abend eine Szene gemacht, war eifersüchtig, hat mir vorgeworfen, etwas mit unserer Nachbarin angefangen zu haben. Und dann noch die Sauferei, das wurde immer schlimmer.«

Charlotte fragte sich, ob die Nachbarin von damals wohl die Frau war, die ihr eben die Tür geöffnet hatte, aber sie wollte nicht unhöflich sein. »Und dann haben sie sich irgendwann getrennt?«, fragte sie.

»Vor acht Jahren. Da ist sie einfach abgehauen, von einem auf den anderen Tag und hat mich alleine gelassen mit fünf Kindern. Was hätte ich denn machen sollen? Wenn ich damals Rosetta nicht gehabt hätte, würde ich heute wahrscheinlich auch an der Flasche hängen.«

Die Nachbarin von damals und Ehefrau von heute hieß also Rosetta. »Wissen Sie, wie es Mary Ann danach ergangen ist?«

William Nichols fuhr sich durch das lichte blonde Haar. »Sie ist durch die Stadt getingelt, hat überall und nirgends gearbeitet und hatte andere Männer. Am Anfang habe ich ihr jede Woche fünf Shilling zur Unterstützung geschickt, aber als Rosetta und ich zusammen auch noch ein Kind bekommen haben, brauchte ich das Geld für meine eigene Familie. Was hätte ich denn machen sollen?«

Auf diese Frage hatte Charlotte auch keine Antwort, also schwieg sie.

Als William Nichols weitersprach, war seine Stimme nur noch ein Flüstern, offenbar wollte er nicht, dass Rosetta etwas von dem mitbekam, was er jetzt erzählte. »Vor ein paar Monaten hab ich Mary Ann noch einmal zufällig auf der Straße getroffen. Sie sah furchtbar aus: die Augen blutunterlaufen, das Gesicht und die Kleidung voller Dreck. Sie hat gestunken wie eine Hafenkneipe. Aber trotzdem hatte sie immer noch diesen Stolz in den Augen, sie wollte sich nicht unterkriegen lassen. Ich hätte ihr gerne ein paar Pence zugesteckt, aber ich hatte selbst nichts dabei, die Druckerei hatte in der Woche erst verspätet gezahlt. Wenn ich gewusst hätte, dass ich sie danach nie wiedersehe …«

Charlotte schluckte, dann fragte sie vorsichtig: »Wissen Sie, womit Mary Ann am Ende ihr Geld verdient hat?«

»Jedenfalls nicht als Hure!«, polterte William. »Sie war zwar eine gefallene Frau, aber sie hätte niemals ihren Körper verkauft – nie! Das habe ich auch schon der Polizei erklärt, aber die wollte mir nicht zuhören.«

»Der Polizei?«

»Ja, genau! Scotland Yard hatte mich heute Vormittag ins Leichenhaus einbestellt, um Mary Ann zu identifizieren.« Die Stimme des Mannes stockte, und Nichols knetete seine riesigen Hände auf der Suche nach den richtigen Worten. »Ich habe in meinem Leben noch nie so etwas Furchtbares gesehen. Sie hatten sie nur notdürftig zusammengeflickt, aber ich habe sie sofort erkannt, wir hatten uns ja erst vor Kurzem gesehen. Diese Wunden …« Wieder zögerte William Nichols. »Mary Ann wurde ausgeweidet wie ein Tier auf der Schlachtbank! Am schlimmsten waren ihr Hals und ihr … ihr Untenrum, Sie wissen schon. Der Mörder hat ihr mit einem scharfen Messer in ihre Weiblichkeit gestochen. Wer macht sowas? Wer?« Der Rest seiner Worte ging in einem lauten Schluchzen unter.

»Mr Nichols, genau das versuche ich, herauszufinden«, sagte Charlotte, während sie Nichols' Pranke von einer Hand drückte. »Ich verspreche Ihnen, dass ich aufklären werde, wer für den Tod Ihrer Frau verantwortlich ist!«

Vor der Wohnung von William Nichols wartete bereits Ken O'Ryan mit seiner Droschke auf Charlotte. Oder war es Paddy? Seit sich die beiden breit gebauten Iren vor einigen Monaten mit einer Mietkutsche in Covent Garden selbstständig gemacht hatten, gehörte Charlotte zu ihren Stammkunden. Trotzdem hatte sie immer noch Schwierigkeiten, die beiden Zwillingsbrüder auseinanderzuhalten. Als die Reporterin eine knappe Stunde später in ihre Wohnung am Covent Garden zurückkam, wartete Mrs Paddington auf sie, die Arme über ihrer mächtigen Brust verschränkt. »Wo waren Sie denn so lange? Ich habe hier ein Telegramm für Sie – aus New York.«

Telegramme

1866 wird das erste Transatlantikkabel zwischen Europa und den USA in Betrieb genommen. Damit ist es erstmals möglich, innerhalb weniger Stunden Nachrichten zwischen der alten und der neuen Welt zu übermitteln. Da Telegramme pro Wort bezahlt werden, muss man sich damals allerdings noch kurz halten.

Ohne auf die Frage ihrer Hauswirtin zu antworten, schnappte Charlotte sich den Umschlag von der Kommode im Flur, nahm auf der Treppe immer zwei Stufen auf einmal und ließ die Tür ihres Zimmers laut hinter sich ins Schloss fallen. Mit den Fingern riss sie den Umschlag des Telegramms auf und raste durch die kurze Nachricht, während ihre Augenbrauen sich mehr und mehr zusammenzogen.

Themenvorschlag abgelehnt
Mord an Londoner Prostituierter kein Thema
Bitte bis Montag neuen Vorschlag einreichen
William Raymond
Chefredakteur

Nachdem sie das Telegramm in den Kamin geworfen hatte, goss Charlotte sich einen doppelten Whiskey ein. Sie könnte sich ein entspanntes Wochenende machen, vielleicht ein verspätetes Abendessen in einem der Pubs ihrer Nachbarschaft einnehmen. Bis übermorgen würde sie sicherlich auf eine neue Idee für einen Artikel kommen. Aber während sie in die prasselnden Flammen starrte, fielen ihr William Nichols' riesige Hände wieder ein. Riesige Hände, die vor Wut und Trauer gezittert hatten. Mary Ann »Polly« Nichols war einen grausamen Tod gestorben. Und dass fast alle um sie herum sie als Prostituierte bezeichneten, die selber schuld an dem war, was ihr angetan wurde, fühlte sich für Charlotte so an, als würde man Polly ein zweites Mal sterben lassen. Charlotte Foster hatte ein Versprechen gegeben, und das würde sie halten.

Montag, der 3. September 1888 – Charlotte

Der gestrige Sonntag hatte für Charlotte mit einem weiteren Besuch im Red Lion geendet, in der Hoffnung, dort vielleicht ein paar Neuigkeiten über den Mord in Whitechapel zu erfahren. Doch außer einem freundlichen Lächeln der zahnlosen Miranda und einem Glas Bier hatte sie dort nichts gefunden, nicht mal Dark Annie. Charlotte hoffte, dass Annie endlich eine Krankenstube aufgesucht und sich medizinische Hilfe geholt hatte. Was ihre Recherche zum Mörder von Whitechapel anging, war Charlotte Foster jedenfalls keinen einzigen Schritt weiter. Sie beschloss, sich ihre Informationen direkt an der Quelle zu holen, auch wenn sie wusste, dass dieses Gespräch äußerst unangenehm werden könnte.

Am späten Montagvormittag saßen sich Charlotte und Abberline an seinem Schreibtisch im Hauptquartier von Scotland Yard am Whitehall Place gegenüber. Es hatte sie einige Mühen gekostet, bis zum Inspector vorgelassen zu werden, aber mit einer Mischung aus Pochen auf die Pressefreiheit und weiblichem Charme hatte es Charlotte dann doch bis in Abberlines Büro geschafft.

»Ich hätte nicht damit gerechnet, dass wir uns so schnell wiedersehen, Miss Foster«, sagte der Inspector mit der für ihn so typischen Andeutung eines Lächelns. »Was kann ich denn für Sie tun?«

Charlotte nestelte eine Zigarette aus ihrer Handtasche, wartete aber nicht ab, bis Abberline ihr Feuer anbot, sondern zündete sie sich selbst an. »Ich würde gern mit Ihnen über Mary Ann Nichols sprechen.«

»Sie wissen also bereits ihren Namen. Es überrascht mich nicht, dass Sie Ihre Hausaufgaben gemacht haben, nach dem, was ich über Sie gehört habe.«

Charlotte zog die Augenbraue hoch: »Was haben Sie denn über mich gehört?«

Abberline lehnte sich in seinem schweren Ledersessel nach hinten, und sein Lächeln war jetzt deutlich als solches zu erkennen: »Charlotte Frances Foster, genannt Charlie. Sie sind 28 Jahre alt, jüngstes Kind und einzige Tochter des Konservenfabrikanten William Foster aus Neuengland. Ihr Vater hätte Sie gerne verheiratet gesehen, aber Sie sind lieber nach New York gegangen, um als Journalistin zu arbeiten. Und irgendwie haben Sie es geschafft, dass man Sie bei der New York Tribune als Auslandskorrespondentin eingestellt hat.«

Jetzt musste auch Charlotte lächeln. »Wie ich sehe, haben Sie Ihre Hausaufgaben genauso gut gemacht, Herr Inspector. Aber jetzt, wo wir mit der Vorstellungsrunde durch sind, würde ich gerne mit Ihnen über den Fall sprechen.«

»Und warum genau sollte ich mit Ihnen darüber sprechen?«, fragte Abberline. »Sie sehen sicher, dass ich sehr beschäftigt bin.«

Charlotte zögerte keine Sekunde. »Weil ich mir ein paar Gedanken über den Mörder gemacht habe, und weil Sie im Moment absolut nichts in der Hand haben. Sie treten mit ihren Ermittlungen auf der Stelle, ohne einen Verdächtigen oder auch nur eine heiße Spur. Ich schlage vor, wir tauschen uns aus, Sie erzählen mir Ihre Theorie und ich Ihnen meine. Win-win.«

Abberline strich sich über seinen dunklen Bart: »Eine interessante Idee. Und Sie haben recht, sehr viel haben wir bisher nicht zusammentragen können … Also gut!«

Charlotte versuchte, sich Ihre Freude nicht anmerken zu lassen, während Abberline einen kurzen Blick in seine Unterlagen warf und sich räusperte. »Ich gehe natürlich davon aus, dass unser Gespräch fürs Erste unter uns bleibt und Sie in Ihrer Zeitung nichts veröffentlichen, was nicht mit mir abgestimmt ist.«

Mit einem Nicken signalisierte ihm Charlotte, dass sie einverstanden war.

»Die Presse schreibt bereits von einer Mordserie, weil es bereits im April und Anfang August zwei ermordete Frauen hier in London gab, deren Tod wir bis heute nicht aufklären konnten. Aber bei der einen passen die Verletzungen nicht, und die andere Frau wurde drei Meilen von Whitechapel entfernt getötet, in der Nähe der London Bridge. Deshalb glauben wir, dass wir es dieses Mal mit einem anderen Täter zu tun haben beziehungsweise mit anderen Tätern.«

»Tätern?«, hakte Charlotte nach.

»Ja, das wäre eine Möglichkeit, aber ich möchte ungern spekulieren. Was haben Sie denn anzubieten?«

Charlotte richtete sich auf. »Ich bin mir sicher, der Täter kommt aus Whitechapel oder dem East End, oder er hat lange hier gelebt. Die Buck's Row ist eine so kleine Querstraße, da verirrt sich niemand zufällig hin. Der Mörder muss diese Straße also gekannt haben oder seinem Opfer dorthin gefolgt sein. Auch das spricht dafür, dass er sich im East End auskennt, sonst hätte ihn irgendwer dabei gesehen. Außerdem bin ich mir anhand der Verletzungen von Polly Nichols sicher, dass der Täter sie mit der rechten Hand festgehalten und das Messer mit der linken Hand geführt hat. Wir suchen also nach einer kräftigen, linkshändigen Person, die sich im East End auskennt oder dort nicht auffällt.«

Frederick Abberlines Augenbrauen waren mit jedem Wort von Charlottes Ausführungen ein wenig weiter nach oben gewandert, jetzt bemühte er sich sichtlich, einen möglichst emotionslosen Gesichtsausdruck wiederzufinden. »Nicht schlecht für eine Anfängerin, Miss Foster, das muss ich Ihnen lassen. Aber haben Sie auch schon eine Theorie für ein Motiv?«

Sie ignorierte Abberlines kleine Spitze und antwortete so gelassen wie möglich: »Die Verletzungen bei Polly Nichols gehen weit über das Maß dessen hinaus, was für ihre Ermordung nötig gewesen wäre. Wenn ich das in dem nicht ganz so idealen Licht auf dem Hinterhof richtig gesehen habe, ging der Schnitt durch den Hals bis auf die Rückenwirbel, ähnlich wie der Schnitt in den Unterbauch. Das spricht für jemanden, der genau weiß, wie man ein Messer benutzt und wo man es ansetzen muss, um jemanden zu töten. Trotzdem hat der Täter mehrfach auf Polly eingestochen und sie übel zugerichtet. Das spricht dafür, dass Emotionen im Spiel sind. Entweder kannte der Täter sein Opfer oder hasst Frauen im Allgemeinen.«

Abberline beugte sich zu Charlotte und legte ihr die Hand auf den Arm. »Jetzt wollen wir aber nicht übertreiben. Es kann ja sein, dass Sie daheim in den USA Kriminalfälle mit solchen Gedankenspielereien lösen, aber hier im Königreich glauben wir noch an die gute alte Polizeiarbeit. Mary Ann Nichols war eine ganz gewöhnliche Prostituierte, die ihren Körper für ein paar Pence auf irgendwelchen Hinterhöfen in Whitechapel verkauft und ihren Lohn direkt danach in Schnaps investiert hat. Wahrscheinlich wurde sie einfach überfallen und ausgeraubt, bevor sie das Geld ihres letzten Freiers versaufen konnte. Wir haben einige Hinweise darauf, dass in Whitechapel und Umgebung aktuell eine Räuberbande unterwegs ist, die gezielt Jagd auf Straßenprostituierte macht.«

Charlotte starrte Abberline wütend an. »Warum zum Teufel glauben Sie immer noch, dass Mary Ann Nichols eine Prostituierte war? Ich habe mit zwei Menschen gesprochen, die sie kannten, und beide haben mir versichert, dass Polly niemals auf den Strich gegangen ist. Einer der beiden war ihr Ehemann William, und der wird es wissen!«

Der Inspector zögerte nur für den Bruchteil einer Sekunde, dann hatte er seine Fassung wiedergefunden. »William Nichols hat mir gesagt, dass er bis auf eine kurze Zufallsbegegnung seit drei Jahren keinen Kontakt mehr zu seiner Ehefrau hatte. Er hat also nicht den geringsten Schimmer, was sie zuletzt getrieben hat. Mary Ann Nichols war dem Alkohol verfallen, hatte keine feste Wohnung und besaß nur die paar Klamotten, die sie am Leib trug. Ich bin seit 25 Jahren Polizist, ich habe hier in Whitechapel gelernt – ich kenne solche Frauen! Für ein paar Münzen, einen Drink oder einen warmen Platz zum Schlafen machen die alles!«

Charlotte blickte ihn kühl an und überlegte einen Moment. »Und was ist, wenn Mary Ann von ihrem Exmann William ermordet wurde? Als ich mit ihm gesprochen habe, sind mir direkt seine schmalen Hände aufgefallen. Der Mann hat die Hände eines Chirurgen. Und der Mörder scheint jemand zu sein, der weiß, wie er ein Messer benutzen muss. Was ist also, wenn …«

»Jetzt reicht es aber, Miss Foster!«, unterbrach Abberline sie ungehalten. »Sie haben wahrscheinlich zu viele Kriminalromane gelesen. Woher wollen Sie bitte wissen, wie die Hände eines Mörders aussehen? Die Detektivarbeit sollten Sie besser der Polizei überlassen!«

Charlotte lächelte den Inspector an. »Sie haben gar nicht selbst mit William Nichols gesprochen, oder?«

Für einen kurzen Augenblick erkannte sie Überraschung im Blick des Inspectors, doch dann hatte er sich sofort wieder unter Kontrolle und antwortete: »Das ist alles, was ich Ihnen zu sagen habe.«

Charlotte hingegen war noch längst nicht fertig. »Überlegen Sie doch mal, wer so einen Mord begeht wie den an Mary Ann Nichols, der hört nicht einfach auf, der wird weitermachen. Das hier ist erst der Anfang von etwas Schrecklichem, das fühle ich!«

Jetzt wurde auch Abberline lauter. »Miss Foster! Es mag sein, dass Sie daheim in New York, wo alle Ihren Vater kennen, eine große Nummer sind, aber hier im Vereinigten Königreich spielen wir nach anderen Regeln. Wenn Sie eine Beobachtung gemacht haben oder als Zeugin aussagen wollen, sind Sie herzlich eingeladen, das zu tun. Wenn Sie mir nur Gefühle und Mutmaßungen zu bieten haben, würde ich es sehr begrüßen, wenn Sie mich und meine Leute jetzt ungestört unsere Arbeit machen lassen.«

Charlottes Mund wurde schmal. Sie war sich sicher, dass der Inspector in die völlig falsche Richtung ermittelte, aber der sture Ochse wollte ihr einfach nicht zuhören. Weil Sie Ausländerin war? Oder weil sie eine Frau war? Egal, sie würde Abberlines Büro jetzt so aufrecht wieder verlassen, wie sie es betreten hatte. »Nun gut, Herr Inspector, ich sehe, wir werden uns hier nicht einig. Ich hoffe von Herzen, dass der Mord an Mary Ann Nichols der einzige dieser Art bleibt. Aber wenn nicht, dann behaupten Sie nicht, ich hätte Sie nicht gewarnt!«

Ohne sich zu verabschieden, stand Charlotte ruckartig auf und verließ das Büro des Inspectors. Als sie aus der Tür des Scotland-Yard-Hauptquartiers auf die belebte Straße Whitehall Place trat, spürte sie, wie ihre Wangen brannten. Sie zündete sich eine Zigarette an und hoffte, dass sie mit ihrer Theorie über den Mörder von Mary Ann Nichols unrecht hatte.

Rätsel 2:
Durchschaut

Wie hat Charlotte herausgefunden, dass Abberline sie belogen und gar nicht persönlich mit William Nichols gesprochen hat?

____

____

____

____

____

Die Lösung findest du auf Seite 352.

Kapitel 3

SPITAL-
FIELDS
Brick Lane
Christ Church
Spitalfields
Petticoat
Lane Market
apel Road
Street
lesex Street
Whitechapel High
Street
St
St Botolph's
Braham Street
Alie S.
Gower's Walk
herine
Aldgate High
Street
Mansel Street
Alie S.
Leman Street
S.
eet
Minor Street
English
Martyrs
Church
Cable S
Roy Mint Street
Docks
Tower of London
eter

Dienstag, der 4. September 1888 – Charlotte

Seit dem Mord an Mary Ann Nichols waren drei Tage vergangen, drei Tage, an denen Charlotte Foster nachts kaum ein Auge zubekommen hatte. Sie war sich sicher, dass dieser Mord erst der Anfang war. Der Anfang von etwas, das so schrecklich war, dass sie es sich noch nicht mal vorstellen wollte. Nach dem Frühstück hatte sie ihrem Chefredakteur in New York ein Telegramm mit zwei Themenvorschlägen geschickt, die sie selbst so langweilig fand, dass sie sie direkt wieder vergessen hatte. Sie hatte Thommie gebeten, Augen und Ohren aufzuhalten und sie sofort zu informieren, wenn es im East End etwas Neues gab. Aber bisher hatte sie nichts gehört. Also beschloss Charlotte, gleich morgens noch einen Ausflug zur zahnlosen Miranda ins Red Lion zu machen. Sie erkannte Dark Annie nicht direkt, auch wenn sie am Tisch direkt gegenüber saß. Ihr plumper Körper schien in sich zusammengesunken, über ihrem linken Auge klaffte eine Wunde.

»Was ist denn mit dir los?« fragte Charlotte.

Annie zuckte zusammen, als habe sie nicht damit gerechnet, dass überhaupt irgendwer mit ihr sprechen würde. »Das war Eliza Cooper, die dumme Kuh. Ich kenne sie aus dem Crossingham's.«

Charlotte hatte schon von der Armenunterkunft in der Dorset Street gehört, in der man für acht Pence die Nacht eine versiffte Strohmatratze mieten konnte, die Läuse und Ratten gab es gratis dazu.

»War ein blöder Streit um ein Stück Seife, das ich mir von ihr geliehen und nicht zurückgegeben hab.« Annie musste husten. »Ich hab ihr eine gelangt, und sie hat mir einen Schlag in die Fresse verpasst, so ist das halt. Aber das ist jetzt auch egal.« Wieder wurde sie von einem Hustenanfall geschüttelt. Annies Taschentuch war mittlerweile mehr rot als weiß.

»Bist du deswegen nicht auf dem Markt, um deine Blumen oder deine Häkelarbeiten zu verkaufen?«, fragte Charlotte besorgt. »Normalerweise sitzt du doch erst ab nachmittags hier in der Kneipe?«

Als Annie zu ihr schaute, waren ihre Augen gerötet. »Ich fühl mich so krank, ich kann gar nix, vor allem nich arbeiten!«

»Vielleicht solltest du in eine Krankenstube gehen und dich untersuchen lassen?«, schlug Charlotte vor, »dein Husten klingt übel.«

»Ach was, das wird schon wieder«, antwortete Annie. Ihre Stimme leierte und stolperte durch die einzelnen Worte, verwaschen vom Schnaps. So betrunken hatte Charlotte Dark Annie noch nie gesehen, obwohl sie ihr definitiv noch nie nüchtern begegnet war.

»Weißt du, ich war nicht immer so«, sagte Annie mehr zu sich selbst als zu Charlotte, während sie ein zerknittertes Foto aus ihrer Rocktasche klaubte und auf dem Tisch glattstrich. »Guck mal, das sind John und ich bei unserer Hochzeit.«

Als Charlotte sich über das Foto beugte, konnte sie sich kaum vorstellen, dass die fein herausgeputzte junge Frau auf dem Foto und das zusammengesunkene, nach Schnaps stinkende Häufchen Elend vor ihr ein und dieselbe Person sein sollten. Annie trug auf dem Bild ein schickes, gestreiftes Kleid mit einem ausladenden Glockenrock und dunklen Applikationen an Schultern und Manschetten. Auf ihrem Schoß lag eine Bibel. Neben ihr stand ein junger, gut aussehender Mann, der dunkle Haare und lange Koteletten trug. In seiner Westentasche glänzte an einer Uhrkette eine goldene Taschenuhr. Beide schauten ernst, aber voller Stolz und Hoffnung in die Kamera. Ein junges Paar, das genug Geld für einen Fotografen und das Leben noch vor sich hatte.

»Was ist passiert?«, rutschte es Charlotte heraus, und sie bereute ihre unverschämte Frage noch im selben Moment.

Doch Annie schien das gar nicht zu bemerken, sie war längst in ihrer eigenen Welt. »John und ich haben damals auf einem riesigen Landsitz draußen in Berkshire gewohnt, bei so einem reichen Pinkel, für den John als Kutscher und Stallmeister gearbeitet hat. Das war eine Pracht, sag ich dir, wir hatten ein eigenes Kutscherhaus mit drei Schlafzimmern und sogar einem eigenen Empfangsraum – wie die feinen Leute!« Mittlerweile hatte Annie ihre Augen geschlossen und wiegte ihren Kopf hin und her. »Ich hab immer schon hin und wieder ein Gläschen getrunken. Aber da draußen in Berkshire ist es irgendwie immer schlimmer geworden. Ich war ja ganz allein mit meinen Töchtern. Meine Mutter und meine Schwestern waren hier in London, und mein John war den ganzen Tag arbeiten. Vor acht Jahren ist dann John Alfred geboren, mein einziger Sohn. Er war … nicht gesund. Sein ganzes Gesicht hing irgendwie so nach unten, er konnte nicht mal lächeln. Der Arzt hat gesagt, daran ist meine Sauferei schuld, aber was hätte ich denn machen sollen? Und als John zwei Jahre alt war, ist dann auch noch seine älteste Schwester krank geworden. Erst war es nur starkes Fieber, dann kam der Ausschlag und dann … dann ist sie gestorben. Und ich war nicht für sie da, weil ich mal wieder besoffen war …« Wieder musste Annie husten, und Charlotte legte ihr vorsichtig die Hand auf die Schulter.

»Ich hab es versucht, ich hab es wirklich versucht«, versuchte Annie, den Gesprächsfaden wieder aufzunehmen. »Ich war trocken, drei Monate lang. Aber dann habe ich wieder angefangen, und John hat mich weggeschickt. Ich war ihm und seinem Chef, diesem feinen Pinkel, peinlich!« Die letzten Worte spuckte Dark Annie nur so aus ihrem faltigen Mund. »Und dann bin ich in Whitechapel gelandet, und von da an ging es nur noch bergab. Jetzt sitze ich hier, hab meine letzten paar Pence für Schnaps ausgegeben und hoffe darauf, dass der Herrgott dem Ganzen irgendwann bald ein Ende macht.« »Sag so was nicht«, unterbrach Charlotte sie, »du kannst bei mir pennen. Ich hab zwar keine Ahnung, wie ich das meiner Hauswirtin erklären soll, aber das bekomme ich irgendwie hin.«

Dark Annie zögerte kurz, aber dann schüttelte sie langsam den Kopf. Es war das traurigste Kopfschütteln, das Charlotte je gesehen hatte. »Dark Annie steht auf eigenen Füßen, und wenn es das Letzte ist, was ich tue!« Wie, um ihre Aussage zu untermauern, stand Annie so ruckartig auf, dass sie sich direkt wieder am Tisch festhalten musste, um nicht umzufallen.

»Bist du dir wirklich sicher?«, fragte Charlotte noch mal nach, obwohl sie ahnte, dass Annies Entscheidung für dieses Leben schon vor vielen Jahren gefallen war.

»So sicher wie das Amen in der Kirche!«, rief Annie wesentlich lauter, als Charlotte es für möglich gehalten hätte. Die fünf Shilling, die Charlotte ihr im Gehen zusteckte, nahm sie trotzdem mit einem kurzen Nicken als Dank, dann torkelte Annie aus dem Pub. Keine der beiden Frauen ahnte, dass dies ein Abschied für immer sein sollte.

Mittwoch, der 5. September 1888 – Mary Jane

Der Eingangsbereich des Maison D'Amour im Londoner West End sah immer noch genau so aus, wie Mary Jane Kelly ihn in Erinnerung hatte: Die bunten Gaslampen waren gedimmt und ließen die roten Polster der Sofas und die dunklen Stofftapeten leuchten. Ihre ehemalige Chefin Isabelle Beaufort trug einen voluminösen Rock aus mehreren Schichten Seide und ein mit violetter Spitze besetztes Korsett, das mehr zeigte, als es verbarg. Gleich mehrere Schichten Puder und eine Rokoko-artige weiße Perücke kämpften gegen die Spuren des Alters in ihrem Gesicht. Isabelles Stimme war immer noch tief und rau wie die eines Bierkutschers. »Mon dieu, was kommt denn da für ein verirrtes Vögelchen geflattert? Sollte das etwa mein kleiner Rotfuchs Mary Jane sein?«

Mary Jane spürte, wie ihre Wangen sich röteten, obwohl sie genau das unbedingt vermeiden wollte. Sie versuchte sich an einer Art Knicks, der aber eher so aussah, als sei sie über den hohen dunkelroten Teppich des Salons gestolpert, in dem Madame Beaufort normalerweise ihre zahlungskräftigen Kunden begrüßte. »Ihre Augen sind immer noch so gut wie damals, ich bin es wirklich!« Sie hasste es, sich selbst klein zu machen, aber in dieser Situation blieb ihr keine andere Wahl.

»Lass dich ansehen, Chérie«, gurrte ihre ehemalige Chefin und kniff Mary Jane erst in die Wange, bevor sie ihr beherzt an die Brüste griff. »Immer noch ein hübsches Mädchen. Wenn auch nicht mehr ganz so hübsch wie damals. Hast etwas zugelegt!«

Mary Jane wollte etwas sagen, schluckte ihre Antwort aber herunter und versuchte sich stattdessen in Freundlichkeit. »Ich denke immer noch gerne an meine Zeit hier im Maison. Die Gäste waren wirklich immer sehr freundlich, vor allem die Stammkunden.« Im Gesicht ihrer ehemaligen Chefin konnte Mary Jane nicht die Spur einer Reaktion ablesen, also redete sie einfach weiter. »Wenn ich zum Beispiel an den mit der schönen Kutsche denke, der war verrückt nach mir. Sie wissen schon, den …«

»Keine Namen!« Die tiefe Stimme von Madame Beaufort war plötzlich eiskalt: »In meinem bescheidenen Haus verkehren die höchsten Spitzen der britischen Gesellschaft. Erstens, weil wir unseren Kunden wirklich jeden Wunsch erfüllen, und zweitens, weil sie sich auf unsere absolute Diskretion verlassen können – und das jederzeit.«

»Natürlich, natürlich«, murmelte Mary Jane, »ich hatte nur gedacht, dass er vielleicht noch mal hier war und nach mir gefragt hat, nachdem ich ausgestiegen bin. Weil … In letzter Zeit habe ich so oft an meine schöne Zeit hier im Maison gedacht und dass ich doch vielleicht, also natürlich nur, wenn Sie es wünschen ...«

Wieder unterbrach ihre ehemalige Chefin sie ungeduldig. »Du suchst also nach Arbeit, Mary Jane?«

Als Mary Jane nickte, spürte sie, wie ihre Wangen noch röter wurden. Eigentlich hatte sie sich geschworen, nie wieder einen Fuß in diesen Laden zu setzen. Sie hatte Isabelle Beauforts erste Regel, den Kunden wirklich jeden Wunsch zu erfüllen, genau drei Jahre lang durchgehalten und Dinge getan, über die sie bis heute mit niemandem gesprochen hatte. Das Maison D'Amour war kein gewöhnliches Edelbordell, von denen es im West End unzählige gab. Es war ein Jahrmarkt der Fantasie, in dem die reichen und meist adeligen Kunden wirklich alles bekamen, was sie wollten: zahnlose, alte Weiber genauso wie kleine Mädchen, zum Teil keine fünf Jahre alt. Auch Jungen oder junge Männer waren hier kein Problem, da war Isabelle Beaufort flexibel. Mary Jane hatte sogar erlebt, dass die Bordellchefin einem Kunden einen Esel und eine Frau ohne Arme organisiert hatte – einfach, weil sie es konnte. Diese Dienste ließ sich Madame Beaufort äußerst gut bezahlen, und auch ihre Angestellten verdienten so gut wie in keinem anderen Etablissement der Stadt, solange sie alles taten, was die Kunden wünschten.

Das grollende Lachen ihrer ehemaligen Chefin riss Mary Jane aus ihren Gedanken. »Das hast du dir ja schön überlegt! Wie lange ist das jetzt her, dass du mir vor die Füße geflattert bist? Acht Jahre?«

»Eigentlich nur sechs, Madame.«

»Du warst noch so jung, gerade erst von zu Hause abgehauen, mein kleiner Rotfuchs. Ein wunderhübscher kleiner Wildfang mit einem furchtbaren Walisischen Akzent und einem zarten Körper.«

Mary Jane nickte erneut, das klang freundlicher, als sie es erwartet hatte. »Aber das ist Vergangenheit«, machte Madame Beaufort ihre Hoffnungen sofort wieder zunichte. »Du bist jetzt keine 15 mehr. Immer noch ganz hübsch, das muss ich sagen. Aber ich brauche mehr als das! Ich brauche Frauen mit dem … je ne sais quoi, wie sagt man … dem gewissen Etwas. Hier klopfen jeden Tag hübsche Frauen auf der Suche nach Arbeit, aber bei Madame Beaufort im Maison D'Amour bekommen die Gäste nur das Speziellste, das Schönste und das Beste, was London zu bieten hat. Und dazu gehörst DU nicht mehr, Mary Jane – excuse-moi.«

Mary Janes Gesicht war jetzt mindestens genauso rot wie ihr Haar, und sie wusste selbst nicht, ob das Scham oder Wut war, was da immer mehr in ihr hochkochte. »Madame, Sie wissen, dass ich gut bin! Ich hatte Stammkunden, die sich sicher freuen würden, mich wiederzusehen! Es muss ja auch nicht für immer sein, mir reichen ein paar Wochen, damit ich meine Miete zahlen kann.«

Isabelle Beaufort hatte ihre Arme vor ihrer Brust verschränkt. »Es wird Zeit, für dich zu gehen, Mary Jane. Wie sagt man in eurer Sprache? Der Zug ist abgefahren! In zehn Minuten kommt der nächste Kunde, und ich möchte, dass er sich ganz auf meine Mädchen konzentrieren kann und nicht von irgendwelchen Straßen-Dirnen belästigt wird. Du kennst den Weg nach draußen.«

Prostitution in London

Mit Beginn der Industrialisierung entwickelt sich im 19. Jahrhundert auch die Prostitution in Europa zu einem regelrechten Massenphänomen. Viele Frauen aus der Unterschicht, aber teilweise auch aus der Mittelschicht, müssen damals ihren Körper verkaufen, um sich in Großstädten wie London überhaupt ein Dach über dem Kopf leisten zu können. Die Spannweite reicht von edlen Bordellen für die reiche und oft adelige Kundschaft im West End bis hin zu Straßenprostituierten im East End, die ihre Arbeit in Hinterhöfen oder Hauseingängen verrichten müssen.

Donnerstag, der 6. September 1888 – Charlotte

Charlotte hatte in ihrem ganzen Leben noch nie so viele Menschen auf einer Beerdigung gesehen. Es mussten mehrere Tausend sein, die sich an diesem ungewöhnlich schwülen Nachmittag auf den Straßen zum Little-Ilford-Friedhof am Rand der Stadt versammelt hatten, um einen Blick auf die letzte Reise von Polly Nichols zu erhaschen. Charlotte hatte sich Thommie als Verstärkung mitgenommen, und gemeinsam drängelten sie sich durch die Menschenmassen.

»Was wollen die alle hier, Miss Charlotte?«, fragte sie der Junge stirnrunzelnd.

»Wahrscheinlich dasselbe wie wir, Thommie – einfach mal gucken. Magst du dich vielleicht unter den Leuten umhören? Vielleicht ist ja irgendwer dabei, der mehr weiß …«

»Wird gemacht, Miss Charlotte«, sagte Thommie, tippte sich an seine schmutzige Mütze und verschwand im Getümmel.

Charlotte drängelte sich zu einem Platz weiter vorne durch, von dem aus sie einen besseren Blick auf den Trauerzug hatte. Auf einem kleinen Pferdekarren lag der polierte Buchensarg mit einer schlichten Messingplakette: *Mary Ann Nichols, 42 Jahre – gestorben am 31. August 1888.* Hinter dem Sarg sah Charlotte drei Männer gehen: William Nichols, dessen massiger Körper in den letzten Tagen unter der Trauer um seine Exfrau geschrumpft zu sein schien, einen grauhaarigen, gebeugt gehenden, älteren Herrn, wahrscheinlich Mary Anns Vater, und einen etwa 20-jährigen jungen Mann mit unbewegtem Gesicht, der wohl Mary Anns ältester Sohn sein musste. Als der Trauerzug die summende Menschenmenge passierte, wurde es mit einem Mal ganz still an der Straße. Charlotte konnte sehen, wie William Nichols um seine Fassung kämpfte, der Schmerz und die Machtlosigkeit über den Tod seiner Exfrau hatten sich tief in sein Gesicht gegraben. Kaum waren der Sarg und die kleine Trauergruppe um die Ecke gebogen, fingen die Schaulustigen an, sich in alle Himmelsrichtungen zu zerstreuen.

Gerade wollte sich Charlotte umdrehen, um nach Thommie zu suchen, als der Junge direkt vor ihr vorbeiflitzte, begleitet von einem wütenden Brüllen. Charlotte hörte Thommies Verfolger, bevor sie ihn sah.

»Du kleiner Bastard, komm sofort zurück!« Die laute Stimme gehörte einem schwitzenden Mittfünfziger in einer zu engen Tweed-Weste, der versuchte sich seinen Weg durch die Menge zu bahnen. »Ich poliere dir deine Visage, du dreckiger Rotzbengel! Gib mir meine Uhr zurück, ich schlage dich kurz und klein!«

Als der Westenmann auf ihrer Höhe war, streckte Charlotte blitzschnell ihren Fuß nach vorne. Der schwitzende Mann kam ins Stolpern und klatschte mit einem lauten Schrei nach vorne auf das Pflaster.

Sofort trat Charlotte ein paar Schritte zurück, aber nicht ohne vorher durch lautes Rufen auf sich aufmerksam zu machen: »Zu Hilfe, der Herr hier ist gestürzt, so helfen Sie doch!« Innerhalb von Sekunden bildete sich eine Menschentraube aus Neugierigen und Hilfsbereiten um den Mann, während Charlotte in der Menschenmenge verschwand.

In der nächsten Seitengasse traf sie Thommie, der sich ein Grinsen nicht verkneifen konnte. »Das war einsame Spitze, Miss Charlotte!«

»Ich würde eher sagen, das war ziemlich knapp. Wir hauen lieber ab, bevor uns dein schwitzender Freund entdeckt. Du solltest dich umhören, nicht deine Finger in fremder Leute Taschen stecken!«

Thommie verzog sein Gesicht zu etwas, das man nur mit sehr viel Fantasie eine Unschuldsmiene nennen konnte. »Ich hab nix gemacht – der Mann hat seine Uhr bestimmt verloren …«

Gemeinsam machten sich die beiden auf den Weg zum Bahnhof, um den nächsten Zug in die Stadt zu nehmen.

»Hast du irgendwas rausfinden können?«, fragte Charlotte ihren jungen Begleiter.

»Ganz viel und eigentlich nix«, antwortete Thommie, »Ein Mann hat behauptet, die Juden stecken hinter dem Mord. Und eine Frau hat ihrer Freundin erzählt, dass ein Wiedergänger Polly Nichols umgebracht hat, sie weiß das, weil nämlich ihre Cousine ihr das gesteckt hat, und das ist die Frau vom Friedhofswärter.«

Charlotte wusste nicht genau, was sie zu hören gehofft hatte, aber das definitiv nicht. »Und sonst hast du nichts gehört?«

»Doch.« Thommie grinste. »Die Polizei hat keine einzige Spur. Hab zwei Constables belauscht, die sich unterhalten haben. Sie haben nix, wirklich absolut nix rausfinden können.«

»Dann ist Scotland Yard zumindest genauso weit wie wir«, sagte Charlotte eigentlich mehr zu sich selbst. Es war unwahrscheinlich gewesen, hier auf einer Beerdigung eine heiße Spur zu finden, aber sie war trotzdem enttäuscht. Den Rest der Zugfahrt zurück nach London schwiegen die beiden sich an, und Charlotte tat so, als würde sie die goldene Uhrenkette, die aus der Tasche von Thommies dutzendfach geflickter Hose ragte, nicht bemerken.

Donnerstag, der 6. September 1888 – Mary Jane

Mary Jane trommelte mit ihren Fingern auf den kleinen Holztisch neben ihrem Bett. Die beiden Fenster zum Innenhof ließen nur wenig Licht in das kleine Zimmer an der Dorset Street. Auch wenn in den Raum kaum mehr als ein Bett, ein Tisch und ein Schränkchen passten, war er doch ihr Zuhause, das sie versucht hatte, so gemütlich wie möglich einzurichten. Über dem Kamin hatte sie einige Bilder aufgehängt, unter anderem den Holzdruck einer Fischerwitwe, den sie vor einigen Monaten für ein paar Pence von einem reisenden Trödelhändler erstanden hatte. Joseph hatte die Wohnung schon früh an diesem Morgen verlassen, um nach Arbeit zu suchen, genau wie gestern. Natürlich hatte sie ihm nichts von ihrem erfolglosen Besuch bei Madame Beaufort erzählt, sie hatte keine Lust auf Streit. Nachdenklich ließ sie den Blick durch das Zimmer schweifen, über das Bett, die beiden kleinen Tische mit den unbequemen Holzstühlen und den Waschtisch. Das alles hier war viel mehr, als die meisten anderen Frauen ihres Alters und ihrer Herkunft ihr Eigen nennen konnten. Genau deshalb durften Joseph und sie diese Unterkunft hier auf gar keinen Fall verlieren. Gestern war sie auf dem Rückweg ihrem Vermieter Mr McCarthy direkt in die Arme gelaufen, der natürlich schon von den Nachbarn gehört hatte, dass Joseph seine Lizenz als Fischträger und damit seine Arbeitsgrundlage verloren hatte. Ob er sich Sorgen machen müsse, seine Miete von vier Shilling und sechs Pence pro Woche pünktlich zu bekommen, hatte er Mary Jane gefragt. »Natürlich nicht, das ist nur vorrübergehend«, hatte sie gemurmelt und war so schnell wie möglich in ihr Zimmer verschwunden. Aber wenn sie ehrlich war, glaubte sie selber nicht daran, dass Joseph so schnell wieder Arbeit finden würde, sonst hätte sie niemals beim Maison D'Amour vorgesprochen. Das war der schnellste Weg, an möglichst viel Geld zu kommen, den sie kannte. Ehrlich gesagt auch der einzige. Seit gestern zerbrach sie sich den Kopf, wie sie ihre Fähigkeiten und ihr Wissen irgendwie in klingende Münze umwandeln könnte. Mittlerweile war ihr Kopf schon ganz heiß vom Denken und vor Wut auf Isabelle Beaufort. Aber wer sagte überhaupt, dass sie die Alte brauchte, um an zahlungskräftige Freier zu kommen? Mary Jane hatte endlich eine Idee. Sie war zwar ziemlich riskant, aber, wenn alles reibungslos funktionierte, auch sehr lukrativ.

Geld und Einkommen

Zu dieser Zeit gibt es in Großbritannien im Großen und Ganzen drei wichtige Währungseinheiten: Ein Pfund sind umgerechnet 20 Shilling, und ein Shilling entspricht wiederum 12 Pence (Einzahl: Penny). Zum Vergleich: Ein Laib Brot kostet zu dieser Zeit zwischen 5 und 10 Pence. Schon damals gibt es riesige Unterschiede im Einkommen: Der Stundenlohn eines Arbeiters Ende des 19. Jahrhunderts beträgt etwa 3 Pence, was gerade so reicht, um eine Familie über Wasser zu halten. In einigen, schlechter bezahlten Jobs kommt man zum Teil nur auf 20 Pfund Jahresgehalt, während der Erste Lord des Schatzamtes der Regierung (First Lord of Treasury) zum Beispiel 4000 Pfund im Jahr verdient, also das 200-Fache.

Samstag, der 8. September 1888 – Eliza

Eliza Chapman musste sich abstützen, als sie gegen 1:50 Uhr an diesem Samstagmorgen das Wohnheim Crossingham's betrat und gleich wieder verließ. Der mürrische Aufseher Timothy Donovan, der sie mit seinem langen, schmalen Gesicht immer ein bisschen an ein Wiesel erinnerte, sah ihr hinterher.

»Schon gut, Tim«, rief sie ihm zu. »Ich bin bald zurück. Halt mir das Bett frei.« Hoffentlich hielt sich das Wiesel daran. Aber schließlich war sie eine gute Kundin, sie hatte die letzten vier Monate in dem Wohnheim verbracht und ihr Bett immer pünktlich bezahlt – bis heute. Dabei hatte ihre Schwester, die sie an diesem Tag in Vauxhall besucht hatte, ihr noch fünf Shilling zugesteckt. Aber irgendwie war ihr das Geld auf dem Weg zum Crossingham's abhandengekommen. Hatte sie die Münzen verloren? Oder hatte sie sich auf dem Rückweg vielleicht ein oder zwei Gläser gegen die Kälte gegönnt? Eliza konnte sich einfach nicht erinnern. Sie zog sich ihr Halstuch fester um den Hals und ging die Dorset Street in Richtung der Spitalfields Kirche. Irgendwie musste sie das Geld für die Nacht zusammenkratzen oder einen anderen Schlafplatz finden. Die wenigen Straßenlaternen warfen ein milchiges Licht auf das schmutzige Pflaster, als Eliza Chapman immer tiefer in das Gewirr der meist menschenleeren Gassen des East Ends eintauchte. Sie bemerkte den dunklen Schatten nicht, der sie aus der Dunkelheit beobachtete und sich langsam in Bewegung setzte, um ihr zu folgen.

Samstag, der 8. September 1888 – Charlotte

Trotz der frühen Uhrzeit, die Uhr von St. Paul's hatte noch nicht mal sechs geläutet, war Charlotte schon auf den Beinen. Sie hatte in der vergangenen Nacht so gut wie gar nicht geschlafen, nicht mal ein Glas Whiskey hatte sie müde werden lassen. Die Worte von Inspector Abberline spukten seit ihrem Streit Anfang der Woche in ihrem Kopf herum, und sie wusste immer noch nicht, wohin mit ihrer Wut. Also hatte sie sich im Dunkeln angekleidet und war zu einem Nachtspaziergang aufgebrochen, zum Glück ohne Mrs Paddington und ihren kritischen Blicken zu begegnen.

Direkt vor ihrer Wohnung fand sie zufällig eine freie Droschke, also hatte sie gar nicht erst auf einen der O'Ryan-Brüder warten müssen. Als der Fahrer sie fragte, wo sie hinwolle, antwortete sie »Nach Whitechapel«, ohne lange darüber nachzudenken. Ihr Gefühl sagte ihr, dass sie dort heute einige Antworten auf ihre Fragen finden würde.

Auf den Straßen von Whitechapel erwachte gerade das Leben. Hafenarbeiter machten sich auf den Weg zur Arbeit in den Docks, zwei Blumenmädchen stritten sich laut und schrill um die besten Plätze zum Verkaufen, ein gebeugter Gemüsehändler schleppte einen Sack Zwiebeln in einen Hof, und der Besitzer eines Pfandhauses versuchte mit seinem Besen eine zerrissene alte Frau zu verscheuchen, die sich vor seinem Laden einen Schlafplatz gesucht hatte. Die Stimmen der Menschen mischten sich mit dem Kreischen der Möwen aus Richtung der Themse und dem Klappern der Pferdehufe auf dem Pflaster. Über allem lag der strenge Geruch von Kohl, stockiger Wäsche und Pisse. Hier lebten die Menschen, die den Aufstieg des Britischen Empire überhaupt erst möglich gemacht hatten und von denen man in den Salons in Knightsbridge oder den Herrenhäusern in Berkshire oder Somerset nicht mal wusste, dass sie existierten.

In New York und bei ihren Recherchereisen durch Europa war Charlotte auch schon Armut begegnet, aber dies hier war etwas anderes. Nirgendwo sonst hatte sie Menschen so leben sehen. Vor zwei Monaten zum Beispiel hatten Gesundheitsinspektoren eine achtköpfige Familie in einem winzigen Zimmer mit verschimmelten Wänden entdeckt. Die Eltern, ein arbeitsloser Maurergehilfe und eine Wäscherin, hatten halbnackt und gekrümmt auf dem Holzboden gelegen, von billigem Schnaps zu betrunken, um sich zu bewegen. Aber das eigentlich Schockierende hatten die Inspektoren in dem einzigen Bett des Zimmers entdeckt: Auf einer von Würmern zerfressenen Strohmatratze, deren Farbe man unter all den Flecken nicht mal erahnen konnte, hatten unter einer dünnen Decke mehr über- als nebeneinander die fünf Kinder des Paares gekauert. Zwischen ihnen hatte man die bereits verwesende Leiche ihrer jüngsten Schwester gefunden, die gerade mal zwei Jahre alt geworden war. Die Familie hatte einfach kein Geld für eine Beerdigung gehabt.

Charlotte schüttelte den Gedanken an diese herzzerreißende Geschichte ab, über die sie damals für die New York Tribune berichtet hatte, und schlenderte an der alten Glockengießerei vorbei in Richtung Spitalfields. Sie war gerade auf der Hanbury Street, als ihr auf einmal die vielen uniformierten Polizisten auffielen, die versuchten, einige aufgebrachte Menschen zu beruhigen, die sich vor einem dreistöckigen Backsteinhaus versammelt hatten. Charlotte versuchte, aus dem aufgeregten Gemurmel einzelne Satzfetzen herauszufiltern.

»Das muss der Teufel gewesen sein, ich schwöre es dir!«

»Jetzt lasst mich doch auch mal gucken …«

»Ich habe sie gesehen, das ist genauso wie in der Buck's Row.«

In diesem Moment war Charlottes Müdigkeit verschwunden. Unter Einsatz ihrer Ellenbogen schaffte sie es, sich in der Menschenmenge weiter nach vorne zu schieben. Vor einem Hofeingang, der sich neben einem Katzenfuttergeschäft befand, versuchte ein Constable, die Menschen auf Abstand zu halten. »Ladies und Gentlemen, hier gibt es nichts zu sehen, das hier ist ein Polizeieinsatz. Ein Arzt ist bereits vor Ort, und Verstärkung ist unterwegs. Bitte gehen Sie weiter!« Doch sosehr sich der mürrische Ire mit dem dichten roten Vollbart bemühte, die aufgebrachte Menschenmenge wurde immer größer statt kleiner.

Für Charlotte gab es hier kein Durchkommen, sie musste also einen anderen Weg finden. Wenn sie die Architektur der einzelnen Häuser der Hanbury Street richtig einschätzte, müssten die Hinterhöfe direkt nebeneinanderliegen, also steuerte sie das Nachbarhaus mit der Nummer 27 an. Auch hier gab es einen schmalen dunklen Gang, der in den Hinterhof führte. Charlotte warf einen kurzen Blick hinter sich, dann schlüpfte sie in den etwa zwei Yards breiten Hofeingang, zuckte aber sofort zurück, als sie in dem Gang zwei weitere Constables entdeckte. Sie drückte sich an die Außenwand des Gebäudes, sodass die beiden Polizisten sie nicht sehen konnten, allerdings konnte sie so auch nicht beobachten, was in dem Gang vor sich ging. Angestrengt versuchte Charlotte zu verstehen, worüber die beiden sprachen:

»Die Tür da führt direkt zum Hinterhof neben dem Tatort«, erklärte der eine Constable mit heiserer Stimme, »deshalb müssen wir die abschließen, Anweisung von oben! Zum Glück hat uns der Hausbesitzer verraten, wo er den Schlüssel versteckt hat …«

Der andere Constable sprach sehr laut und mit deutlichem schottischem Akzent. »Tolles Versteck, und das bei dieser beschissenen Kälte! Mir fallen gleich die Finger ab, allein dafür sollten wir eine Gehaltserhöhung kriegen.«

Charlotte hörte, wie die Tür über den Boden schabte, bevor sie mit einem schweren Poltern zufiel und mit einem metallischen Klicken verschlossen wurde. Dann war es ruhig, bis auf das Keuchen der Polizisten.

»Okay, gehen wir. Was mache ich mit dem Schlüssel?«, fragte der Schotte.

Der Heisere antwortet: »Na, pack ihn zurück, wo er herkam.«

Der Schotte schnaubte verächtlich, und Charlotte glaubte, ein leises Platschen zu hören.

Dann übernahm wieder der heisere Polizist das Kommando: »So, das hätten wir, jetzt helfen wir den Kollegen auf der Straße, die ganzen Gaffer loszuwerden.«

Charlotte schaffte es gerade noch rechtzeitig, sich ein paar Schritte von der Hauswand zu entfernen, bevor die beiden Constables an ihr vorbei zum Nachbarhaus marschierten. Sie wartete ein paar Minuten, um sicherzugehen, dass die Polizisten nicht zurückkamen, dann schaute sie sich noch mal um und trat in den Hofeingang. Vor ihr breitete sich ein riesiges Chaos aus, offenbar nutzte der Besitzer des Hauses den teilweise überdachten Gang zu dem Hinterhof als Lagerfläche oder als Abladeplatz für Müll. An die Wand gelehnt entdeckte Charlotte einen halb verrotteten Handkarren, verrostete Schaufeln und andere Gartengeräte. Daneben standen Stapel von leeren Holzkisten, einige zerbrochene Steinplatten und ein großer Blumentopf mit feuchter Erde. Der Gang endete vor einer ziemlich massiven Holztür, die durch ein rostiges Vorhängeschloss gesichert war, auch die Scharniere der Tür waren von Rost zerfressen. Kein Wunder, dachte Charlotte, als sie die Regenrinne sah, die an der Mauer zum Hinterhof entlanglief und dermaßen löchrig war, dass nur ein Bruchteil des Wassers in die halb volle Regentonne tropfte. Der Rest lief über das Tor, die Außenwand und die daran angelehnten Werkzeuge und Gerätschaften –

wahrscheinlich schon seit Jahren. Auch die andere Seite des Ganges war komplett vollgestellt mit Krügen, Metalleimern und mehreren von Ratten angefressenen Säcken mit undefinierbarem Inhalt. Sie würde Stunden brauchen, bis sie in diesem Chaos den Schlüssel für die Tür zum Hinterhof gefunden hatte.

Doch dann huschte plötzlich ein Lächeln über ihr Gesicht. »Ich glaube ich weiß, wo der Schlüssel ist.«

Rätsel 3:
Der Schlüssel zum Hof

Behältst auch du in diesem Chaos den Überblick? Wo ist der Schlüssel zum Hinterhof versteckt?

____

____

____

____

Die Lösung findest du auf Seite 352.

Mit dem schweren Metallschlüssel in der Hand stellte die dicke Holztür kein Hindernis mehr dar, und so stand Charlotte wenige Augenblicke später in einem Hinterhof, der aussah wie die meisten

Hinterhöfe hier im East End: ein Boden aus schmutzigen Pflastersteinen zwischen vertrockneter brauner Erde, ein schiefes Toilettenhäuschen, eine traurig herabhängende Wäscheleine und zu ihrer rechten die Reste eines Holzzauns, der wohl mal die Hinterhöfe der beiden Häuser Hanbury Street Nummer 27 und Nummer 29 voneinander getrennt hatte. Doch die meisten der Bretter waren mittlerweile weggebrochen, sodass sie freie Sicht auf das Nachbargrundstück hatte.

Als ihr Gehirn realisierte, was dort auf dem Hinterhof lag, riss Charlotte die Hand vor den Mund, um nicht laut aufzuschreien.

Es war das Furchtbarste, was sie jemals in ihrem Leben gesehen hatte.

Kapitel 4

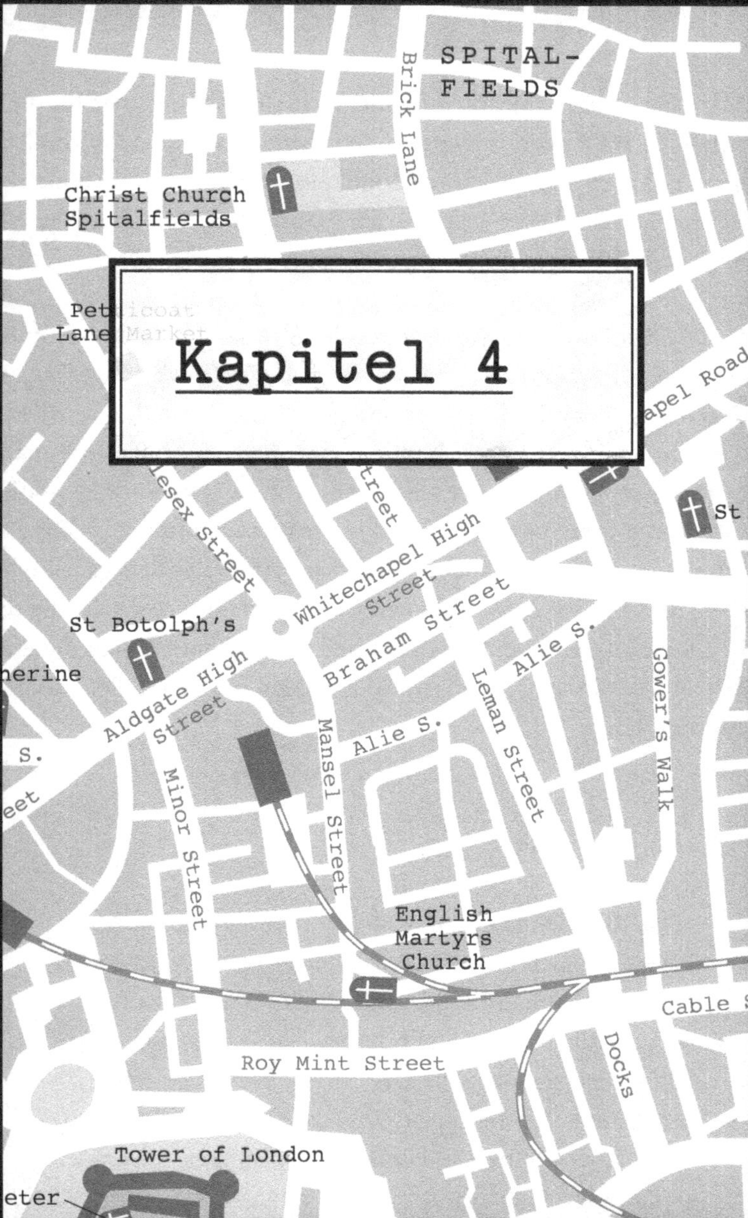
SPITAL-
FIELDS
Brick Lane
Christ Church
Spitalfields
Whitechapel High
Street
St Botolph's
Braham Street
Alie S.
Aldgate High
Street
Alie S.
Leman Street
Gower's Walk
Mansel Street
Minor Street
English
Martyrs
Church
Roy Mint Street
Docks
Tower of London

Samstag, der 8. September 1888 – Mary Jane

Mary Jane hatte aufgehört zu zählen, wie viele Versuche sie für diesen einen Brief gebraucht hatte, aber der ausgetretene Holzboden ihres Zimmers war voll mit zerknülltem Papier. Das musste sie alles wegräumen, bevor Joseph nach Hause kam, aber damit rechnete sie nicht vor dem Nachmittag. Er hatte in den letzten Tagen am Billingsgate Fischmarkt erfolglos versucht, an einen neuen Job zu kommen, aber nur Absagen kassiert. Natürlich hatte sich dort längst herumgesprochen, dass er Fisch für sich selbst abgezweigt und den Gewinn in die eigene Tasche gesteckt hatte. Bei dem Gedanken daran verdrehte Mary Jane die Augen. Wie konnte man nur so dämlich sein? Jeder wusste doch, wie schwer es war, an die Lizenzen für die Arbeit auf dem Fischmarkt zu kommen! Mehr als zehn Jahre hatte Joseph schon in diesem Job gearbeitet, genau wie seine drei Brüder gutes Geld verdient und dann ließ er sich beim Klauen erwischen? Jetzt musste sie also selbst einen Weg aus diesem Schlamassel finden, und dieser Weg begann mit den Zeilen vor ihr auf dem Tisch:

Mein lieber Eddy,

es ist schon lange her, aber ich bin mir sicher, dass du unsere gemeinsamen Stunden genauso wenig vergessen hast wie ich. Ich denke heute noch an unsere Treffen im Maison, an deine mit Samt ausgeschlagene Kutsche, deine Blicke, die erst sanft und dann immer fordernder waren, und an deine Berührungen. Uns verbindet so viel, auch wenn wir aus unterschiedlichen Kreisen kommen – ich war es, die dich vom Jungen zum Mann gemacht hat. Auch *wenn wir uns schon Jahre nicht mehr gesehen haben, habe ich deine Karriere natürlich verfolgt. Noch heute schaue ich mir gerne die Briefe an, die du mir damals geschrieben hast – sie sind so voller Leidenschaft und Verlangen. Es wäre doch wirklich schade, wenn diese Briefe in die falschen Hände gelangen und herauskommen würde, dass ausgerechnet ich es war, die dir deine Jungfräulichkeit genommen hat? Das kannst du natürlich verhindern: Für 300 Pfund wäre ich bereit, mich von deinen Briefen zu trennen. Wenn du einverstanden bist, melde dich per Brief, damit wir eine Übergabe vereinbaren können.*

Dein Rotfuchs

Mary Jane war zufrieden. Sie hatte lange überlegt, wie viel Geld sie verlangen könnte, und sich am Ende für 300 Pfund entschieden, eine für sie unvorstellbare Summe. Gleichzeitig wusste sie aber auch, dass der Verlust des Geldes denjenigen, für den dieser Brief bestimmt war, nicht wirklich schmerzen würde – nicht dass sie ein schlechtes Gewissen hatte, aber trotzdem. Sie faltete den Brief und schob ihn in einen Umschlag. Die Adresse ihres ehemaligen Stammkunden herauszufinden, war nicht besonders schwer gewesen, jetzt musste sie nur noch sicherstellen, dass der Brief auf jeden Fall ankam. Die anderen zerknüllten Seiten verbrannte sie im Kamin. Wenn alles klappte, würde Joseph nie erfahren, woher ihr plötzlicher Reichtum kam. Und es würde alles klappen, davon war Mary Jane überzeugt.

Samstag, der 8. September 1888 – Charlotte

Charlotte war als Reporterin schon in Kriegsgebieten gewesen, aber nichts hatte sie auf das vorbereiten können, was ihre Augen beim Blick über den verwitterten Lattenzaun auf dem Innenhof des Hauses 29 Hanbury Street sahen: Der Körper der Frau, oder viel besser das, was von ihrem Körper übrig war, lag auf dem Rücken neben einer kleinen Steintreppe. Die Bauchhöhle der Frau war ein einziges blutiges Loch, Teile der Gedärme hingen auf dem Oberkörper und über die rechte Schulter. Auch der Unterleib der Toten war mit einem Messer aufgeschlitzt worden, es schien so, als würden Teile ihres Geschlechts fehlen. Charlotte schluckte ihre Übelkeit herunter, als ihr Blick an dem toten Körper wieder nach oben wanderte. Der Hals war durch einen tiefen, gezackten Schnitt aufgeschlitzt worden, das Blut war einen halben Yard weit gespritzt. Das Gesicht der Leiche war nach rechts gedreht und grotesk angeschwollen, die Zunge hing aus dem Mund.

Charlotte brauchte ein paar Augenblicke, aber dann traf sie der Schock umso härter. Es war nicht all das Blut, die Gedärme, oder diese furchtbare Gewalt, was Charlotte bis ins Mark traf: Die Frau, die dort ausgeweidet im Dreck lag wie ein Stück Müll, war Eliza Ann Chapman, die sie unter dem Namen »Dark Annie« kannte.

Das Geräusch von schweren Lederstiefeln riss Charlotte aus ihrem Schock. Sie konnte sich gerade noch flach auf den Boden werfen, bevor zwei Beamte der Polizei in den Innenhof traten und unter lautem Fluchen begannen, die Leiche von Dark Annie für ihre Reise in die Leichenhalle fertig zu machen. So leise wie möglich schlich Charlotte sich an der Wand des Nachbarhauses entlang zurück in den Durchgang und verschwand im Gewühl der riesigen Menschentraube, die sich mittlerweile vor dem Haus gebildet hatte.

»Wir haben neben der Leiche eine Lederschürze gefunden«, sagte einer der mittlerweile rund ein Dutzend Polizisten, die irgendwie versuchten, die Schaulustigen vom Tatort fernzuhalten.

»Sofort sichern«, antwortete der andere, »Inspector Abberline ist bereits auf dem Weg.«

Charlotte duckte sich in eine Seitenstraße, für sie wurde es höchste Zeit, von hier zu verschwinden.

Sonntag, der 9. September 1888 – Charlotte

Sie hatte das Gefühl, die Kopfschmerzen würden sich direkt in ihr Gehirn bohren, und das lag nicht nur an ihrer zweiten Nacht in Folge ohne Schlaf. Charlotte hatte seit gestern versucht, die Bilder der aufgeschlitzten, im Dreck liegenden Dark Annie mit Whiskey wegzuspülen, aber der hatte ihre Kopfschmerzen noch verstärkt. Immer wieder dachte sie an ihr letztes Gespräch mit Annie. An die junge Frau in dem ausladenden Rock auf dem Hochzeitsfoto, die selbstbewusst und fast schon herausfordernd in die Kamera schaute, und an das blasse, hustende Elend, das die Zeit und der Alkohol aus ihr gemacht hatten. Warum hatte Charlotte nicht darauf bestanden, dass Annie die nächsten Tage bei ihr übernachtete? Annie Chapman könnte hier neben ihr sitzen, wenn Charlotte noch ein drittes Mal gefragt hätte.

Am Anfang war sie wütend gewesen, auf Annie, auf sich selbst und natürlich auf den, der das getan hatte. Aber mittlerweile, an diesem Sonntagabend, fühlte sich Charlotte Foster einfach nur noch unglaublich kraftlos. Diese furchtbare Gewalt an einer Frau, der das Schicksal schon so oft vor die Füße gespuckt hatte, ließ sie an aller Menschlichkeit zweifeln, an die sie bisher trotz allem immer geglaubt hatte. Charlotte hatte sich in einer Bettdecke eingewickelt, nachdem das Feuer im Kamin schon vor Stunden ausgegangen war. Sie wischte sich eine Strähne ihrer ungewaschenen Haare aus dem Gesicht und zündete sich eine Zigarette an, obwohl ihre letzte noch in dem übervollen Aschenbecher glühte. Vielleicht hatten ihr Vater und ihre Brüder recht gehabt? Vielleicht war eine Frau wirklich nicht dafür gemacht, ihr Leben zwischen Gewalt, Grausamkeit und Dreck zu verbringen? Sie musste an die warmen Sommer ihrer Kindheit in Massachusetts denken: die salzige Brise im Sommerhaus ihrer Familie am Cape Cod, der süße Eistee aus den Händen der Haushälterin und das Geschrei der Möwen in ihren Ohren. Sie könnte jetzt dort auf der Veranda sitzen, mit einem schönen Buch in der Hand. Stattdessen konnte sie sich nicht mal dazu aufraffen, ein Bad zu nehmen, weil sie das Gefühl hatte, der Geruch von Blut und Gedärmen wäre mittlerweile ein Teil ihrer selbst.

Ein lautes Klopfen riss sie aus ihren Gedanken.

»Miss Foster? Miss Foster! Jetzt öffnen Sie doch endlich, ich weiß doch, dass Sie da sind!«

Für Charlotte fühlte es sich so an, als würde ihre Hauswirtin nicht an ihrer Zimmertür, sondern direkt an ihrer schmerzenden Schädeldecke klopfen.

»Einen Moment, Mrs Paddington, ich komme ja schon.« Wie durch zähflüssigen Sirup hindurch schleppte sie sich zur Tür und stand Sekunden später einer frisch frisierten Berta Paddington gegenüber, die einen Eimer heißes Wasser dabeihatte und sie mit ihren aufgerissenen Bernhardiner-Augen anstarrte.

»Wie sehen Sie denn aus? Also, so kann das nicht weitergehen!« Ohne auch nur auf eine Antwort zu warten, drängelte sich Charlottes Vermieterin mit einer für ihre Körpermasse erstaunlichen Beweglichkeit an ihr vorbei und riss die Fenster des Zimmers auf. »Hier riecht es wie in der hinterletzten Kneipe, und Sie duften auch nicht gerade nach Rosen!«

»Aber …«, versuchte Charlotte sich an einer Antwort, wurde aber sofort unterbrochen.

»Nix aber! Sie werden sich jetzt ein wenig frischmachen, und in der Zwischenzeit koche ich Ihnen eine Kanne Tee und mache Ihnen ein paar Sandwiches. Sie können doch nicht zwei Tage lang von Zigaretten und diesem amerikanischen Fusel leben«, schnaubte Mrs Paddington, während sie den Eimer mit dem heißen Wasser schwungvoll neben Charlottes Waschtisch abstellte.

Während Mrs Paddington, drei leere Bourbonflaschen und den überquellenden Aschenbecher balancierend, aus dem Zimmer verschwand, begann Charlotte, sich aus ihrer Bettdecke auszuwickeln. Da sie seit ihrer Rückkehr von der Hanbury Street direkt in ihr Nachthemd geschlüpft war und es seitdem nicht mehr ausgezogen hatte, ging das Auskleiden relativ schnell. Mit dem heißen Wasser kam langsam wieder Leben in ihre schmerzenden Knochen und, wichtiger noch, in ihren Kopf.

Als Charlotte sich gewaschen und wieder angezogen hatte, stand auch schon Mrs Paddington mit einer dampfenden Kanne Tee und einem kleinen Silbertablett voller Gurkensandwiches vor ihr. Ein ordentlicher Shepards Pie wäre Charlotte zwar lieber gewesen, aber nach dem ersten Bissen in eines der Sandwiches merkte sie, wie viel Hunger sie eigentlich hatte. Innerhalb von Minuten hatte sie das gesamte Silbertablett leer gegessen, jeder Bissen begleitet von den prüfenden Blicken ihrer Hauswirtin.

»Ich habe übrigens noch etwas für Sie«, sagte Mrs Paddington und zog ein Telegramm aus ihrer Tasche, »aber das wollte ich Ihnen eben in dem Zustand nicht geben.«

Hastig riss Charlotte den Umschlag auf, nachdem sie mit einem Blick erkannt hatte, dass die Nachricht von ihrem Chefredakteur aus New York kam:

```
Entschuldigen Sie mein erstes Telegramm
Morde von Whitechapel DAS Thema in New York
Brauche alles dazu
Spesen spielen keine Rolle
William Raymond
Chefredakteur
```

Trotz ihres immer noch pochenden Schädels konnte sich Charlotte ein Lächeln nicht verkneifen. Ihr Chef hatte sich noch nie bei ihr entschuldigt, außerdem mochte sie es, mit ihren Vermutungen recht zu behalten.

»Gute Nachrichten?«, fragte Mrs Paddington, die Charlotte völlig vergessen hatte, plötzlich von der Seite.

»Wie man es nimmt«, antwortete sie, während sie aufstand und nach ihren Schuhen und ihrem Mantel griff. »Sie lesen doch bestimmt jede Menge Zeitungen, Mrs Paddington. Wären Sie so freundlich, mir alle Zeitungen der letzten beiden Tage hier auf mein Zimmer zu bringen? Ich muss in der Zwischenzeit dringend nach jemandem suchen.« Ihre Vermieterin atmete tief ein und wollte gerade zu einer Antwort ansetzen, aber da war Charlotte Foster schon aus der Tür.

Es dauerte nicht mal eine halbe Stunde, bis sie Thommie vor dem Eingang der Markthalle von Covent Garden gefunden hatte, wo er mit ein paar anderen Straßenjungen herumlungerte. Noch eine halbe Stunde später ließen sich die beiden zusammen in einer Droschke von Ken (oder Paddy?) in Richtung East End fahren. Auf der Fahrt verschaffte sich Charlotte mit einem Packen Zeitungen, die sie noch schnell von Zeitungsjungen geholt hatte, einen Überblick über die Nachrichtenlage: Aus der am Tatort gefundenen Schürze war mittlerweile ein Hauptverdächtiger geworden. Einige Zeitungen, allen voran das besonders schmierige Revolverblatt The Star, schrieben von einem unheimlichen Mann mit einer Lederschürze, der nachts in Whitechapel Jagd auf Frauen machte.

»Keiner kennt seinen Namen«, ergänzte Thommie eifrig, »aber er soll wohl ein Jude sein, hab ich gehört.«

»Man sollte nicht alles glauben, was in der Zeitung steht«, unterbrach Charlotte ihn, »vor allem, wenn es sich bei der Zeitung um den Star handelt. Wir beiden nehmen uns jetzt erst mal die Nachbarn vor, Thommie. Ich kümmere mich um das Haus, und du hörst dich bei den Straßenhändlern, Zeitungsjungen und Blumenmädchen in der Nachbarschaft um.«

Thommie nickte eifrig.

»Und eine Sache noch: Ich wäre dir dankbar, wenn du deine flinken Finger dieses Mal bei dir behältst.«

»Ich weiß nich, was Sie meinen, Miss Charlotte«, antwortete der Junge schnell, aber sein kaum verstecktes Grinsen zeigte das Gegenteil.

Die etwa 60-jährige Frau mit dem beeindruckenden Damenbart hatte eine für ihr Alter überraschend laute Stimme. »Das hier ist ein anständiges Haus! Ich will, dass Sie auf der Stelle verschwinden!«

»Aber Mrs Richardson«, versuchte Charlotte es freundlich, »ich will Ihnen doch nur ein paar Fragen stellen. Ich weiß, dass Sie hier im Keller Ihr eigenes Geschäft und den Großteil des Hauses gemietet haben. Wenn hier jemand alle Mieter kennt, dann Sie.«

Der schmale Mund unter Amelia Richardsons schwarzem Schnurrbart war mittlerweile nur noch ein Strich. »Ihre Kollegen belagern mich hier schon seit gestern Morgen. Ich habe der Polizei alle Fragen beantwortet, und ich will jetzt endlich wieder meine Ruhe, so wahr mir Gott helfe!«

Schwungvoll versuchte die Frau, ihr die Tür vor der Nase zuzuschlagen, aber Charlottes Fuß war schneller. »Mrs Richardson, da finden wir sicher eine Lösung«, warf sie der grimmigen alten Frau entgegen, während wie fieberhaft überlegte, wie genau diese Lösung aussehen sollte.

In dieser Sekunde fiel ihr der letzte Satz aus dem Telegramm ihres Chefs wieder ein: *Spesen spielen keine Rolle.* Blitzschnell kramte sie ein paar silberne Shilling-Münzen aus ihrer Tasche und hielt sie durch den Türspalt Mrs Richardson direkt unter die Nase. »Ich werde Sie natürlich für Ihre Zeit bezahlen.«

Keine zwei Sekunden später war die Tür weit geöffnet, und Charlotte folgte der gebeugt gehenden Dame in ihr stickiges Wohnzimmer. Ihr Blick fiel auf das schwarze Band um Mrs Richardsons knochigen Arm, sie war also Witwe.

Ohne ihr einen Platz anzubieten, ließ die Alte sich auf einen ausgeblichenen Sessel fallen und verschränkte die Arme. »Glauben Sie bloß nicht, dass ich Ihnen jetzt auch noch einen Drink anbiete.«

»Das wird nicht nötig sein«, antwortete Charlotte, »ich will eigentlich nur wissen, ob Sie oder jemand anders in diesem Haus irgendetwas Verdächtiges bemerkt haben.«

»In diesem Haus leben 17 Menschen, alles anständige Leute und gute Christen«, begann Amelia Richardson, während sie mit ihren faltigen Händen das Geld zählte, »wenn hier nur einer flucht, schmeiße ich ihn eigenhändig raus, das können Sie mir glauben!«

»Ich glaube Ihnen«, warf Charlotte ein, »aber lassen Sie uns doch über die Nacht von Freitag auf Samstag sprechen.«

»Ich bin Freitag so gegen halb zehn zu Bett gegangen und bin immer wieder aufgewacht, aber ich habe nichts gehört in dieser Nacht. Mein Sohn ist am Samstagmorgen um fünf Uhr auf dem Weg zur Arbeit durch den Hinterhof gegangen, und da war alles noch so wie immer. Erst um sechs habe ich eine Menge Lärm gehört und hab meinen Enkel runtergeschickt, um nachzusehen, aber da war die Polizei schon im Hof. Einer meiner Mieter hatte die Leiche gerade gefunden.«

»Das heißt, die Türen zum Hinterhof und zum Haus bleiben die ganze Nacht offen?«, hakte Charlotte nach.

»Ja natürlich – wir sind ein anständiges Haus, hier ist noch nie irgendwas passiert … zumindest bis gestern.«

Charlotte fluchte innerlich. Also hatte absolut jeder Zugang zum Tatort gehabt. Andererseits war der Täter auch ein großes Risiko eingegangen, Annie Chapman an einem Ort zu töten, an dem ein ständiges Kommen und Gehen war, wie in diesem Haus mit seinen 17 Bewohnern mit 17 verschiedenen Tagesabläufen.

»Also hat wirklich keiner der Nachbarn irgendetwas gesehen oder gehört?«, fragte sie weiter.

»Nein, keiner. Der Mörder der armen Annie muss ein Geist sein.«

Charlotte zog die Augenbrauen hoch. »Sie kannten das Opfer?«

»Na ja, die kannte fast jeder hier. Sie war regelmäßig in der Hanbury Street und im Rest von Spitalfields unterwegs und hat versucht, ihre Häkelarbeiten zu verkaufen. Manchmal hat sie aber auch einfach nur gebettelt, das arme Ding.« Amelia Richardson schnaubte kurz, was wohl traurig klingen sollte, dann stemmte sie sich aus ihrem Sessel hoch. »Jetzt muss ich Sie wirklich bitten zu gehen, ich habe hier noch jede Menge zu tun.«

Charlotte versuchte, sich ihren Ärger nicht anmerken zu lassen. Die zehn Shilling hätte sie auch in die Themse werfen können und hätte wahrscheinlich genauso viel erfahren wie durch ihr Gespräch mit dieser bärtigen Vettel.

Als Charlotte schon halb aus der Tür war, drehte sie sich noch einmal zu Amelia Richardson um. »Eine Frage noch: Wissen Sie, woher die Lederschürze kommt, die die Polizei im Hof gefunden hat?« Es war ein Schuss ins Blaue, aber sie musste es wenigstens versuchen.

»Natürlich«, antwortete die alte Dame, »die gehört meinem Sohn. Aber er hat sie mindestens einen Monat nicht mehr umgehabt, deshalb war die Schürze total versifft. Ich habe sie am Freitag im Hof sauber gemacht und zum Trocknen über den Wasserhahn gehängt.«

»Haben Sie das auch der Polizei gesagt?«

»Warum denn? Die haben mich ja nicht gefragt.«

Vor dem Haus traf Charlotte auf Thommie, der von einem dünnen Bein auf das andere trat. »Da sind Sie ja endlich, Miss Charlotte – ich hab was rausgefunden! In der Nacht, wo die Frau ermordet wurde, war hier eine Kutsche vor dem Haus gewesen. Das hat mir einer von den Zeitungsjungs erzählt, und das Blumenmädchen aus der Nebenstraße hat sie auch gesehn!«

Charlottes Frust war schlagartig wie weggeblasen: »Wann genau war das?«

»So um halb sechs ist die Kutsche abgehaun.«

Also genau zwischen dem Zeitpunkt, als Amelia Richardsons Sohn zur Arbeit gegangen war und dem Auffinden der Leiche. Charlotte spürte, wie ihr trotz der aufziehenden Abendkälte immer wärmer wurde. »Wie sah die Kutsche aus?«

»Ein geschlossener Vierspänner, wie ihn die feinen Leute fahren tun. Ganz in Schwarz, mit schwarzen Pferden«, erklärte Thommie.

»Hatte die Kutsche irgendein Wappen oder eine Aufschrift?«

Thommie schüttelte den Kopf: »Nee, leider nich. Die Wappen waren abgehängt mit Tüchern, das ist dem Zeitungsjungen sofort aufgefallen.«

Das wäre ja auch zu einfach gewesen, dachte Charlotte. Trotzdem war sie zufrieden mit ihrem Ausflug in die Hanbury Street.

Mit der Lederschürzen-Enthüllung von Mrs Richardson hatte sie genug Material für einen Artikel, der die Konkurrenz gehörig ärgern würde. Die schwarze Kutsche würde sie aber bis auf Weiteres für sich behalten, zuerst musste sie herausfinden, welche Persönlichkeit genug Geld für eine Kutsche mit eigenem Wappen hatte, aber damit auf keinen Fall im East End gesehen werden wollte.

Montag, der 17. September 1888 – Mary Jane

Die alten Briefe in Mary Janes Hand rochen auch nach fast zehn Jahren immer noch nach ihm. Sie ließ die mit einem Band zusammengebundenen Umschläge durch ihre Hände gleiten: schweres Büttenpapier, das rote Siegel aus Wachs und die Adresse in einer geschwungenen Handschrift – seiner Handschrift. Sie hatte ihn sehr gemocht. Wirklich. Er war damals gerade von einer Weltreise gekommen und fast noch ein Kind gewesen, genau wie sie. Und doch hatte er schon damals genau gewusst, was er wollte. Ein halbes Jahr lang war er ihr einziger Kunde gewesen, und Madame Beaufort hatte ihn gut dafür bezahlen lassen. Mary Jane dachte an nächtliche Treffen im Park, Landpartien in seiner Kutsche und endlos scheinende Nächte in Bettwäsche aus Seide. Sie war für ihn die erste Frau in seinem Leben gewesen, er für sie anfangs nur ein weiterer Job. Doch für einen kurzen Moment hatte sie gedacht, dass er der Schlüssel zu einem ganz anderen Leben sein könnte, dass ihre beiden Leben aus zwei völlig unterschiedlichen Gesellschaften zueinander passen könnten.

Ohne es wirklich zu bemerken, schüttelte Mary Jane den Kopf. Wie naiv sie damals gewesen war. Für sie beide hatte es nie eine Zukunft gegeben, auch wenn seine Briefe damals so ganz anderes geklungen hatten. Nach sechs Monaten waren keine Briefe mehr gekommen, und auch seine Besuche im Maison D'Amour hatten mit einem Schlag aufgehört. Er hatte sie aus seinem Leben gestrichen und war in sein eigenes zurückgekehrt, ein Leben, das vor allem aus Teetrinken in teuren Herrenclubs, Jagdgesellschaften auf dem Land und Festen in irgendwelchen verspiegelten Ballsälen bestand. Ein Leben, dass sie nie hatte und niemals haben würde.

Aber jetzt hatte sie zumindest eine Chance auf ein kleines Stückchen von diesem Glück, denn sie hatte nach zehn Tagen endlich eine Antwort auf ihren Brief bekommen. Er benutzte immer noch dasselbe schwere Büttenpapier, und auch seine Handschrift war genauso geschwungen und elegant wie früher.

Mein lieber Rotfuchs,

hier findest du die Liste für die Einkäufe. Lieferung bitte heute um 19 Uhr. Den Markt findest du in Whitechapel am Ende der Häuserzeilen.

Geh zum Stand mit der Nummer 14, dort gibt es die besten Sachen.

- *Tee*
- *2x Äpfel*
- *Spaghetti*
- *Gurken*
- *Essig*
- *Brot*
- *Prosciutto*
- *Kuchen*

- Haferbrei
- 2x Rüben

Ergebensten Dank,
dein Eddy

Sie hatte lachen müssen, als sie das Schreiben zum ersten Mal gelesen hatte. Eddy war schon immer ein Geheimniskrämer gewesen, früher hatten sie sich immer einen Spaß daraus gemacht, sich verschlüsselte Botschaften zu schicken, um ihre Zusammenkünfte zu planen. Es war ein Spiel zwischen ihnen gewesen, das den Reiz ihrer geheimen Affäre noch gesteigert hatte. Mary Jane war sich sicher, dass auch diese Einkaufsliste einen Treffpunkt enthielt, wenn man sie nur richtig las.

Rätsel 4: Der geheimnisvolle Treffpunkt

Wo will Eddy sich mit Mary Jane treffen?

____

____

____

Die Lösung findest du auf Seite 353.

Sie hatte etwas länger gebraucht als früher, um die Nachricht zu entschlüsseln, aber wahrscheinlich war sie einfach aus der Übung. Mary Jane lächelte. Dass Eddy sich mit ihr treffen wollte, war für sie ein gutes Zeichen.

Vorsichtig schob sie den Packen mit den alten Liebesbriefen und die verschlüsselte Botschaft zurück in den kleinen Hohlraum unter der Bodendiele. Joseph hatte keine Ahnung, welcher Schatz da direkt unter seinen Füßen lag. Aber jetzt war es an der Zeit, dieses Bündel Papier mit dem Band darum zu dem zu machen, was sie gerade mehr als alles andere brauchte: Geld.

Sorgfältig drückte sie die lose Bodendiele wieder zurück an ihren Platz und betrachtete ihr Werk. Das Zimmer sah wieder genauso aus wie vorher, Joseph würde keinen Verdacht schöpfen, wenn er später von seinem neuen Job als Tagelöhner zurückkommen würde.

Mary Jane streckte die Schultern durch. Dieses Mal würde sie sich von Eddy nicht so einfach abspeisen lassen. Dieses Mal würde er zahlen. Sie warf sich ihren schönsten Mantel über und machte sich auf den Weg.

Montag, der 17. September 1888 – Charlotte

»Sie haben morgen einen Termin bei WEM?« Mrs Paddingtons Unterkiefer war nach unten geklappt, ruhte dort auf ihren drei Kinnen und schien gar nicht wieder zurück in seine Ursprungsposition springen zu wollen.

Charlotte konnte sich ein breites Lächeln nicht verkneifen. »Bei Seiner Königlichen Hoheit Prinz Albert Victor Christian Edward in Clarence House. Sie haben mir doch selbst erzählt, dass Ihr Thronfolger sich gerne mal ins East End fahren lässt, um sich zu vergnügen«, sagte Charlotte und fügte in Gedanken hinzu: meist in einer dunklen Kutsche mit abgehängtem Wappen. »Ja, aber darauf wollen Sie ihn doch nicht etwa ansprechen?« Berta Paddington warf sich die Hände vors Gesicht: »Wenn das Queen Victoria erfährt! Die werfen Sie direkt in den Tower.«

»So schlimm wird es schon nicht kommen«, versuchte Charlotte sie zu beruhigen. »Außerdem ist das natürlich kein offizielles Interview, sondern ein informelles Gespräch. Ich habe ein bisschen Süßholz geraspelt und behauptet, dass sich die Leser in den USA brennend für die Meinung und die Pläne des zukünftigen Königs des Britischen Weltreiches interessieren. Mein Chefredakteur in New York hat seine Kontakte spielen lassen, der Prinz und er kennen sich vom Jagen.« Natürlich hatte sie auch ihm nicht gesagt, was sie den Thronfolger wirklich fragen wollte.

»Jesus Christ«, rutschte es Charlottes Vermieterin heraus, »während unsereins mit etwas Glück bei den Paraden die königliche Kutsche von hinten betrachten darf, bekommen Sie als Amerikanerin einen persönlichen Termin bei Seiner Königlichen Hoheit! Was werden Sie anziehen?«

Die Frage kam für Charlotte unerwartet, in der Woche, die sie auf eine Antwort vom Hof gewartet hatte, hatte sie sich nicht einen Moment Gedanken um die passende Kleidung gemacht.

»Also in Ihrem Wollmantel und mit diesen Lederstiefeln können Sie dort auf keinen Fall auflaufen! Vielleicht findet sich in meinem Kleiderschrank etwas Passendes.«

Charlotte sah ihre Vermieterin fragend an. Berta Paddington mit ihrem Bernhardiner-Körper brachte mindestens 100 Pfund mehr auf die Waage als sie, wie sollte sie auch nur ansatzweise in eines ihrer Kleider …

»Ich war auch mal so ein schlankes Ding wie Sie!«, sagte Mrs Paddington, die Charlottes Blick natürlich bemerkt hatte. »Ich habe noch ein paar sehr schöne alte Schätzchen in einem meiner Schränke. Wenn ich da ein bisschen was umnähe, wird Ihnen das wunderbar stehen. Und irgendwo werde ich sicher auch noch den passenden Hut und Handschuhe für Sie haben.«

»Ich glaube nicht, dass ich Handschuhe …«, versuchte Charlotte leise zu protestieren.

»Balderdash! Wenn Sie schon den Enkel unserer geliebten Queen treffen, dann werden Sie gefälligst anständig angezogen erscheinen. Was sollen denn die Leute denken?«

Seufzend gab Charlotte sich geschlagen. Den restlichen Tag würde sie also mit Anproben verbringen.

Prinz Albert Victor

Prinz Albert Victor Christian Edward (1864–1892) ist der älteste Sohn des späteren britischen Königs Edward VII und Enkel von Queen Victoria. Damit steht er 1888 an zweiter Stelle der britischen Thronfolge. Albert Victor wird zeitlebens ein Hang zu Alkohol und käuflichem Sex nachgesagt. 1889 wird er angeblich bei einer Polizeirazzia als Freier in einem illegalen Männerbordell erwischt, in dem sogenannten »Cleveland-Street-Skandal« ermittelt damals auch Inspector Abberline. Drei Jahre später stirbt der Prinz im Alter von 28 Jahren an einer Infektionskrankheit. Sein 17 Monate jüngerer Bruder übernimmt seinen Platz in der Thronfolge und wird 1911 unter dem Namen Georg V offiziell zum König gekrönt. Er ist der Großvater von Queen Elizabeth II.

Montag, der 17. September 1888 – Mary Jane

Das Ellington Inn war eine kleine, diskrete Pension in einer der etwas saubereren Gassen von Whitechapel. Mary Jane kannte es bisher nur aus Erzählungen von ehemaligen Arbeitskolleginnen, die die Unterkunft als Stundenhotel nutzten, um ihre Freier zu empfangen. Die Pension war wie ausgestorben, auch der Empfang war leer. Also musste Mary Jane das Zimmer mit der Nummer 14 selbst finden. Es lag ein wenig abseits von den anderen Zimmern am Ende eines langen, dunklen Flurs. Als sie an der Tür klopfte, erschrak sie sich kurz, wie laut das Klopfen in der Stille dieser einsamen Unterkunft klang.

Schon eine Sekunde später wurde die Tür aufgerissen, und Mary Jane schaute in ein Gesicht, das ihr auch nach all den Jahren noch einen kalten Schauer über den Rücken jagte. Bleiche, eingefallene Wangen unter einem dunklen Bart, abstehende Ohren und kalte Augen. Diese Augen. Fast schwarz wie ein dunkler Tümpel, auf dessen Grund etwas Böses lauerte. John war der Name des Mannes. Mary Jane war ihm Dutzende Male begegnet, und auch wenn er sich meist im Hintergrund gehalten hatte, würde sie seine Augen nie vergessen. John war Eddys Kutscher, sein »Mann fürs Grobe«, wie er ihr einmal erklärt hatte, und Mary Jane wollte sich nicht mal ausmalen, wie dieses »Grobe« aussehen könnte.

»Er wartet bereits auf Sie«, brummte John und wies mit der Hand in das Innere des Zimmers, dessen Vorhänge zugezogen waren. Am anderen Ende des Raumes stand im Dämmerlicht der Mann, für den sie heute ins Ellington Inn gekommen war. Eddy war immer noch so schlank wie damals, allerdings hatte er sich mittlerweile einen gezwirbelten Schnurrbart wachsen lassen.

Mary Jane brauchte einen Moment, bis sie ihren Herzschlag wieder einigermaßen unter Kontrolle hatte, dann trat sie einen

Schritt auf Eddy zu und machte einen Knicks. »So sieht man sich wieder.«

Ihr Gegenüber nickte kurz und zischte dann in Richtung des Kutschers, der immer noch neben der Tür stand: »John, Sie können uns jetzt allein lassen.«

Auch John machte eine kurze Verbeugung, bevor er sich in einen Nebenraum zurückzog und leise die Tür hinter sich schloss.

Die Stille in dem leicht muffigen Raum war fast mit den Händen greifbar, also machte Mary Jane den ersten Schritt und sagte: »Hallo, Eddy. Ganz schön lange her, dass wir uns das letzte Mal gesehen haben.«

Er musterte sie von oben bis unten, und sie versuchte, in seinen strahlend blauen Augen zu erkennen, was er gerade dachte. Erst nach einer gefühlten Ewigkeit begann Eddy zu sprechen. »Ich habe mit meiner Vergangenheit abgeschlossen, und ich würde dir raten, dasselbe zu tun.«

In seiner Stimme lag keine Spur von Freundlichkeit, sondern eine Kälte, die Mary Jane bei ihm noch nie erlebt hatte. Trotzdem versuchte sie, weiter zu lächeln, und sagte sanft: »Das würde ich sehr gerne. Den Preis dafür kennst du: 300 Pfund. Gib mir das Geld, und schon verschwinden deine Liebesbriefe auf Nimmerwiedersehen in meinem Kamin, und du wirst nie wieder von mir hören.«

Wieder musterte er sie von oben bis unten, bis er schließlich fragte: »Hast du die Briefe bei dir?«

Mary Jane musste fast lachen. »Jetzt mal im Ernst, Eddy, für wie doof hältst du mich? Die sind an einem sicheren Ort. Wie lange sie dort bleiben, entscheidest du. Ich kann sie natürlich auch an deine Großmutter weiterleiten, die wird sich bestimmt über Post freuen. Oder soll ich sie direkt an die Zeitungen schicken? An den Star vielleicht, oder die Illustrated Police News? Die würden mir dafür sicher auch ein hübsches Sümmchen zahlen … Komm schon, Eddy, 300 Pfund sind doch für dich ein Klacks!«

Er verzog den Mund, und seine Augen wurden zu Schlitzen. »Du bist ekelhaft. Selbst wenn ich auf deine erbärmliche Erpressung eingehen würde, wie kann ich sicher sein, dass du nicht in ein paar Monaten wieder angekrochen kommst und noch mehr Geld willst? Ich brauche Sicherheit, und ich denke nicht, dass ich einer Hure wie dir vertrauen kann …«

»So sprichst du also mit der Frau, mit der du das allererste Mal das Bett geteilt hast?«, schrie Mary Jane mit hochrotem Kopf. »Was ist nur aus dir geworden? Du hast es wahrscheinlich nicht mitbekommen, aber die Zeiten sind hart! Während du in der Weltgeschichte herumgondelst oder im Garten von Clarence House aus deinem schicken chinesischen Porzellan säufst, geht der Rest der Stadt vor die Hunde! Ich will nicht viel, nur ein kleines Stückchen vom Kuchen, danach siehst du mich nie wieder!«

»Da bin ich mir sicher«, sagte Eddy, und dann tat er, womit Mary Jane als Letztes gerechnet hatte: Er lächelte. Was zum Teufel? Sie war so überrascht, dass sie die Schritte hinter sich nicht hörte. Mary Jane spürte einen heftigen Schmerz an ihrem Hinterkopf, dann wurde alles schwarz.

Dienstag, der 18. September 1888 – Charlotte

In ihrem von Mrs Paddington geschnürten Mieder konnte Charlotte kaum atmen. Welche Frau setzte sich freiwillig so einer Tortur aus, und das jeden Tag? Sie konnte sich gar nicht entscheiden, was mehr juckte: die etwas zu engen Spitzenhandschuhe oder ihr lächerliches Federhütchen auf dem Kopf. Mühsam zwängte sie sich durch Berge von Stoff aus ihrer Droschke, die Paddy (zumindest war sie sich ziemlich sicher, dass es Paddy war) vor dem Hauptportal des weißen Herrenhauses in Westminster gehalten hatte.

Ein sehniger Mann in Kutscher-Uniform reichte ihr die Hand. »John Netley, angenehm. Willkommen in Clarence House.« Seine Worte waren routiniert höflich, aber in seiner Stimme lag noch etwas anderes.

Charlotte bedankte sich höflich und sah dem Kutscher direkt in die Augen. Sie hatte noch nie so dunkle, kalte Augen gesehen. Netley fixierte sie mit seinem Blick, und Charlotte fühlte sich unweigerlich an einen Waran erinnert, den sie vor einigen Jahren bei einer Reportage auf Sumatra gesehen hatte.

»Charlotte Foster von der New York Tribune, freut mich sehr. Sind Sie schon lange im Dienst Seiner Königlichen Hoheit?«

»Oh ja, seit Jahren. Schon mein Vater war Kutscher, das liegt bei uns in der Familie. Seit der Prinz von seiner Weltreise zurück ist, stehe ich wieder komplett in seinen Diensten und kümmere mich um all seine Bedürfnisse.«

Na, auf die Bedürfnisse bin ich mal sehr gespannt, dachte sich Charlotte, ließ sich aber natürlich nichts anmerken.

Netley führte sie durch mehrere, mit hochflorigen Teppichen ausgelegte Flure, an deren Wänden sie längst verstorbene Menschen von alten Ölgemälden anstarrten. Währenddessen versuchte sie die ganze Zeit, das Alter des Kutschers zu schätzen. Sein dunkler Vollbart konnte nicht kaschieren, dass die Wangen darunter bleich und eingefallen waren. Trotzdem waren John Netleys Bewegungen so kraftvoll und energetisch wie die eines Raubtieres, das auf die Jagd geht. Bei dem Gedanken musste Charlotte unweigerlich frösteln.

»Hier wären wir, Miss Foster – willkommen im Morning Room. Seine Königliche Hoheit wird in wenigen Augenblicken bei Ihnen sein, nehmen Sie doch schon mal Platz.« Netley öffnete eine weitere Doppeltür und führte sie in einen weiteren Raum, der Charlotte auf den ersten Blick fast erschlug. Ein riesiger Perserteppich bedeckte fast den gesamten Boden, die grünen Seidentapeten waren kaum zu erkennen, weil die Wände fast vollständig mit Bildern und Porzellantellern vollgehängt waren. Zwischen dem ganzen Kitsch an der Wand quetschten sich Kommoden und Schränke aus dunklem Mahagoni, die mit noch mehr Nippes vollgestellt waren.

Geschmack haben die hier bei Königs also schon mal nicht, dachte Charlotte, während sie sich auf ein Brokatsofa fallen ließ, das vor einem über und über mit Schnitzereien verzierten Kamin platziert war. Netley war verschwunden, und sie war alleine in dieser Kammer voller Kunst und Kitsch. Der dicke Teppich schluckte alle Geräusche, das Einzige, was Charlotte hören konnte, war das Ticken der schweren Standuhr, die ihr die Wartezeit endlos vorkommen ließ.

Als der Prinz endlich in Begleitung eines diskreten Butlers durch eine Seitentür in den Raum trat, war er viel zierlicher, als Charlotte sich ihn vorgestellt hatte. Er hatte ein schmales, fast weibliches Gesicht, einen dünnen, gezwirbelten Schnurrbart und blaue Augen.

»Willkommen, Miss Foster, es ist mir eine Freude, eine der tüchtigsten Mitarbeiterinnen meines guten Freundes William Raymond kennenzulernen.«

Charlotte sprang auf und setzte zu einem leichten Hofknicks an, wie Mrs Paddington es ihr beigebracht hatte. »Die Freude ist ganz auf meiner Seite, Eure Königliche Hoheit.«

»Bitte nennen Sie mich Eddy, wie alle meine Freunde«, sagte er mit einem zurückhaltenden Lächeln. »Darf ich Ihnen etwas zu trinken anbieten? Einen Tee vielleicht oder einen guten Portwein?«

»Bourbon, wenn es Ihnen nichts ausmacht.«

Prinz Eddy gab dem Butler einen dezenten Wink. »Da kommt die Amerikanerin durch. Setzen wir uns doch.«

Im Sitzen schnürte das Korsett Charlotte noch mehr die Luft ab, aber sie versuchte, sich nichts anmerken zu lassen und flötete: »Zunächst möchte ich mich gerne für Ihre Zeit bedanken, es ist ja durchaus nicht selbstverständlich, als Journalistin von einem so hochrangigen Mitglied der Königsfamilie empfangen zu werden – noch dazu als Ausländerin.«

Der Prinz bedachte sie mit einem vielsagenden Lächeln und sah dabei ziemlich gut aus, wie Charlotte zugeben musste. »Wissen Sie, ich war natürlich neugierig auf die berühmte amerikanische Reporterin, die jetzt schon seit einem Jahr über die spannendsten und schrecklichsten Geschichten unserer Stadt berichtet.«

Charlotte konzentrierte sich so sehr darauf, nicht rot zu werden, dass ihr keine schlagfertige Antwort einfiel. Aber der Thronfolger war noch nicht fertig: »Außerdem hat William Sie wärmstens empfohlen. Wir gehen regelmäßig gemeinsam auf die Jagd und tauschen uns dabei aus – über alles und jeden, wie Sie sich denken können.«

Irrte sie sich, oder war die Stimme des Prinzen beim zweiten Satz deutlich kälter geworden? Charlotte musste schnell auf ein weniger verfängliches Thema wechseln, schließlich war sie hierhergekommen, um etwas zu erfahren. Die nächsten Minuten vergingen mit freundlichem Geplänkel. Der Thronfolger war ein geübter Gesprächspartner, der Charlottes Fragen höflich abperlen ließ und sofort wieder zu belangloser Konversation überging.

Charlotte wusste, dass ihr nicht mehr viel Zeit blieb, und sie hatte bisher nichts herausgefunden. Mittlerweile hatte Eddy zweimal dezent auf die Standuhr geschaut, und der Butler am anderen Ende des Raumes tippelte nervös von einem Fuß auf den anderen. Also musste sie es wagen. »Eure Hoheit … ich meine, Eddy – was sagen Sie eigentlich zu dem Thema, über das im Moment die ganze Stadt spricht?«

Plump, aber wirksam. Eddy zog für einen kurzen Augenblick eine Braue hoch: »Sie meinen die Morde von Whitechapel?«

Charlotte nickte langsam. Jetzt bloß nichts anmerken lassen!

Der Prinz streckte sich auf seinem Sessel. »Es ist furchtbar, was dort geschehen ist, diese armen Frauen! So einen Tod hat niemand verdient!«

»Kannten Sie eine der beiden?« Als die Frage ihre Lippen verließ, hätte Charlotte sich am liebsten selbst geohrfeigt.

Das königliche Gesicht gefror. »Entschuldigen Sie?«

»Also, na ja, ich dachte, vielleicht …«, stammelte Charlotte auf der Suche nach einer Möglichkeit, das Gespräch wieder in geordnetere Bahnen zu lenken. »Wie ich hörte, sind Sie ja auch … wie soll ich das sagen … sind Sie ja auch hin und wieder im East End unterwegs.«

Die strahlend blauen Augen des Prinzen wurden zu Eis.

Verdammt, jetzt habe ich es NOCH schlimmer gemacht, verfluchte Charlotte sich in die unangenehme Stille hinein. Die Sekunden wurden zu Stunden, zumindest fühlte es sich für sie so an, während Eddy sie von oben bis unten musterte.

Plötzlich brach der Prinz in schallendes Lachen aus, so laut, dass Charlotte zusammenzuckte.

»Nein wie köstlich«, rief Eddy, »William hätte mir ruhig sagen können, dass Sie nicht nur Journalistin, sondern auch Ermittlerin sind! Glauben Sie wirklich, dass ich es mir erlauben kann, nachts durchs East End zu streifen, um mir irgendwelche Dirnen zu suchen? Ich hätte Ihnen doch ein bisschen mehr Scharfsinn zugetraut.«

»Ich dachte ja nur, weil Sie in Ihrem Alter und Ihrer Position immer noch nicht verlobt sind. Das wird Ihre Großmutter sicher nicht so toll finden …« Jetzt war sowieso alles egal.

»Was soll ich sagen? Ich lebe das Leben«, antwortete Eddy mit spöttischem Grinsen. »Wollen Sie mich jetzt vielleicht noch fragen, wo ich am 31. August und am 8. September war, Miss Inspector?«

»Ehrlich gesagt, schon.« Dass der Prinz die Daten der beiden Morde so genau wusste, überraschte Charlotte. Vielleicht hatte sie ihr Gefühl ja doch nicht getrogen?

Eddy lehnte sich in seinem Sessel zurück und schien nachzudenken. »Also vom 29. August bis zum 7. September war ich bei meinem Freund, dem Viscount von Downe und seiner reizenden Frau in Yorkshire.«

»Dann haben Sie also ein Alibi für den Mord an Mary Ann Nichols … Aber was ist mit Eliza Ann Chapman? Die wurde am 8. September ermordet, also NACH Ihrem Trip nach Yorkshire.« Charlotte versuchte gar nicht mehr, höflich zu sein, aber der Prinz schien an der Befragung regelrecht Spaß zu haben.

»Stimmt. Aber ich bin nicht direkt nach London zurückgekehrt, ein Thronfolger hat immer Termine, müssen Sie wissen. Vom 7. bis zum 10. September habe ich die berittenen Truppen Ihrer Majestät in den Cavalry Barracks in York besucht, etwa 200 Meilen entfernt von hier.«

Charlotte wusste für einen kurzen Moment nicht, was sie sagen sollte. Damit hatte sie nicht gerechnet. Trotzdem nahm sie sich vor, die Angaben des Prinzen ganz genau zu überprüfen. So leicht würde sie ihn nicht davonkommen lassen.

»Eine Frage noch«, setzte sie nach, »wenn Sie im Namen der Krone unterwegs sind, nutzen Sie dann Ihre Kutsche?«

Prinz Eddy schaute Charlotte an, als habe er ihre Frage nicht richtig verstanden. »Dieses unbequeme Ding? Die reicht gerade mal, um einen kleinen Ausflug in die Stadt zu machen, aber doch nicht um Hunderte von Meilen zu reisen, ich bitte Sie! Ich habe natürlich den Royal Train benutzt, genau wie mein Vater oder meine Großmutter. Im Salonwagen reist man ganz vorzüglich.«

»Und darf irgendwer sonst in Ihrer Abwesenheit Ihre Kutsche benutzen?«, hakte Charlotte nach.

»Meine liebe Miss Foster«, schnitt ihr der Prinz das Wort ab, »sosehr mir die Plauderei mit Ihnen Freude bereitet hat, ich fürchte, ich muss unsere kleine Fragestunde an dieser Stelle beenden. Auf mich warten dringende Aufgaben im Auftrag des Königreichs.« Eddy stand auf, während der Butler hinter ihm bereits die Tür öffnete. Er beugte sich zu Charlotte vor und schüttelte ihre Hand. Fester Händedruck, blaue Augen und ein leichtes Lächeln. »Es war mir ein Vergnügen, Miss Foster. Mein Kutscher Netley wird Sie hinausbegleiten. Grüßen Sie Ihren Chefredakteur in New York ganz herzlich von mir, er wird bald von mir hören.«

Der letzte Halbsatz klang für Charlotte wie eine unverhohlene Drohung, verpackt in höfliches Geplänkel. »Ich habe zu danken, Eure Hoheit.«

Schon stand der Waran John Netley hinter ihr, ohne dass sie ihn kommen gehört hätte. »Darf ich bitten, Miss Foster?«

Als sie dem Kutscher durch die verzweigten Flure folgte, betrachtete Charlotte ein zweites Mal seinen Raubtier-Gang. Dieser Mann war gefährlich, das spürte Charlotte instinktiv. Sobald sie an der frischen Luft war, riss sie sich die Handschuhe von den Händen und den albernen Hut vom Kopf. Ein Misserfolg auf der ganzen Linie, und dafür hatte sie sich in diesen bescheuerten Aufzug gezwängt! Wahrscheinlich würde sie von ihrem Chef den größten Ärger ihres Lebens bekommen, und dabei hatte sie so gut wie gar nichts herausgefunden. Ihre einzige heiße Spur war eiskalt geworden. Aus dem Augenwinkel bemerkte sie eine Bewegung hinter sich und drehte sich noch einmal um. Hatte sich da gerade in einem der zahlreichen Fenster von Clarence House etwas bewegt? Vielleicht eine Gardine, die hastig wieder zugezogen wurde? Charlotte scheuchte den Gedanken davon und machte sich auf den Heimweg.

Kapitel 5

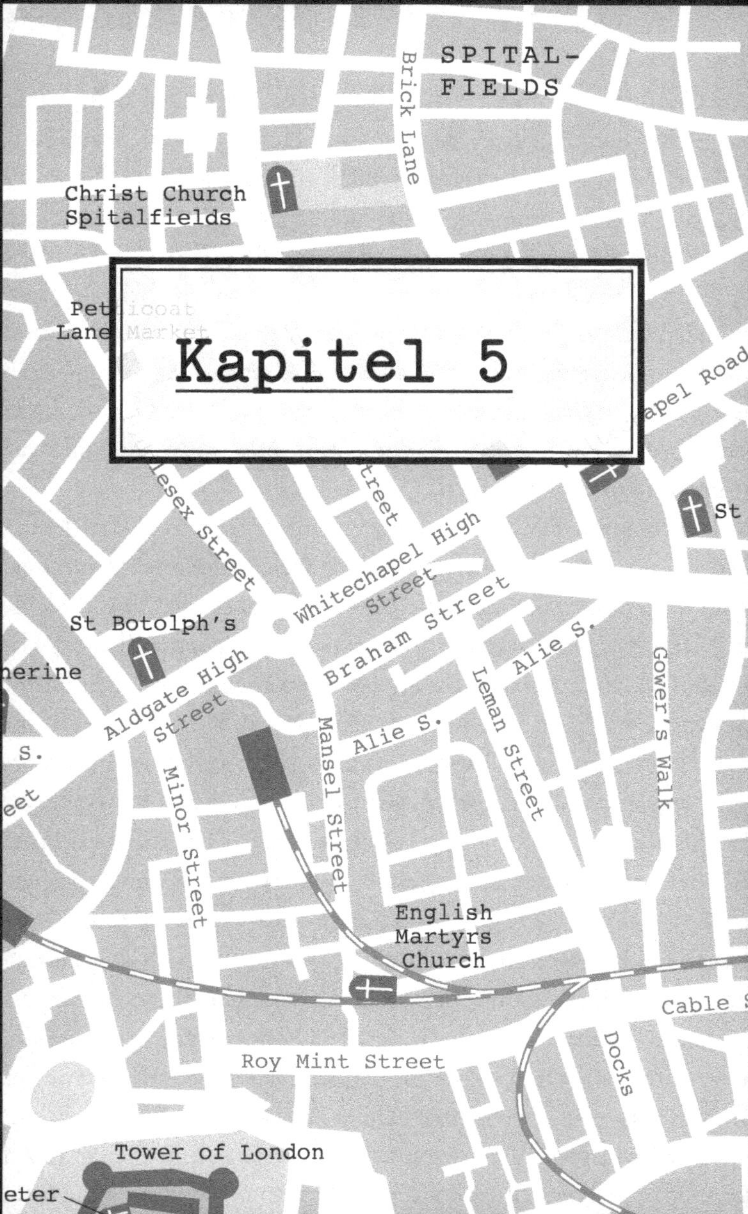
SPITAL-
FIELDS
Brick Lane
Christ Church
Spitalfields
Whitechapel High
Street
St Botolph's
Braham Street
Alie S.
Aldgate High
Street
Leman Street
Gower's Walk
Mansel Street
Alie S.
Minor Street
English
Martyrs
Church
Roy Mint Street
Docks
Tower of London

Mittwoch, der 19. September 1888 – Charlotte

Als Charlotte an ihrem Schreibtisch saß, ärgerte sie sich immer noch. Auf dem Rückweg von Clarence House hatte sie ihren Kutscher Paddy angeraunzt, sie so schnell wie möglich nach Hause zu bringen. Dort wartete schon Mrs Paddington mit Tee und Gebäck auf sie und wollte alles über ihren Besuch beim Prinzen wissen: Wie er aussah, was er getragen hatte, wie er sprach und wie sich sein Händedruck angefühlt hatte. Nach einem halbstündigen Verhör, das Charlotte ewig vorkam, war es ihr gelungen, ihre Vermieterin mit leichtem Druck aus dem Zimmer zu schieben. Danach hatte sie sich direkt an die Arbeit gemacht, um die Angaben von Prinz Albert Victor nachzuprüfen.

Durch ihren Kontakt zu einem britischen Journalisten-Kollegen hatte sie innerhalb kürzester Zeit gleich mehrere Zeitungsartikel organisieren können, die über den Besuch des Thronfolgers bei den Cavalry Barracks in York vom 7. bis 10. September berichteten. Die Kaserne war mehr als 230 Meilen von London entfernt, das war selbst für eine schnelle Kutsche viel zu weit, um abends für den Mord an Annie Chapman nach London zu fahren und morgens wieder zurück in York zu sein. Und auch der Royal Train war in dieser Zeit definitiv nicht bewegt worden. Das Alibi von Prinz Albert Victor für den ersten Mord an Mary Ann Nichols zu überprüfen, war nicht viel komplizierter gewesen: Über ein paar Nachfragen bei Kollegen in Yorkshire hatte Charlotte auch den Besuch des Thronfolgers beim Viscount of Downe von Ende August bis zu seiner Weiterfahrt zu der Kaserne in York bestätigt bekommen. Der Thronfolger hatte London definitiv bereits zwei Tage vor der Ermordung von Mary Ann Nichols verlassen. Natürlich hätte in seiner Abwesenheit auch jemand anderes seine Kutsche benutzen können, um damit zum Morden ins East End zu fahren. Charlotte musste sofort an den Kutscher John Netley mit seinen starren, dunklen Echsenaugen denken. Aber wahrscheinlich hätten Dutzende andere Bedienstete des Thronfolgers genauso Zugang zu der Kutsche gehabt, das war also eine Sackgasse. Charlotte war nach ihrem Besuch beim Prinzen genauso klug wie vorher, außerdem rechnete sie jeden Moment mit einem Telegramm ihres Chefredakteurs, der sich über die unverschämten Fragen aufregen würde, die sie seinem Freund, dem Prinzen, gestellt hatte. Vielleicht sollte sie in ihrem Artikel einfach besonders viele nette Dinge über den Thronfolger schreiben, um weiteren Ärger zu vermeiden. Das alles ging ihr gehörig gegen den Strich. Wütend zerdrückte Charlotte ihre Zigarette im Aschenbecher und begann, die ersten Zeilen in ihre Remington zu hämmern. Plötzlich klopfte es an der Tür.

Mittwoch, der 19. September 1888 – Mary Jane

Kalt. Unglaublich kalt. Mary Jane riss die Augen auf, aber sie sah kaum etwas. Um sie herum nur Bläschen, die schnell nach oben stiegen. Und Wasser, sehr kaltes Wasser. Reflexartig wollte sie mit den Armen und Beinen rudern, aber sie konnte nicht. Es kostete Mary Jane einige kostbare Sekunden, bis sie begriff, dass ihre Hände und Fußgelenke gefesselt waren. Über ihr sah sie Licht. Die Wasseroberfläche. Luft.

Aber sie entfernte sich immer weiter von dem Licht, sank tiefer und tiefer. Ihr Kleid hatte sich komplett vollgesogen und zog sie nach unten. Die Kälte um sie herum stach wie tausend kleine Nadeln in ihre Haut, und ihre Augen weiteten sich. Sie wollte den Mund aufreißen, atmen, aber sie wusste, dass das ihren Tod bedeuten würde. Mit dem Rücken zuerst kam sie auf dem Grund auf, stieß sich den Kopf. Explodierender Schmerz. Sterne vor ihren Augen. Und Bläschen, die nach oben stiegen, in Richtung des Lichts, das sie mittlerweile nur noch erahnen konnte. Mary Jane versuchte, ihren Körper zu drehen, tastete mit den Händen über den Boden: Schlamm, grüne Schlingpflanzen, Steine, etwas Spitzes und noch mehr Schlamm. Mit aller Kraft versuchte sie, ihre gefesselten Hände auseinanderzureißen, aber der grobe Strick um ihre Handgelenke bewegte sich kein bisschen. Strampelnd versuchte sie, wenigstens ihre Füße zu befreien. Keine Chance. Ihr ganzer Körper schrie nach Luft.

Licht. Die Wasseroberfläche. Luft.

Ein kleiner Fisch schwamm direkt vor ihrem Gesicht vorbei und glotzte sie an. Fühlte es sich so an zu sterben? Sie schloss die Augen. Vielleicht ging es so schneller vorbei. Der Drang, den Mund aufzureißen, wurde fast unerträglich. Ihre Hände wühlten durch den Schlamm, da war doch etwas … Steine, Schlamm und etwas Spitzes: eine Scherbe, wahrscheinlich ein zerbrochener Krug. Mit den Fingern ihrer rechten Hand umschloss sie die längliche Scherbe. Jetzt bloß nicht zittern. So ruhig wie möglich versuchte sie die Scherbe an den Fesseln um ihre Handgelenke anzusetzen. Und rutschte ab. Wieder Schmerz, dieses Mal an ihrem linken Unterarm. Blut, das sich aus der Schnittwunde wolkenförmig im Wasser verteilte. Mary Jane sah Sterne vor ihren Augen tanzen. Ihr blieb keine Zeit. Noch mal die Scherbe ansetzen und so kräftig wie möglich über den Strick ziehen. Einmal, zweimal, dreimal. Sie war selbst überrascht, als sie sah, wie sich einzelne Fasern lösten. Viermal, fünfmal, sechsmal. Ihr wurde schwarz vor Augen. Der Drang nach Sauerstoff war zu stark. Ihr Mund öffnete sich, ohne dass sie etwas dagegen tun konnte. Ein stiller Schrei unter Wasser. Ein letztes Aufbäumen. Ein letzter Ruck. Auf einmal konnte sie ihre Hände bewegen, ihre Arme waren frei. Mary Jane schlug mehr um sich, als dass sie schwamm. Ihr Körper übernahm die Regie und brachte sie zurück.

Zurück zum Licht, zurück zur Wasseroberfläche.

Ihr Kopf brach zuerst durch das brackige Wasser, direkt gefolgt von einem Husten und Würgen. Und dann: Luft. Köstliche, kühle Luft. Sie ruderte mit den Armen und versuchte, das Würgen zu unterdrücken. Um sie herum war es dunkel, aber sie hörte den Lärm von den Docks. Sie musste in der Themse sein.

Irgendwie schaffte sie es an das schlammige Ufer, schnitt sich dabei die Arme an dem hohen Schilf auf, dann kotzte sie sich den halben Fluss aus dem Leib. Minutenlang blieb Mary Jane auf dem Rücken liegen, erst dann fand sie die Kraft, auch die Fesseln um ihre Fußgelenke zu öffnen. Etwa 100 Yards weiter flussaufwärts sah sie einen einsamen Steg im Wasser, von dort aus musste man sie in die Themse geworfen haben. Der Steg war leer. Entweder hatten diejenigen, die sie im Wasser entsorgt hatten, gedacht, dass sie längst ertrunken war, oder es war ihnen einfach egal. Ihre Lungen schmerzten immer noch höllisch, und der tiefe Schnitt an ihrem linken Unterarm sah übel aus.

Bei dem Versuch aufzustehen, wurde ihr schwindelig, und Mary Jane musste sich mehrfach abstützen, um nicht hinzufallen. Es dauerte einige weitere Minuten, bis auch ihr Verstand am Ufer angekommen war. Als sie wieder klar denken konnte, wurde ihr trotz der klatschnassen Klamotten, die an ihrem Körper klebten, noch kälter. Sie hatte eine furchtbare Vermutung, und sie musste so schnell wie möglich nach Hause.

Mittwoch, der 19. September 1888 – Charlotte

Frederick Abberline sah noch wütender aus, als Charlotte ihn von ihrem letzten Besuch in seinem Büro in Erinnerung hatte. Direkt hinter ihm versuchte Mrs Paddington, ihren Kopf am Inspector vorbeizustrecken. »Miss Foster, so geht das nun wirklich nicht! Erst dieser abgerissene Straßenjunge und dann noch die Polizei in meinem Haus – was sollen denn nur die Nachbarn denken! Wir sind hier immer ein anständiges Haus gewesen, als mein seliger Ehemann Edmond noch lebte …«

»Sind Sie fertig?«, unterbrach Abberline die Vermieterin, ohne sie auch nur anzusehen. »Miss Foster und ich haben hier etwas unter vier Augen zu besprechen.«

Berta Paddington sah aus, als hätte sie in eine Zitrone gebissen und bewegte sich nicht von der Stelle.

Hastig wischte Charlotte mehre Blätter Papier mit angefangenen Artikeln und einige ihrer Klamotten von ihrem Sofa und versuchte dabei, möglichst freundlich zu lächeln.

»Inspector Abberline, was für eine Überraschung! ›Third time's a charm‹, sagt man bei uns in den Staaten – aller guten Dinge sind drei.«

Abberlines Mund blieb unter dem dunklen Bart ein gerader Strich, amerikanische Sprichwörter schienen ihn eher weniger zu begeistern.

»Kommen Sie doch herein, die gute Mrs Paddington wird uns sicher gerne einen Tee servieren.«

Wortlos nahm der Inspector auf dem Chesterfield-Sofa Platz, während Mrs Paddington weiter im Türrahmen stand und keine Anstalten machte, ihren massigen Körper in Bewegung zu setzen.

»Mrs Paddington, wir wollen doch unseren Gast nicht verdursten lassen, oder?«

Charlottes Vermieterin antwortete mit einem Schnauben, trat dann aber doch den Rückzug an und zog die Tür hinter sich zu.

Abberline zögerte keine Sekunde. »For christ's sake, was haben Sie sich dabei gedacht? Nicht nur, dass Sie auf eigene Faust Ermittlungen anstellen, sondern Sie erdreisten sich auch noch, unseren zukünftigen König zu befragen?«

»Das war ein Interview, so was ist mein Job. Außerdem hat Seine Königliche Hoheit mich nach Clarence House eingeladen«, unterbrach Charlotte den Inspector, an dessen Hals mittlerweile eine Ader deutlich hervortrat.

»Das ist doch vollkommen egal!«, setzte Abberline nach. »Sie haben ihn ernsthaft nach seinem Alibi für die beiden Morde gefragt – den Enkel der Queen, den zukünftigen König des Britischen Empires! Ich sollte Sie aus dem Land werfen lassen, und zwar sofort!«

Charlotte faltete die Hände und senkte den Kopf, sie wusste, dass sie so nicht weiterkam. »Sir, Sie haben vollkommen recht. Das war unbedacht und äußerst unangemessen, dafür kann ich mich nur entschuldigen.«

Ihr Gegenüber zog die Brauen hoch.

»Sie müssen wissen, dass dieser Fall für mich äußerst emotional ist, denn ich kannte Annie Chapman persönlich. Ich bin ihr vor etwa einem Jahr bei einer Recherche begegnet, und seitdem haben wir uns immer mal wieder getroffen, meist im Red Lion. Sie war eine wirklich kluge Frau, mit der es das Leben leider nicht besonders gut gemeint hat. Ich habe sie zuletzt vier Tage vor ihrem Tod gesehen, und es ging ihr zu diesem Zeitpunkt gar nicht gut. Deshalb hatte ich ihr angeboten, hier bei mir zu übernachten, aber sie war zu stolz, das Angebot anzunehmen. Kurze Zeit später hat sie dieser irre Whitechapel-Killer mit seinem Messer zerfetzt! Haben Sie eine Vorstellung, wie ich mich fühle? Wenn ich nur ein bisschen bestimmter gewesen wäre, dann würde Annie jetzt noch leben!«

Zum ersten Mal, seit er ihr Zimmer betreten hatte, sah Frederick Abberline ihr direkt in die Augen. »Das … Das wusste ich nicht. Mein Beileid«

»Und ja, vielleicht habe ich deshalb überreagiert, aber ich hatte den begründeten Verdacht, dass der Thronfolger selbst bei ihrer Ermordung in der Nähe des Tatortes war. Diesem Verdacht musste ich nachgehen, ich hätte mir das sonst nie verziehen. Und Sie wissen doch, dass wir Frauen manchmal handeln, ohne nachzudenken.« Kurz überlegte Charlotte, ob sie mit ihrer Entschuldigung und ihrer Rolle des reuigen Frauchens jetzt zu dick aufgetragen hatte, aber das Nicken des Inspectors bewies ihr das Gegenteil.

»Ja, da mögen Sie recht haben«, sagte Abberline mehr zu sich selbst als zu ihr und fuhr dann fort: »Aber trotzdem hat Ihr Auftritt in Clarence House nicht unbedingt geholfen. Spätestens seit dem zweiten Mord dreht die gesamte Stadt durch, die Menschen gerade in den reicheren Stadtteilen trauen sich kaum noch auf die Straße, in Whitechapel bilden sich bewaffnete Bürgerwehren, und die Sensationspresse überschlägt sich mit Lügen und Kritik an unseren Ermittlungen. Und dann kommt so eine reiche Amerikanerin wie Sie und brüskiert das Königshaus, das sich natürlich prompt über Sie beschwert hat. So was macht mir meine Ermittlungen nicht gerade einfacher, vor allem, weil wir auch ein paar Fragen an den Palast gehabt hätten.«

Das war neu für Charlotte, aber sie versuchte, sich nichts anmerken zu lassen. »Inspector Abberline, das tut mir wirklich furchtbar leid, ich hatte niemals vor, Sie oder Ihre Ermittlungen in Schwierigkeiten zu bringen, das müssen Sie mir glauben! Am Ende des Tages wollen wir beide doch eigentlich das Gleiche, nämlichen diesen Irren endlich stoppen, bevor die Mordserie weitergeht!«

Sofort zog der Inspector auf dem schweren Ledersofa die Schultern hoch und streckte den Rücken durch: »Es ist überhaupt nicht gesagt, dass es sich hier um eine Mordserie handelt, Miss Foster, auch wenn Sie und Ihre Pressekollegen das sehr gerne schreiben.«

Charlotte versuchte, so freundlich wie möglich zu lächeln. »Lassen Sie uns doch mal kurz darüber sprechen, was wir hier eigentlich vor uns haben: zwei Morde innerhalb von nur acht Tagen, nicht mal eine Meile voneinander entfernt. Beide Opfer waren Frauen in den 40ern, die keine feste Wohnung und ein Alkoholproblem hatten. Der Mörder hat sie mit der rechten Hand festgehalten und mit der linken Hand ihre Kehlen durchtrennt, danach hat er die Frauen mit dem Messer verstümmelt und sich dabei vor allem auf den Unterleib konzentriert. Auch wenn die Verletzungen extrem grausam waren, sahen die Schnitte für mich ziemlich präzise aus, wie von jemandem, der mit dem Messer umgehen kann. Für mich sind das schon ziemlich viele Parallelen, und Sie sind so klug, dass Ihnen das sicher auch schon aufgefallen ist. Was also denken Sie, Frederick Abberline?«

Der Inspector rutschte auf dem Sofa hin und her, und Charlotte konnte sehen, wie es hinter seiner hohen Stirn arbeitete.

Abberline räusperte sich. »Wenn Sie mich persönlich fragen, und da möchte ich nicht zitiert werden, gebe ich Ihnen recht. Ich habe in meinen Jahren bei Scotland Yard genug Morde gesehen, um die Handschrift eines Serienkillers zu erkennen. Allerdings sehen das nicht alle meine Vorgesetzten genauso. Der Commissioner will weitere Panik in der Stadt unbedingt vermeiden. Er versteht nicht, warum so viel über den Tod von zwei gefallenen Frauen gesprochen wird.«

Charlotte wollte den Inspector wütend unterbrechen und ihm an den Kopf schleudern, dass weder Polly Nichols noch Annie

Chapman auf den Strich gegangen waren, doch sie schluckte ihre Wut herunter und sagte stattdessen: »Wie gesagt, eigentlich wollen wir beide doch dasselbe, nämlich diesen Killer stoppen. Und ich kann Ihnen einige nützliche Informationen liefern, weil ich mit Menschen spreche, die sofort die Nase rümpfen, wenn sie die Polizei auch nur riechen. Vielleicht können wir uns gegenseitig helfen.«

Abberline sah sie wieder mit diesem leichten Zucken in den Mundwinkeln an, das sie schon bei ihrer ersten Begegnung bemerkt hatte, und schien über ihren Vorschlag nachzudenken. In diesem Moment schob sich Mrs Paddington mit einem vollbeladenen Tablett in Charlottes Zimmer, natürlich ohne vorher zu klopfen.

Sie platzierte die Teekanne, die Tassen und einen kleinen Teller mit frischgebackenen Scones auf dem kleinen Tisch neben der Couch, nachdem Charlotte schnell den Aschenbecher an die Seite geräumt hatte. Danach öffnete die Hauswirtin mit einem spitzen Blick das Fenster und begann plötzlich, mit einem Staubwedel, den sie aus einer Tasche vorne in ihrer Schürze gezogen hatte, durch das Zimmer zu feudeln.

»Vielen Dank, Mrs Paddington«, versuchte Charlotte, sie so höflich wie möglich loszuwerden, »ich denke, den Rest schaffe ich allein.«

Berta Paddington zuckte zusammen wie ein Kind, das man beim Süßigkeitenklauen erwischt hat, und trat langsam, sehr langsam den Rückzug an: »Aber natürlich, Miss Foster. Wenn Sie oder der Inspector noch irgendetwas benötigen, dann lassen Sie es mich gerne wissen!«

Irgendwie schaffte es die Vermieterin, ihren nicht gerade zarten Körper ziemlich geschickt rückwärts durch die Zimmertür zu bugsieren, ohne Charlotte und Abberline auch nur eine Sekunde aus den Augen zu lassen.

»Und seien Sie doch so gut und schließen die Tür hinter sich. Danke schön!« Charlotte konnte nicht fassen, wie neugierig diese Frau war.

Bei Tee und Scones tauschten Charlotte und Abberline sich aus, wobei es die meiste Zeit sie war, die redete, während der Inspector kauend zuhörte und nur zwischendurch nickte. Sie erzählte ihm ausführlich von ihren Gesprächen mit Pollys Ehemann William Nichols, Annie Chapman selbst und natürlich auch von ihrer erfolglosen Audienz beim Thronfolger. Am Ende gingen die Mundwinkel des Inspectors so weit nach oben, dass es fast schon wie ein menschliches Lächeln aussah.

»Sie hatten den Prinzen auch in Verdacht, oder?«, wagte Charlotte, die etwas gelöstere Stimmung auszunutzen.

Dieses Mal verschwand Abberlines Lächeln nicht sofort wieder. »Auch wir bei Scotland Yard machen unserer Hausaufgaben. Wir haben gleich mehrere Zeugen, die bei den Morden an Polly Nichols und Annie Chapman einen schwarzen Vierspänner mit abgehängtem Wappen gesehen haben wollen. Und zusammen mit den ...«, der Inspector räusperte sich, »zusammen mit den bekannten Vorlieben Seiner Hoheit habe ich natürlich auch eins und eins zusammengezählt. Natürlich habe ich dem Commissioner nichts davon erzählt und stattdessen diskret die Alibis des Prinzen geprüft. Wie gesagt, diskret!«

Jetzt musste Charlotte lächeln.

»Also wissen wir beide, dass Prinz Eddy es nicht gewesen sein kann, aber jeder andere, der in der Zwischenzeit Zugang zu seiner Kutsche hatte – wie zum Beispiel dieser seltsame Kutscher namens Netley.«

Der Inspector zog die Augenbrauen nach oben und notierte sich den Namen des Kutschers in ein kleines, in Leder eingebundenes Notizbuch.

»Und ich habe noch etwas für Sie, Inspector: Die Illustrated Police News schrieb heute Morgen, dass Sie immer noch auf der Suche nach einem Mann mit einer Lederschürze sind.«

Abberline sah sie fragend an. »Das ist korrekt, wir haben nach dem Mord an Annie Chapman den begründeten Verdacht, dass …«

»Die Lederschürze, die Sie neben der Leiche gefunden haben, gehört nicht dem Mörder, sondern dem Sohn von Amelia Richardson, die das Kistengeschäft in der 29 Hanbury Street betreibt. Sie hatte sie nach dem Waschen zum Trocknen in den Hof gehängt. Eigentlich wollte ich dieses Detail in einem meiner Artikel veröffentlichen, aber ich will ja die Arbeit der Polizei nicht schlechtmachen.« Der letzte Satz war natürlich gelogen, Charlotte hatte gehofft, dass ihr die Information mit der Schürze beim Umgang mit der Polizei noch mal nützlich sein würde – und sie hatte recht behalten.

»Das weiß ich sehr zu schätzen, Mrs Foster. Glauben Sie mir, die gesamte Presse der Welt prügelt gerade genug auf uns ein, Ihre Kollegen der New York Times haben uns zum Beispiel die wahrscheinlich dümmste Polizei der Welt genannt!«

Abberline lehnte sich zurück und saß damit zum ersten Mal während dieses Gesprächs entspannt da wie ein normaler Mensch. »Und ich muss mich ebenfalls entschuldigen: Ich war bei unserem Treffen am Whitehall Place vielleicht ein wenig zu harsch zu Ihnen. Wahrscheinlich haben Sie recht, eigentlich wollen wir beide dasselbe. Was halten Sie von einem Waffenstillstand?«

»Bin dabei.« Charlotte grinste und prostete dem Inspector mit ihrer Teetasse zu. »Wenn ich bei meinen Recherchen etwas Neues herausfinde, spreche ich zuerst mit Ihnen. Und ich verspreche, dass ich keine kleinen Prinzen mehr belästige.«

Abberline bekam einen Lachanfall, der so laut war, dass Mrs Paddington nur Augenblicke später ihren Kopf durch die Tür streckte um nachzufragen, ob alles in Ordnung sei.

Die Presse und die Morde

Die Zeit zwischen 1860 und 1910 in Großbritannien wird von einigen Historikern die »goldene Zeit« der Zeitungen genannt. Fast wöchentlich werden neue Zeitungen gegründet, alleine in London erscheinen zu dieser Zeit Dutzende Zeitungen für jede Zielgruppe. Die Pall Mall Gazette zum Beispiel ist damals einer der Vorreiter des modernen Journalismus und druckt als eine der ersten Zeitungen Interviews ab und enthüllt gesellschaftliche Missstände wie Kinderprostitution. Gleichzeitig kommen aber auch Revolverblätter wie die Illustrated Police News auf, die ganze Ausgaben fast ausschließlich mit Informationen (und Gerüchten) zu den Whitechapel-Morden füllen. Spätestens ab dem Mord an Annie Chapman steigen auch internationale Medien in die Berichterstattung über die Mordserie ein. So schreibt die New York Times zum Beispiel am 9. September 1888: »Die (…) Morde wurden nur innerhalb eines Steinwurfes voneinander verübt, und trotzdem haben die Beamten noch keinerlei Anhaltspunkte. Die Londoner Polizei ist wahrscheinlich die dümmste auf der ganzen Welt.«

Mittwoch, der 19. September 1888 – Mary Jane

»Wo zum Teufel warst du?« Mary Jane hatte Joseph schon einige Male wütend gesehen, aber so wütend noch nie. An seiner Schläfe pochte eine dicke Ader, während er ihr seine Worte regelrecht entgegenspuckte: »Ich habe ZWEI Tage alles nach dir abgesucht! Als ich abends von der Arbeit nach Hause gekommen bin, warst du weg, und das Zimmer sah aus wie ein Saustall, unsere Sachen lagen kreuz und quer auf dem Boden!« Joseph funkelte sie wütend an. »Und wie siehst du überhaupt aus, du bist ja klatschnass! Und das an deinem Hinterkopf, ist das Blut? Du schuldest mir eine Erklärung!«

Ohne nachzudenken, fasste Mary Jane sich an den Hinterkopf, und tatsächlich, zwischen ihren immer noch feuchten Haaren fühlte sie etwas Klebriges. Eine Erinnerung blitzte in ihr auf: Eddys strahlend blaue Augen. Sein kaltes Lächeln. Der Schmerz an ihrem Hinterkopf. Ein Schlag?

»Joe-Schätzchen, ich habe einfach einen über den Durst getrunken und hatte einen kleinen Unfall, nichts Wildes …«

Joseph, den sie nur in den seltensten Fällen »Joe-Schätzchen« nannte, sah nicht besonders überzeugt aus, also fuhr Mary Jane fort: »Ich erzähle dir alles in Ruhe, vielleicht bei einem ordentlichen Schluck? Willst du nicht gerade in den Laden rüberlaufen und uns beiden ein hübsches Fläschen holen? Ich brauche dringend was zum Aufwärmen …«

Beim Gedanken an ein Glas Gin entspannten sich Josephs Gesichtszüge. »Na gut, aber dann will ich wissen, was mit dir passiert ist, und zwar alles!« Er griff sich seine Jacke, schlüpfte in seine Arbeitsstiefel und zog die Tür lauter hinter sich zu, als es nötig gewesen wäre.

Mary Jane ließ sich auf den Stuhl fallen und atmete prustend aus. Ihr blieben jetzt etwa zehn Minuten, um sich eine passende

Ausrede zu überlegen. Aber zuerst musste sie etwas überprüfen. Sie stand so schnell von dem Stuhl wieder auf, dass sich alles um sie herum drehte und sie sich auf den Boden setzen musste. Einfach ein paar Augenblicke durchatmen, damit der Schwindel verschwand. Höchstens ein oder zwei Minuten. Verdammt, sie musste sich zusammenreißen! Mit den Fingern fuhr sie über die ausgetretenen Bodendielen, bis sie gefunden hatte, was sie suchte: Ihre schmalen Finger glitten unter die vorletzte Diele links von der Wand gegenüber der Zimmertür und schoben das lose Holzbrett zur Seite.

Wenn sie ehrlich war, hatte sie mit diesem Anblick gerechnet, aber als sich ihr furchtbarer Verdacht bestätigte, konnte Mary Jane es trotzdem nicht fassen: Ihr Geheimfach unter dem Fußboden war leer, die Briefe des Prinzen und seine verschlüsselte Nachricht an sie waren weg.

Minutenlang klopfte sie den Boden ab, vielleicht hatte sie sich ja geirrt und unter der falschen Diele gesucht? Oder die Briefe waren irgendwie aus dem Hohlraum woanders hin gerutscht? Aber nachdem sie panisch alles abgesucht hatte, musste sie sich eingestehen, dass die einzigen Beweise für ihre Beziehung mit dem Prinzen spurlos verschwunden waren.

Mary Jane merkte erst, dass sie weinte, als sie Tränen auf ihren Wangen spürte. Die Briefe waren ihr Ticket in eine bessere Zukunft gewesen, ihre Altersvorsorge sozusagen. Hatte Joseph nicht gerade selbst gesagt, ihr Zimmer hätte ausgesehen wie ein Saustall, als er nach Hause kam? Wahrscheinlich hatte der Prinz ihre Wohnung schon seit Tagen beobachten lassen, und seine Männer hatten nur darauf gewartet, dass sie das Haus verließ. Oder man hatte die Zeit genutzt, in der sie ohnmächtig gewesen war, um ihre Adresse herauszufinden – auch das wäre für Mitarbeiter des Palastes kein Problem gewesen. Und dann hatte man einfach nur gründlich genug suchen müssen, um die Briefe zu finden. Warum hatte sie so etwas Wertvolles auch bei sich zu Hause aufbewahrt? Sie hätte sich ohrfeigen können. Wie hatte sie nur so naiv sein können!

Die Gedanken und Gefühle rauschten nur so durch Mary Janes Kopf, und ihr Schwindel half nicht gerade dabei, Ordnung ins Chaos zu bringen. Was für ein Tag war heute, Dienstag? Aber hatte Joseph nicht gesagt, sie wäre zwei Tage weg gewesen? Das musste schon ein verdammt harter Schlag gewesen sein, der sie für 48 Stunden ausgeknockt hatte ... Eher zufällig strich Mary Jane über ihren linken Arm, als sie mit ihrer Hand eine kleine Beule spürte. Ein blauer Fleck? Nein, das war eine Einstichstelle. Man hatte sie niedergeschlagen, betäubt und dann auch noch gefesselt, um wirklich sicherzugehen, dass sie in der Themse ertrank. Bei dem Gedanken wurde ihr direkt wieder speiübel, und sie schaffte es gerade noch, nach dem Nachttopf zu greifen. Während sie heulend auf dem Fußboden eine Mischung aus Galle und Seewasser kotzte, hörte sie die schweren Schritte ihres Freundes Joseph Barnett vor der Zimmertür.

Mittwoch, der 26. September 1888 – Abberline

Die Worte sprudelten nur so aus Dora Fergusons Mund, und Abberline hatte Mühe, der jungen Frau zu folgen.

»Ich bin um mein Leben gerannt, Herr Inspector! Stellen Sie sich vor, ein paar Minuten länger, und ich wäre genauso aufgeschlitzt worden wie diese beiden anderen Frauen!«

Der Inspector rieb sich die Schläfen. Er hatte noch nie eine Frau getroffen, die so schnell reden konnte, ohne Luft zu holen. Aber in einer Stadt, in der ein Frauenmörder auf den Straßen unterwegs war, konnte jede Zeugenaussage wichtig sein. Also lehnte er sich in seinem Bürostuhl zurück, verschränkte die Arme und unterbrach den Wasserfall aus Worten: »Ganz langsam, Miss Ferguson, wir gehen das ganze jetzt Stück für Stück gemeinsam durch.«

Dora Ferguson nickte, und Abberline fuhr fort: »Ihr Name ist Dora Ferguson, Sie sind 23 Jahre alt, arbeiten als Serviererin im Mermaid Hotel und behaupten, Sie seien vorgestern entführt worden, hätten sich aber heute aus eigener Kraft befreien können.«

»Ich behaupte nicht, Herr Inspector, das ist die reine Wahrheit, so wahr ich hier sitze! Gestern ist es bei der Arbeit etwas später geworden, weil meine Kollegin Ethel, die dumme Gans, ihr Tablett runtergeschmissen hat. Sie müssen wissen, Ethel war schon immer …«

»Kommen wir am besten direkt zu Ihrer Entführung«, warf der Inspector ein, und die Kellnerin nickte. »Am Dienstag gegen 23 Uhr haben Sie im Mermaid Hotel Feierabend gemacht, sind dann am Hinterhof des Hotels von hinten niedergeschlagen worden und auf einem Dachboden gefesselt wieder aufgewacht?«

»Ganz genau so war es! Ich habe keine Ahnung, wie lange ich ohnmächtig war, aber mein Schädel dröhnt immer noch, das können Sie mir glauben! Auf jeden Fall war es dunkel, als ich aufgewacht bin.«

Abberline strich durch seinen Bart. »Aber was genau das für ein Haus war, in dem Sie gefangen gehalten wurden, und wer Sie entführt hat, das können Sie nicht sagen? Haben Sie denn nicht nach Hilfe gerufen?«

Dora Ferguson schüttelte energisch den Kopf. »Ich war doch an einen Balken gefesselt und zusätzlich geknebelt, außerdem hatte ich Todesangst! Ich hab mir die ganze Zeit gesagt: ›Dora, sag ich, wenn der Entführer wiederkommt, dann war's das!‹ Also habe ich die ganze Nacht versucht, den Strick an den Dachbalken zu reiben, um die Fesseln irgendwie loszuwerden. Können Sie sich vorstellen, wie weh das tut? Na jedenfalls hatte ich es heute Morgen dann endlich geschafft, den Strick durchzuscheuern.«

»Woher wissen Sie so genau, dass das heute Morgen war?«, hakte der Inspector nach.

Dora Ferguson sah ihn an fragend an und sagte: »Na, weil es mittlerweile heller war und genau in diesem Moment ein Sonnenstrahl direkt in mein Gesicht gefallen ist. Der Dachboden hatte nämlich so ein ganz kleines Fenster zur Straße hin, ich konnte den Straßenlärm hören. Haben Sie schon mal nachts die Sonne gesehen? Also, ich nicht! Jedenfalls hab ich mir dann den Knebel aus dem Mund gerissen und bin abgehauen. Die Tür zum Treppenhaus war zwar von außen verriegelt, aber das Ding war so morsch, dass ich mich nur zweimal dagegen werfen musste. Wenn man so viele Tabletts trägt wie ich, dann bekommt man starke Schultern, wissen Sie? Und dann bin ich die Treppen runter, das müssen bestimmt fünf Stockwerke gewesen sein, ich habe geschnauft wie eine Dampflok, als ich endlich auf der Straße stand, direkt gegenüber von so einer Kirche.«

»Moment mal«, unterbrach Abberline sie, »was für eine Kirche war das? Und haben Sie irgendwen oder irgendwas gesehen, das uns helfen könnte, das Haus Ihres Entführers zu finden?«

»Na ja, das war halt eine Kirche an einer breiten Straße, für mich sehen die alle gleich aus. Außerdem war ich nach der Dunkelheit total geblendet, die Kirche war nur ein düsterer Schatten vor der strahlenden Sonne, und ich hatte Todesangst, das habe ich Ihnen doch schon erklärt! Jedenfalls bin ich dann losgelaufen, nach rechts die Straße runter, das weiß ich ganz genau! Das war so eine lange gepflasterte Straße, aber es waren noch keine Kutschen unterwegs und wenig Leute. Dann bin ich irgendwann nach rechts abgebogen, in eine kleinere Straße, und immer weiter geradeaus durch die Gassen. Die ganze Zeit dachte ich: Dora, der Entführer hat bestimmt schon längst gemerkt, dass du weg bist, und sucht nach dir, du musst um dein Leben rennen! Und irgendwann bin ich dann auf einem Markt gelandet, wo die Händler gerade ihre ersten Kunden bedient haben. Dort habe ich dann diesen jungen Constable um Hilfe gebeten, und der hat mich zu Ihnen geführt. Stellen Sie sich mal vor, ich hätte das nächste Opfer von diesem Whitechapel-Schlitzer sein können! Sobald wir hier fertig sind, steige ich in den nächsten Zug nach Reading, da wohnt meine Schwester. Hier in London ist man sich ja seines Lebens nicht mehr sicher!«

Abberline stand auf und schüttelte der jungen Frau schnell die Hand, bevor sie zu ihrem nächsten Redeschwall ausholen konnte:

»Danke, Miss Ferguson. Das mit Ihrer Schwester ist sicher eine gute Idee, aber bitte hinterlassen Sie uns Ihre Adresse, damit wir Sie erreichen können. Ob ihre Entführung wirklich mit den Whitechapel-Morden in Verbindung steht, kann ich Ihnen nicht sagen, aber wir werden uns natürlich darum kümmern.«

Direkt nachdem sich Dora Ferguson aus seinem Büro verabschiedet hatte, breitete der Inspector einen Stadtplan auf seinem Schreibtisch aus. Er musste herausfinden, wo genau die Kellnerin gefangen gehalten worden war.

Rätsel 5: Entführt

Wo befindet sich das Haus, in dem Dora Ferguson festgehalten wurde?

Der Stadtplan auf den nächsten beiden Seiten hilft dir vielleicht.
Die Lösung findest du auf Seite 353.

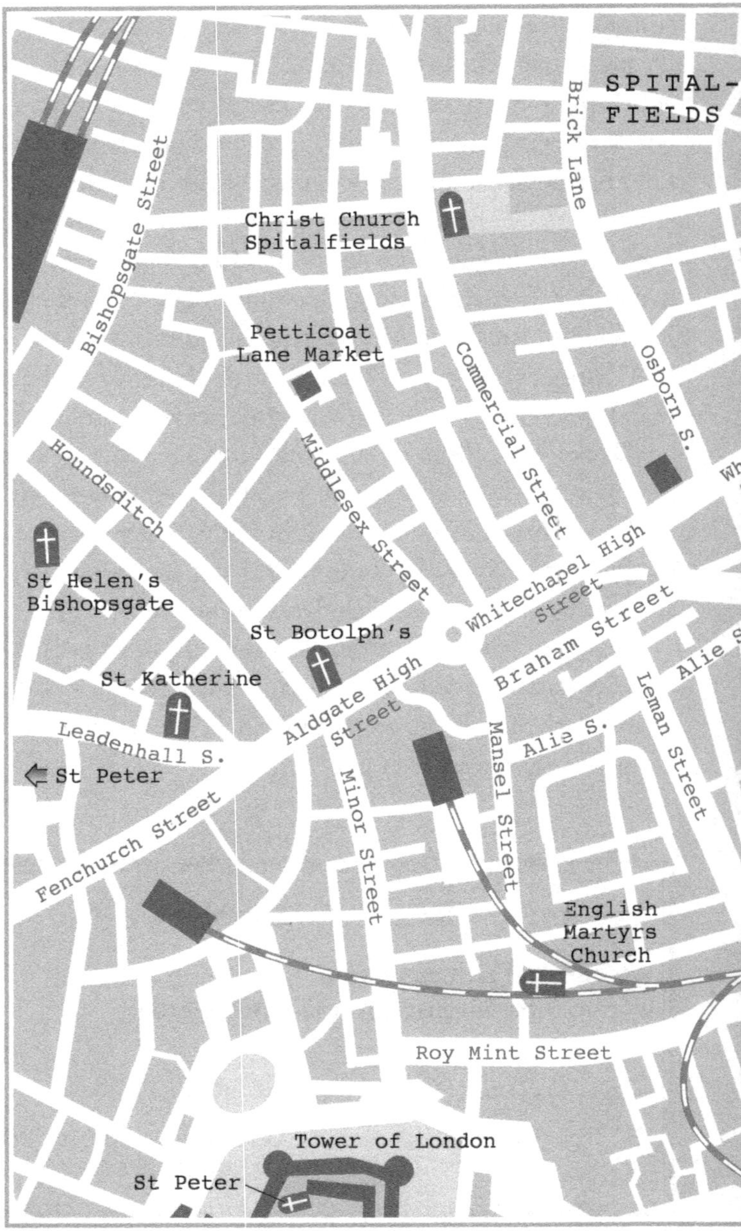
SPITAL-
FIELDS
Brick Lane
Bishopsgate Street
Christ Church
Spitalfields
Petticoat
Lane Market
Commercial Street
Osborn S.
Houndsditch
Middlesex Street
St Helen's
Bishopsgate
Whitechapel High
Street
Braham Street
St Botolph's
St Katherine
Aldgate High
Street
Leman Street
Mansel Street
Alie S.
Leadenhall S.
St Peter
Fenchurch Street
Minor Street
English
Martyrs
Church
Roy Mint Street
Tower of London
St Peter

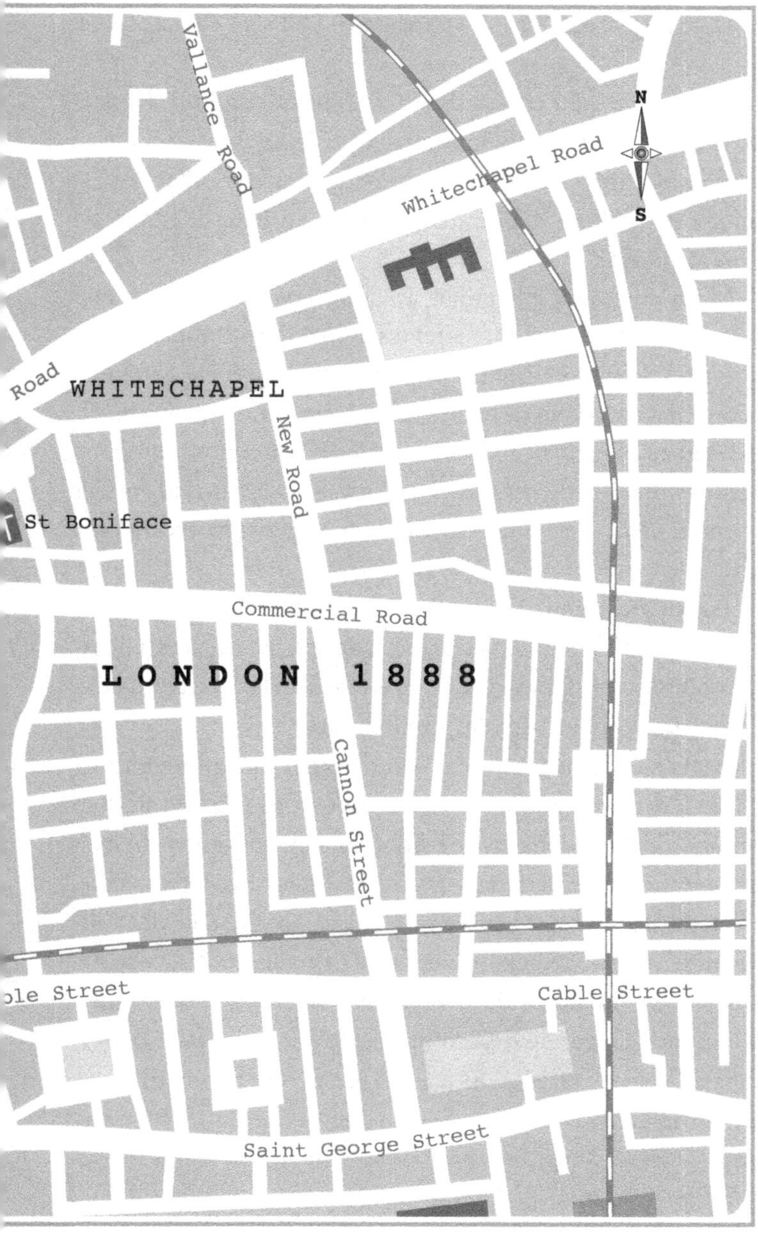
Vallance Road
Whitechapel Road
N
S
Road
WHITECHAPEL
New Road
St Boniface
Commercial Road
LONDON 1888
Cannon Street
ble Street
Cable Street
Saint George Street

Donnerstag, der 27. September 1888 – Charlotte

Obwohl Charlotte die Zeit seit ihrem Waffenstillstand mit Inspector Abberline fast ausschließlich hinter ihrer Schreibmaschine verbracht hatte, um ihrer Redaktion in New York Artikel über die Ermittlungen der beiden Whitechapel-Morde zu liefern, fühlte sie sich seltsam ruhelos.

Der Mord an Annie Chapman war mittlerweile fast drei Wochen her, ihre Leiche war unter strengster Geheimhaltung auf dem Manor Park Friedhof beigesetzt worden, und Charlotte hatte erst Tage später davon erfahren. Seitdem hatte sie sich vorgenommen, Annies Grab zu besuchen, aber immer wieder eine Entschuldigung gefunden, es doch nicht zu tun. Der Gedanke daran, vor Annies Grabstein zu stehen, machte sie mindestens genauso traurig wie wütend.

Mrs Paddington und sie sprachen seit Abberlines Besuch nur das Nötigste, und Charlotte versuchte, ihre spitzen Blicke zu übersehen, wenn sie zweimal am Tag ihren Aschenbecher leerte und dabei demonstrativ die Fenster des Zimmers aufriss.

In den ersten Tagen nach dem Mord waren die wildesten Gerüchte durch die Stadt geschwappt, wer hinter den Morden stecken könnte, und die Polizei hatte, wie Abberline ihr bei einem Besuch in seinem Büro versichert hatte, »in alle Richtungen ermittelt«. Das war natürlich nur ein schönerer Ausdruck dafür, dass die Polizei keinen Schritt weitergekommen war – genauso wenig wie sie. Seit einigen Tagen wurden die Schlagzeilen über die Whitechapel-Morde immer weniger, und auch die Leute auf der Straße fanden zu anderen Themen zurück. Die Stadt atmete vorsichtig wieder auf, alle hofften irgendwie, dass die beiden Morde nur ein schlimmer Albtraum gewesen waren, aus dem sie so schnell wie möglich wieder erwachen wollten.

Aber Charlotte wehrte sich dagegen, einfach weiterzumachen, sie hatte das untrügliche Gefühl, dass dieser Stadt das Schlimmste noch bevorstand, und sie sollte recht behalten.

Sie hatte gerade einen letzten Schluck kalten Kaffee aus ihrer Tasse genommen, als Mrs Paddington an ihre Tür klopfte. »Miss Foster, ein Telegramm für Sie, von irgendeiner Nachrichtenagentur.«

Charlotte musste unweigerlich lächeln, natürlich hatte ihre Hauswirtin es sich nicht verkneifen können, einen Blick auf den Umschlag zu werfen. Sie bedankte sich so knapp wie möglich, riss das Kuvert auf und las die zwei Zeilen gleich mehrfach, um sicher zu sein, dass sie sich nicht verlesen hatte:

Biete exklusives Geständnis des Whitechapel-Mörders
Sichern Sie sich jetzt die Abdruckrechte für die USA
Charles Moore
Central News Agency

Keine fünf Minuten später saß Charlotte in der Droschke der O'Ryans, um Charles Moore, dem Chef der Nachrichtenagentur, einen Besuch abzustatten.

Central News Agency
Die Central News Agency wird 1863 in London gegründet und heißt zunächst Central Press, bevor sie 1870 umbenannt wird. Um sich gegen etabliertere Agenturen wie Reuters zu behaupten, bietet Central News besonders sensationelle Stories an – und zwar günstiger als die Konkurrenz. 1895 beschuldigt die renommierte Zeitung The Times die Agentur, einen Korrespondentenbericht über die Schlacht von Weihaiwei in China ausgeschmückt zu haben. Laut der Times stammen rund zwei Drittel der Informationen über die Schlacht nicht von den Korrespondenten vor Ort, sondern sind in London dazugedichtet worden. Seitdem ist der Ruf der Agentur angekratzt, durch die exklusive Veröffentlichung zweier Schreiben des Whitechapel-Mörders gelingt es der Central News aber, alle anderen Agenturen zu übertrumpfen.
Bis heute halten sich die Gerüchte, dass der erste Brief, in dem der Name »Jack the Ripper« auftaucht, der »Dear Boss«-Brief (das »Geständnis«, auf das Charles Moore sich in seinem Telegramm bezieht) und auch die darauffolgende Postkarte, bekannt als »Saucy Jacky«-Postkarte, nicht vom Mörder selbst stammen, sondern von einem Journalisten der Central News gefälscht wurden.

Donnerstag, der 27. September 1888 – Mary Jane

Mary Jane wischte sich den Mund ab. Obwohl sie sich seit dem Aufstehen die Seele aus dem Leib gekotzt hatte, klebte die Übelkeit weiter in ihrem Bauch. Zum Glück war Joseph schon heute Morgen um halb fünf zu einem Kumpel aufgebrochen, der außerhalb von London wohnte. Angeblich wollte der ihm dabei helfen, einen Job zu finden, aber wahrscheinlich wollten sich die beiden nur in Ruhe besaufen. Mary Jane war es nur recht, so hatte sie wenigstens ein bisschen ihre Ruhe. Erschöpft ließ sie sich auf die durchgelegene Matratze ihres Bettes fallen.

Seit sie vor gut einer Woche vom Grund der Themse wieder auferstanden war, hatte sie ihr Zimmer nicht mehr verlassen. Bei jedem Geräusch, das sie in dem Haus in der Dorset Street hörte, zuckte sie zusammen. Wann immer Joseph das Haus verließ, schob sie einen der beiden Stühle in ihrem Zimmer unter die Türklinke, und wenn sie überhaupt tagsüber schlief, dann nur mit einem Taschenmesser unter dem Kopfkissen. In den ersten Stunden hatte sie jede Minute damit gerechnet, dass die Männer des Prinzen bei ihr auftauchen und dieses Mal ihren Job endgültig zu Ende bringen würden. Aber es war nichts passiert.

Zum Glück hatte sie es wenigstens geschafft, dass Joseph ihr ihre schnell zusammengedichtete Geschichte von der zweitägigen, eskalierten Sauftour samt kleinem Badeunfall abgekauft hatte. Er war wirklich ein wenig naiv, aber er war ein guter Mann. Trotzdem hatte sie unbedingt verhindern müssen, dass er ihrem kleinen Erpressungsversuch auf die Spur kam. Wahrscheinlich wäre er ausgerastet mit seiner ewigen Eifersucht. Nein, dieses Problem musste sie alleine lösen, so wie sie ihre Probleme schon immer alleine gelöst hatte. Und außerdem könnte er bei der Gelegenheit noch ganz andere Sachen herausfinden, und das musste Mary Jane unbedingt verhindern. Im Moment brauchten sie sich gegenseitig wie zwei Ertrinkende, die sich aneinander festklammerten. Und vielleicht gab es ja wirklich eine rosige Zukunft für sie beide in ihrem kleinen Zuhause, das Mary Jane so schön wie möglich eingerichtet hatte. Sie fand, dass auch eine junge Frau aus Wales, die als junges Mäd-

chen von zu Hause weggelaufen war, ein kleines Stückchen Glück verdient hatte.
Und bisher hatte sie tatsächlich Glück gehabt: Kein ungebetener Besucher hatte an ihre Tür geklopft, und auch bei ihren vorsichtigen Blicken aus den beiden Fenstern des Zimmers war ihr niemand Fremdes aufgefallen. Wahrscheinlich dachten die Männer des Prinzen, dass sie in der Themse ihr nasses Grab gefunden hatte, und hielten sie für tot. Aber sie war dem Tod gerade noch mal von der Schippe gesprungen, und Mary Jane hatte nicht das Bedürfnis, das in der nächsten Zeit zu ändern.

Donnerstag, der 27. September 1888 – Charlotte

Charles Moore war ein emsiger, kleiner Mann mit einem weißen Spitzbart und verschwitzten Händen, mit denen er Charlottes Händedruck einen Augenblick zu lange erwiderte. »Miss Foster, was für ein Vergnügen Sie endlich persönlich zu treffen, Sie sind hier in London ja sowas wie eine kleine Berühmtheit. Deshalb war für mich natürlich sofort klar, dass ich Ihnen diese Story als erster ausländischen Reporterin anbieten muss.« Hastig kramte der kleine Mann in der obersten Schublade seines riesigen Schreibtisches und zog einen Briefumschlag aus braunem Papier heraus, den er ihr entgegenhielt.

Irgendwie wirkte Charles Moore auf Charlotte wie eine besonders fleißige Hummel. Natürlich hatte sie schon vom etwas angeschlagenen Ruf der Agentur gehört, deren Chefsessel Charles Moore erst vor wenigen Monaten übernommen hatte. Vor drei Jahren hatte die Times aufgedeckt, dass die Central News Agency ihre Berichte aus dem Ausland gerne mit Details aus London würzte, von denen die meisten frei erfunden waren. Dementsprechend skeptisch war Charlotte, als ebendiese Agentur ihr per Telegramm ein exklusives Geständnis versprach, aber was hatte sie zu verlieren?

Vorsichtig nahm sie den Brief in die Hände: Die Adresse der Agentur war mit verschnörkelten, fast schon femininen Buchstaben auf den Umschlag geschrieben, rechts darüber klebte eine lila Ein-Penny-Briefmarke. Mit spitzen Fingern zog Charlotte eine einzelne Briefseite aus dem geöffneten Umschlag und begann, sie zu überfliegen:

Lieber Boss,

ich höre die ganze Zeit, die Polizei hätte mich schon geschnappt, aber so weit sind sie noch lange nicht. Ich habe so gelacht, als ich gesehen habe, wie schlau sie sich vorkommen und darüber reden, dass sie auf der richtigen Spur sind. Nur dieser Scheiß mit der »Lederschürze« macht mich echt wütend. Ich bin hinter Huren her, und ich werde nicht aufhören, sie aufzuschlitzen, bis ich gefasst werde. Meine letzte Arbeit war ein großartiger Job, die Lady hatte nicht mal Zeit zu quietschen.

Wie könnten Sie mich da fangen? Ich liebe meine Arbeit und ich werde damit weitermachen. Sie werden bald mehr von meinen lustigen kleinen Spielchen hören. Ich habe etwas von dem roten Zeug von meinem letzten Job in einer Flasche Ginger Beer aufbewahrt, um damit zu schreiben, aber es ist zähflüssig geworden wie Kleister. Rote Tinte muss also hoffentlich reichen, ha ha. Beim nächsten Mal werde ich der Lady das Ohr abschneiden und an die Polizei schicken, nur so zum Spaß, das würden Sie doch auch tun, oder? Halten Sie diesen Brief zurück, bis ich mit meiner Arbeit weiter bin, danach können Sie ihn meinetwegen weitergeben.

Mein Messer ist so schön und scharf, am liebsten würde ich mich direkt wieder an die Arbeit machen, sobald sich die Gelegenheit ergibt.

Viel Glück

Ihr ergebener

Jack the Ripper

Verübeln Sie mir nicht, dass ich mir diesen Namen selbst gegeben habe.

Charlotte runzelte die Stirn: Stammten diese Zeilen wirklich vom Mörder von Polly Nichols und Annie Chapman? Konnte der Briefeschreiber, der sich selbst Jack the Ripper nannte, wirklich der Whitechapel-Mörder sein? Bei dem Gedanken wurde ihr eiskalt, doch der Brief ging noch weiter:

PS: Hab's leider nicht geschafft, diesen Brief zu verschicken, bevor ich die rote Tinte von meinen Händen hatte, verdammt. Kein Glück bisher.

Jetzt behaupten Sie, ich wäre ein Arzt. Ha ha.

»Habe ich Ihnen zu viel versprochen?« Die Stimme von Charles Moore riss sie zurück in die Realität. »Dieser Brief ist eine Sensation! Wir haben für die Druckrechte bereits Angebote von fast allen führenden britischen Zeitungen bekommen, aber ich dachte mir, dass die Medien in den Staaten sicher ebenfalls interessiert sind!« Moore schenkte ihr über seinem weißen Spitzbart sein breitestes Lächeln.

»Warum sind Sie sich denn so sicher, dass dieser Brief echt ist, und nicht einer Ihrer Mitarbeiter selber ein bisschen mit roter Tinte gespielt hat?«, fragte Charlotte den Chef der Nachrichtenagentur und sah ihm direkt ins Gesicht.

»Aber Miss Foster, wir sind eine der renommiertesten Nachrichtenagenturen des Königreiches … zumindest in den letzten drei Jahren.« Moore räusperte sich. »Der Brief ist heute erst bei uns eingetroffen, und ich habe selbst erst an einen Scherz geglaubt, aber die Details scheinen mir doch sehr realistisch. Und dann dieser Name: Jack the Ripper!« Der kleine Mann schüttelte sich: »Ihre Leser werden sich auf diese Geschichte stürzen!«

Da bin ich mir sicher, dachte Charlotte und sagte: »Vielen Dank für das Angebot, ich gebe das an die Redaktion in New York weiter, und die regeln alles Finanzielle direkt mit Ihnen.«

Moore strahlte über das ganze kleine Gesicht.

»Und da ich davon ausgehe, dass Sie Scotland Yard noch nicht über dieses möglicherweise wichtige Beweisstück informiert haben, werde ich das übernehmen.«

Moore lächelte nicht mehr. »Aber das ist doch nicht notwendig, Miss Foster. Wir hatten sowieso vor, den Brief den Behörden zu übergeben.«

»Dann sind wir uns ja einig.« Charlotte stand auf, schüttelte Charles Moore die Hand und verabschiedete sich hastig. Sie musste dringend mit Abberline sprechen.

Als sie dem Inspector alles über den Brief erzählt hatte, sagte Abberline: »Erst mal vielen Dank, dass Sie mich so schnell informiert haben. Aber haben Sie eine Ahnung, wie viele Briefe wir seit dem Mord an Polly Nichols bekommen haben? Ich könnte mein Büro mit den anonymen Briefen von angeblichen Mördern tapezieren. Und dann melden sich jeden Tag Leute bei uns, die sich ganz sicher sind, die Identität des Killers zu kennen oder ihm sogar begegnet zu sein. Erst gestern hatte ich eine Dame in meinem Büro sitzen, die meinte, der Whitechapel-Killer persönlich habe sie entführt und auf einem Dachboden eingesperrt. Am Ende war es dann nur ihr eifersüchtiger Exfreund, dem es nicht gepasst hat, dass sie bei der Arbeit einen Neuen kennengelernt hat.«

Charlotte atmete einmal tief durch, bevor sie antwortete: »Ich verstehe Sie ja. Das Einzige, worum ich Sie bitte, ist, den Brief sorgfältig zu prüfen. Zumindest, was die Schreie angeht, hatte der Verfasser des Briefes recht: Annie Chapman hatte definitiv keine Chance mehr, auch nur zu quietschen, sonst hätte sie garantiert irgendwer der Nachbarn in der 29 Hanbury Street gehört.«

Abberline nickte. »Das stimmt, aber das kann der Verfasser des Briefes auch genauso gut aus der Presse haben.«

»Da könnten Sie recht haben, Inspector«, gab Charlotte zu, »und ich hoffe wirklich, dass mein Bauchgefühl mich trügt und dieser Brief nicht vom Mörder stammt. Aber falls es doch so ist, heißt das, dass die Morde weitergehen. Und dass beim nächsten Opfer das Ohr fehlen wird.«

Freitag, der 28. September 1888 – Charlotte

»Du verdammter Lausebengel, was hast du hier zu suchen?« Charlotte hörte die kreischende Stimme von Mrs Paddington, noch bevor sie um die Ecke zu ihrer Wohnung einbog. Auf der kleinen Treppe zur Haustür, direkt neben dem gepflegten Rosenbusch, stand Charlottes Vermieterin und wedelte mit einem Besen herum. »Verzieh dich, sonst rufe ich die Polizei!«

Vor der Treppe stand Thommie, der ihren ausholenden Besenschlägen auswich wie ein sehr kleiner Boxer.

»Was soll das hier werden?«, ging Charlotte dazwischen.

Berta Paddington ließ ihren Besen sinken und schaute sie sauertöpfisch an. »Dieser kleine Streuner hier hat versucht, mir meine frische Milch von der Treppe zu klauen, die der Milchmann gerade erst geliefert hat! Nirgendwo ist man noch sicher vor diesen Verbrechern!«

»Ich wollt ja nur nen kleinen Schluck gegen den Durst«, protestierte Thommie, »den Rest hätte ich in der Kanne gelassen!«

Mrs Paddingtons Bernhardiner-Gesicht war von einer Mischung aus Wut und Anstrengung knallrot geworden. »Haben Sie das gehört, Miss Foster? So was Dreistes, am besten, Sie holen sofort einen Constable, während ich diesen Dieb hier in Schach halte!«

»Ich glaube nicht, dass das nötig sein wird«, beruhigte Charlotte ihre Vermieterin. »Am besten, Sie gehen zurück ins Haus und ich kümmere mich um den Jungen.«

Schnaubend verzog Mrs Paddington sich, und Charlotte bedeutete Thommie mit einer Handbewegung, dass er sich neben sie auf die Treppe setzen sollte. Erst jetzt bemerkte sie, dass der Junge ein blaues Auge und eine aufgeplatzte Lippe hatte. »Was ist dir denn passiert?«, fragte sie ihn.

»Gab ein bisschen Ärger …«

»Und dieser Ärger hat nicht zufällig was mit einer goldenen Taschenuhr zu tun?«, hakte Charlotte nach.

»Doch. Ich kenne da einen Pfandleiher, der hätte dafür bestimmt ein paar Shilling locker gemacht. Hab die Uhr unter meiner Mütze versteckt gehabt – aber nicht gut genug ... Einer der älteren Jungs aus meiner Bande hat sie leider gesehen, und dann sind die zu fünft auf mich drauf.«

Thommie verzog den Mund zu einem schiefen Grinsen: »Dem einen hab ich die Nase gebrochen, aber die anderen vier waren stärker als wie ich.«

»Und jetzt hast du kein Geld, um dir was zu essen zu kaufen?«

»Nee. Is grad alles scheiße, Miss Charlotte. Betteln is nich, weil kaum einer auf den Straßen unterwegs is, alle haben Angst vor dem Whitechapel-Killer. Und überall laufen die Bullen rum und scheuchen uns wech. Und als ich Sie besuchen wollte, hab ich die Milch gesehen und na ja ...«

Charlotte sah Thommie lange an. »Und du hast keinen, zu dem du gehen kannst, vielleicht Verwandte oder so?«

Der Junge lachte ein kurzes, wütendes Lachen: »Würde ich sonst Milch von der Straße klauen? Meinen Dad hab ich nie kennengelernt, und meine Mum hat sich totgesoffen, da war ich ...« Mühsam versuchte Thommie, die Jahre an den Fingern seiner linken Hand abzuzählen. »Fünf war ich da gewesen.«

Sofort ärgerte Charlotte sich über ihre eigene Naivität. Eigentlich war sie lange genug in den Londoner Elendsvierteln unterwegs gewesen, um es besser zu wissen. »Ich mache dir einen Vorschlag, Thommie: Ich stelle dich ab sofort als meinen Junior-Assistenten ein. Du hilfst mir bei meinen Recherchen und hörst dich auf den Straßen um. Und vor allem behältst du deine Finger bei dir und lässt das Klauen sein. Dafür bekommst du vier Shilling die Woche, immer freitags.«

»Sagen wir sechs!« Thommie grinste über das ganze Gesicht.

»Fünf!« Jetzt musste auch Charlotte lächeln. Mit einem Handschlag besiegelten die beiden ihren Deal, und sie steckte Thommie sofort seinen ersten Lohn zu.

Der Junge tippte sich an die Mütze. »Ich mach mich direkt auf die Socken, Miss Charlotte. Wir sehen uns morgen!«

»Aber halt dich bitte von Ärger fern, wenn es irgendwie geht«, rief sie ihm hinterher und fügte in Gedanken hinzu: und vielleicht auch von Mrs Paddington.

Samstag, der 29. September 1888 – Charlotte

Der Mond war hinter dunklen Wolken verschwunden, und die Dunkelheit in der Gasse schien das gelbliche Licht der beiden funzeligen Straßenlaternen komplett aufzusaugen. Kein einziger Laut war zu hören, deshalb zuckte Charlotte unweigerlich zusammen, als sie den gurgelnden Schrei hörte. Er klang nicht im Entferntesten menschlich, eher nach einem Tier, das zur Schlachtbank geführt wurde. Dann Stille. Charlotte hörte nur ihren eigenen Atem, der stoßweise weiße Wölkchen in die Kälte schickte. Wo war der Schrei hergekommen? Vorsichtig, mit tastenden Schritten, wagte sie sich mehr und mehr in die Gasse. Die Häuser rechts und links wirkten wie Mauern, und ihre Fenster und Türen wurden eins mit der Dunkelheit. Es war kein Mensch zu sehen, Charlotte Foster war ganz allein mit ihrer Angst. Der zweite Schrei ließ sie noch mehr zusammenzucken als der erste. Ihre Schritte wurden schneller. Der Schrei war vom anderen Ende der Gasse gekommen, die hinter einer Häuserfront nach rechts abknickte und in einen Innenhof führte. Sekunden später war sie um die Ecke herumgelaufen und stand in dem kleinen, kopfsteingepflasterten Hof. Charlottes Augen versuchten, sich an die Dunkelheit zu gewöhnen, während ihr Gehirn gleichzeitig daran arbeitete, den Schrecken vor ihren Füßen zu verarbeiten. Direkt vor ihr lag der Körper einer Frau mit seltsam verdrehten Gliedmaßen. Die Frau lag auf dem Bauch, in einem See aus Blut. Überall war Blut: auf dem Boden, auf den Mauern des Innenhofes. Das Kleid der Frau sah aus, als wäre es in Blut gewaschen worden. Charlotte sah sich um. Außer dem Schlachtfeld vor ihren Füßen war der dunkle Innenhof komplett leer. Sie kniete sich neben den Körper und versuchte, ihre Atmung in den Griff zu bekommen. Vorsichtig streckte sie ihre Hand nach dem Hals der Frau aus und bemerkte sofort, dass sich die bleiche Haut eiskalt anfühlte. Wie konnte das sein? Sie hatte den Schrei doch gerade erst gehört? Charlotte drehte den Körper, um das Gesicht der Toten erkennen zu können, doch da war keins. Dort, wo sich eigentlich Augen, Nase und Mund befinden sollten, war einfach nur ein schwarzes Loch, über das dunkle, blutverschmierte Haare hingen. Während ihr Verstand noch versuchte, diesen Anblick irgendwie zu verarbeiten, fiel Charlotte ein weiteres, schreckliches Detail ins Auge: Der toten Frau fehlte das rechte Ohr. In dieser Sekunde spürte Charlotte eine schwere Hand an ihrer Schulter. Ruckartig drehte sie sich um und blickte nicht in ein, sondern gleich ein halbes Dutzend Gesichter. Sie war umzingelt von Gestalten in langen, dunklen Roben, die ihre Kapuzen tief ins Gesicht gezogen hatten. Sie wollte schreien, doch der Schrei blieb in ihrer Kehle stecken. Plötzlich kam der Mond hinter den Wolken hervor, und in dem weißen Licht erkannte Charlotte bekannte Gesichtszüge: Das schmale Waran-Gesicht des Kutschers John Netley, die hellblauen Augen von Prinz Albert Victor, das fröhliche Grinsen mit den fehlenden Zähnen von Thommie, der akkurat gestutzte Bart von Frederick Abberline, die toten Augen von Polly Nichols und das plumpe, bleiche Gesicht von Annie Chapman. Sie alle starrten

Charlotte an. Aus der Mitte dieser Menschentraube hob sich eine Hand in den Nachthimmel, und im Mondschein sah sie das lange, scharfe Messer in der Hand aufblitzen. Erst jetzt löste sich ein langer, lauter Schrei aus Charlotte Fosters Kehle.

Kapitel 6

SPITAL-
FIELDS
Brick Lane
Christ Church
Spitalfields
Petticoat
Lane Market
Whitechapel High
Street
Braham Street
St Botolph's
Aldgate High
Street
Alie S.
Alie S.
Leman Street
Gower's Walk
Minor Street
Mansel Street
English
Martyrs
Church
Roy Mint Street
Docks
Tower of London

Samstag, der 29. September 1888 – Mary Jane

»Ich kann doch auch nichts dafür, dass die gerade einfach keine Leute suchen!«, brüllte Joseph ihr entgegen, aber Mary Jane hörte in seiner Stimme mehr Scham als Wut.

»Das weiß ich doch! Deshalb würde ich ja gerne helfen, ein bisschen Geld nach Hause zu bringen …«

»Auf gar keinen Fall«, schrie er, und dieses Mal war keine Spur von Scham in seiner Stimme, sondern einfach nur noch Wut. »Meine Frau geht nicht auf den Strich!«

Mary Jane hasste es, wenn Joseph so ausrastete. Sie atmete einmal tief durch und versuchte, ihrer Stimme einen möglichst sanften Klang zu geben. »Niemand hat was von auf den Strich gehen gesagt«, zwitscherte sie, »ich könnte ja auch in einem der Cabarets am East End als exotische Tänzerin auftreten.«

Joseph starrte sie an, als habe sie gerade einem Wildschwein einen Heiratsantrag gemacht – mit einer Mischung aus Fassungslosigkeit und Ekel. »Damit dir irgendwelche geilen Böcke zwischen die Schenkel glotzen? Vergiss es! Kein anderer Mann schaut dir hinterher oder fasst dich an! Meine Freundin ist keine Hure!«

Dabei bin ich ziemlich gut in dem Job, dachte sich Mary Jane still, antwortete aber in ihrer Zwitscher-Stimme: »Du kennst meine Vergangenheit. Und ich bin dir wirklich dankbar, dass du mir da rausgeholfen hast. Aber wenn du nicht schnell wieder eine Arbeit findest, müssen wir uns was überlegen. Mittlerweile sind wir bei McCarthy schon zwei Wochenmieten im Rückstand, und ewig werde ich ihn nicht hinhalten können.«

Joseph schnaubte, stand ruckartig auf und knallte die Tür, als er aus dem Zimmer rannte. Mary Jane stützte ihren Kopf auf ihre Hände und atmete langsam ein und wieder aus. Joseph Barnett war ein guter, ein anständiger Mann. So anständig wie kein anderer Mann, dem sie bisher in ihrem Leben begegnet war, die Männer in ihrer Familie miteingeschlossen. Es war das erste Mal, dass sich jemand für ihren Charakter interessierte und nicht nur für ihren Körper. Wobei: Ein bisschen mehr dürfte sich Joseph schon für ihren Körper interessieren, er hatte sie seit Monaten nicht mehr angefasst. Dabei war Mary Jane eine Frau mit Bedürfnissen, und die musste sie irgendwie befriedigen – notfalls eben woanders.

Samstag, der 29. September 1888 – Charlotte

Sie schrie. Sie schrie so laut, wie sie noch nie in ihrem Leben geschrien hatte. Ihr gesamter Körper war schweißnass, die dünne Bettdecke klebte an ihrer Haut. Sekunden später hörte Charlotte ein lautes Hämmern an ihrer Tür.

»Miss Foster? Alles in Ordnung bei Ihnen? Miss Foster?«

»Jaaaaa«, antwortete Charlotte gedehnt und erschrak selbst über ihre krächzende Stimme, »ich hatte nur einen Albtraum.«

Als Antwort hörte sie ein lautes Schnaufen auf der anderen Seite der Tür und fragte sich, ob Mrs Paddington verärgert oder ob die steile Treppe mitten in der Nacht einfach nur zu viel für den massigen Körper ihrer Vermieterin gewesen war. Charlotte starrte an die Decke, während sie darauf horchte, wie sich Mrs Paddingtons Schritte langsam entfernten. Auch in den nächsten Stunden lag sie wach. Und irgendwann am frühen Morgen traf sie eine Entscheidung.

»Sie wollen WAS?« Charlotte konnte sich nicht erinnern, die Bernhardiner-Augen ihrer Vermieterin jemals so weit aufgerissen gesehen zu haben.

»Aber Mrs Paddington, es wäre doch nur vorrübergehend.«

Berta Paddington starrte sie weiter an, als habe sie vollkommen den Verstand verloren, und verschränkte die Arme vor ihrer mächtigen Brust. »Das hier ist ein anständiges Haus und keine Anlaufstelle für irgendwelche dahergelaufenen Straßenkinder! Was sollen denn die Nachbarn denken? Der Junge hat versucht, mir die Milch vor meiner Haustür wegzuklauen, diese diebische kleine Elster! Und so einen soll ich jetzt in mein Haus lassen? Kann ja sein, dass so was bei Ihnen zu Hause in den Staaten üblich ist, aber hier bei uns in England gibt es Regeln! Außerdem: Wo soll der Junge denn schlafen? Bei Ihnen auf dem Bettvorleger vielleicht?«

Kopfschmerzen hämmerten in Charlottes Kopf, trotzdem versuchte sie sich an einem Lächeln. »Also erstens ist Thommie kein einfacher Straßenjunge, sondern mein Junior-Assistent, der mich bei meiner Recherche unterstützt. Ich garantiere Ihnen, dass er in diesem Haus nichts anrührt. Thommie könnte in der Dienstbotenkammer am Ende des Flurs schlafen, die steht ja sowieso leer. Und natürlich würde ich für die Mehrkosten aufkommen.«

Berta Paddingtons Blick bliebt hart, aber ihr mahlender Kiefer verriet Charlotte, dass sie nachdachte, also setzte sie nach: »Bedenken Sie doch, wie gefährlich es im Moment da draußen ist! In Whitechapel läuft ein irrer Mörder herum, der unschuldige Frauen aufschlitzt. Glauben Sie, das ist der richtige Ort für ein unschuldiges Kind?«

Die wütend gerunzelte Stirn ihrer Vermieterin wurde glatter. »Und Sie versprechen mir, dass der Junge sich benimmt?«

»Aber natürlich! Sie haben wirklich ein großes Herz, Mrs Paddington – vielen Dank!«

Charlottes Vermieterin lächelte ein wenig zu huldvoll, dann machte sie sich direkt daran, die Dienstbotenkammer herzurichten.

Charlotte ließ sich auf einen Sessel fallen und zündete sich eine Zigarette an. Ihre eben noch starken Kopfschmerzen schienen sich mit dem Rauch im Zimmer zu verteilen – sie hatte sich lange nicht mehr so voller Tatendrang gefühlt. Sie würde nicht zulassen, dass dieser Jack the Ripper ihr ein zweites Mal einen Menschen wegnahm. Mehr noch, sie würde alles dafür tun, um diese Mordserie zu stoppen – auch wenn sie sich dafür selbst in tödliche Gefahr begeben musste.

Samstag, der 29. September 1888 – Mary Jane

Mary Jane hatte nicht lange nachdenken müssen. Stolz wie ein Schuljunge hatte Joseph ihr am Morgen erzählt, dass er heute Abend ein Probearbeiten als Tagelöhner in einer Glasbläserei oben in Hackney hatte und die ganze Nacht wegbleiben würde. Die ganze Nacht. Genug Zeit für Mary Jane, ihren eigenen Plänen nachzugehen und dafür zu sorgen, dass das Geld für die Miete endlich reinkam. Schon als Kind hatte sie meist das Gegenteil von dem getan, was man ihr aufgetragen hatte. Sie hasste nichts mehr, als still und artig das zu tun, was von ihr erwartet wurde. Und deshalb würde sie auch heute Abend nicht auf Joseph hören. Natürlich hatte sie immer noch Angst, den Häschern des Prinzen in die Hände zu fallen. Aber ihre ängstlichen Blicke aus dem Fenster waren in den letzten Tagen immer weniger geworden. Seit mehr als einer Woche hatte niemand nach ihr gesucht, wahrscheinlich dachte der Prinz wirklich, sie sei auf dem Grund der Themse ertrunken. Und irgendwie musste es ja weitergehen für sie. Mary Jane schob ihre Gedanken beiseite und versuchte, die klebrige Übelkeit, die auch heute wieder seit dem Aufstehen in ihr rumorte, irgendwie loszuwerden. Sie hatte heute schließlich noch einiges vor. Natürlich ahnte Mary Jane nicht, wie gefährlich diese Nacht für sie werden würde.

Samstag, der 29. September 1888 – Charlotte

»Wie sehe ich aus?«, fragte Charlotte Thommie, der sich in seinem neuen Pyjama auf einem Sessel lümmelte. Besonders freundlich hatte Mrs Paddington ihren neuen Hausgast nicht empfangen. Als Erstes hatte sie die Nase gerümpft und den Jungen gezwungen, ein Bad zu nehmen. Jetzt war die Hauswirtin damit beschäftigt, den Schmutz von Monaten und Jahren auf der Straße aus Thommies Klamotten zu bekommen. Für die Zwischenzeit hatte sie dem Jungen irgendwoher einen viel zu großen Kinderpyjama besorgt.

»Jetzt sag schon: Wie sehe ich aus?«, wiederholte Charlotte ihre Frage. »Du kannst ruhig ehrlich sein!«

Thommie rutschte auf dem Sessel hin und her. »Wenn ich Ihnen das jetzt sagen tu, müssen Sie aber versprechen, dass Sie mir nich böse sind, Miss Charlotte!«

»Versprochen!« Charlotte lächelte.

»Wie eins von den Blumen-Weibern aus dem East End«, presste Thommie zwischen seiner Zahnlücke hervor und konnte sich ein verschämtes Grinsen dabei kaum verkneifen.

»Dann habe ich alles richtig gemacht«, antwortete Charlotte und sah an sich hinunter: Sie trug ein Paar ausgetretener alter Stiefel, die sie zusammen mit einem grauen Baumwollkleid bei einem Krämer in der Shaftesbury Avenue gekauft hatte. Ihre dunklen Locken hingen ihr strähnig ins Gesicht. Mit Hilfe eines verkohlten Holzscheits aus dem Ofen hatte sie ihrem Gesicht und ihren Händen die nötige Menge Ruß verliehen, ein paar Spritzer billiger Gin sorgten für den passenden Geruch. Komplettiert wurde ihre Verkleidung durch einen derben, mehrfach geflickten dunklen Mantel von einem fahrenden Händler am Covent Garden, der roch wie ein Rudel nasser Hunde.

Mittlerweile war es drei Wochen her, dass der Whitechapel-Killer das letzte Mal zugeschlagen und Annie Chapman ermordet hatte. Aber nachdem sie bei der Central News seinen Brief gelesen hatte, war Charlotte überzeugt, dass er schon sehr bald wieder morden wurde. Bisher hatte Jack nur in den Nächten zum Wochenende zugeschlagen, und da die Nacht auf den Samstag ruhig geblieben war, könnte es schon heute Nacht wieder so weit sein.

Ein kurzer Blick auf die Uhr auf dem Kaminsims: Kurz vor halb zehn.

»Sind Sie sich sicher, dass das eine gute Idee ist? Soll ich Sie nich begleiten, Miss Charlotte?«, unterbrach Thommie ihre Gedanken.

»Nein, du bleibst hier – das ist viel zu gefährlich!«, entgegnete sie und klang dabei härter, als sie gewollt hatte. Natürlich war Charlotte sich nicht sicher, ob es eine gute Idee war, auf der Suche nach einem Mörder nachts durch das Gewirr der Gassen von Whitechapel zu streifen, aber welche andere Wahl hatte sie denn? Als Tochter eines millionenschweren Fabrikbesitzers aus den Vereinigten Staaten standen ihre Chancen, sich im East End unauffällig umzuschauen, ziemlich schlecht. Vielleicht versucht der gute alte Jack ja sein Glück tatsächlich bei mir, aber darauf bin ich vorbereitet, dachte sie und schloss ihre feuchte Hand um den Horngriff eines Klappmessers in ihrer Manteltasche, das sie vor Jahren mal von einem ihrer Brüder geschenkt bekommen hatte. Abberline hatte sie von ihrem kleinen Ausflug natürlich nichts erzählt, aber sie wusste aus ihrem letzten Gespräch, dass der Inspector die Zahl der Polizisten in Zivil in Whitechapel vor allem an den Wochenenden noch mal deutlich erhöht hatte. Sollte sie also auf den Frauenmörder stoßen, war sie höchstwahrscheinlich nur eine Schrei-Weite vom nächsten Polizisten entfernt. Hoffentlich kann ich dann überhaupt noch schreien, blitzte es kurz durch Charlottes

Kopf, aber sie schob den Gedanken schnell zur Seite und nahm die Treppe nach unten, wo schon die Droschke auf sie wartete. Dieses Mal saß Paddy auf dem Kutschbock, und Charlotte freute sich insgeheim ein wenig, dass sie nach Monaten endlich gelernt hatte, den Kutscher von seinem Zwillingsbruder Ken zu unterscheiden.

Samstag, der 29. September 1888 – Mary Jane

Der kalte Abendwind wehte elf Glockenschläge vom Kirchturm der Christ Church in Mary Janes Ohr, und sie stellte den Kragen ihres Mantels auf. Normalerweise war das die Zeit, in der die erste Welle Betrunkener aus den Pubs auf die Bordsteine der Straßen schwappte und den Prostituierten von Whitechapel ihre Kunden in die Arme spülte. So zumindest hatte Mary Jane das mal gehört, sie selbst hatte ihren Körper schon seit Jahren nicht mehr auf der Straße angeboten. Als sie noch im Dienst gewesen war, hatten um diese Zeit die ersten gepolsterten Kutschen die Theater und Cabarets in ganz London verlassen, um ihre gut gekleideten und wohl frisierten Passagiere in die edlen Bordelle am West End zu bringen – zum Beispiel ins Maison D'Amour von Madame Beaufort. Aber ohne einen Penny in der Tasche hatte Mary Jane keine Zeit für falschen Stolz, auch wenn die Chance auf einen zahlungskräftigen Kunden in dieser Nacht ziemlich gering war. Seit ein Mörder durchs East End streifte, tranken die meisten Leute ihren Schnaps zu Hause, nur noch vereinzelt klebten die ganz verzweifelten Trinker an den Theken der Pubs und Kneipen. Die Straßen waren geradezu gespenstisch leer, und die wenigen Prostituierten drängelten sich in kleinen Grüppchen in den blassgelben Schein der Straßenlaternen.

Auch Mary Jane versuchte, einen Platz im Hellen zu ergattern, aber der Empfang war alles andere als freundlich. »Verpiss dich, du Schlampe«, krähte ihr eine fette Frau in einem viel zu engen Mieder entgegen, während ihre Kollegin Mary Jane aus einem Mund mit nur noch drei Zähnen mitten ins Gesicht spuckte. Sie strich den Rotz wortlos von ihrem Bustier und trat den Rückzug an. Doch an der nächsten Laterne fiel der Empfang genauso unfreundlich aus. Eine vielleicht 20-jährige Frau mit schmutzig blondem Haar, deren Achtmonatsbauch auch ihr ausladender Rock nicht mehr kaschieren konnte, funkelte sie böse an: »Was willst du hier, Kupferkopf? Das ist mein Revier!«

»Ruhig, Schwester«, versuchte Mary Jane es mit Freundlichkeit, »unter der Laterne ist Platz genug für uns beide. Ich werde dir schon keinen Freier wegnehmen!«

Als Antwort krachte ihr eine kleine, aber ziemlich schmerzhafte Faust mitten ins Gesicht. Mary Jane konnte gerade noch ihren Kopf wegdrehen, sonst hätte diese Furie ihr wahrscheinlich die Nase gebrochen, doch durch den Schwung des Schlags landete sie mit dem Hintern in einer Pfütze. Für einen kurzen Augenblick wollte Mary Jane direkt wieder aufspringen und die Scheiße aus der schwangeren Schlägerin herausprügeln, entschied sich aber doch dagegen.

»Bloody Strumpet«, brüllte sie der Schwangeren stattdessen entgegen, während sie versuchte, sich und ihren letzten Rest Würde aus der brackigen Pfütze zu befreien.

Viktorianische Schimpfwörter

Das Viktorianische Zeitalter ist voller meist ziemlich blumiger Schimpfwörter: Einen Polizisten, der besonders häufig Prostituierte drangsaliert, nennt man damals einen »mutton shunter«, also wörtlich einen Schafsfleisch-Rangierer. Eine Frau, die zu viel redet, ist eine »church bell«, also Kirchenglocke. Oft kann man schon am Klang der Worte erkennen, was sie bedeuten – besonders schön finde ich da das Schimpfwort »flapdoodle«, für einen wenig potenten Mann, auf Deutsch würde man wahrscheinlich weniger schön umschrieben »Schlappschwanz« sagen. »Strumpet« ist übrigens damals eines der zahlreichen Schimpfwörter für eine Prostituierte.

Eine Viertelstunde später war Mary Janes Kleid schon wieder deutlich trockener, die Kratzer in ihrem Selbstbewusstsein schmerzten aber weiterhin. Ziellos spazierte sie über das dreckige Kopfsteinpflaster, vorbei an geschlossenen Läden mit heruntergelassenen Fensterläden und dunklen Hofeingängen. Irgendwo hier musste sich doch ein Kunde finden, der eine junge hübsche Frau ohne Geschlechtskrankheiten, dafür aber mit Zähnen im Mund, zu schätzen wusste. Ohne es zu merken, war Mary Jane in eine Gasse abgebogen, die von beiden Seiten von hohen Backsteinmauern umschlossen war und in der keine einzige Laterne mehr brannte. Verdammt! Fast wäre sie über einen Stapel alter Rohre gestolpert, die irgendwer hier in der Gasse entsorgt hatte.

Sie blieb stehen und stützte sich mit der rechten Hand an der Mauer ab. Wo war sie hier gelandet? War da ein Geräusch hinter ihr?

Mary Jane riss den Kopf herum, und musste unweigerlich über ihre eigene Dummheit lachen. In dieser Dunkelheit konnte sie kaum ihre eigenen Füße sehen, wie sollte sie da irgendetwas erkennen, das sich einige Yards hinter ihr befand? Sie versuchte, möglichst ruhig zu atmen, und horchte in die Nacht hinein. Erst jetzt fiel ihr auf, wie still es hier war. Auch wenn die Angst vor dem Ripper sowieso schon die meisten klappernden Handkarren der fahrendenden Händler, die laut grölenden Saufköpfe und die aufgesetzt kichernden Bordsteinschwalben von den Straßen vertrieben hatte, waren selbst diese Geräusche hier in dieser dunklen Gasse kaum noch auszumachen. Doch dann hörte Mary Jane etwas anderes. Ein Geräusch, bei dem ihr der Atem stockte: Schritte. Kräftige Schritte, die sich ihr näherten und dabei immer schneller wurden.

Sonntag, der 30. September 1888 – Charlotte

Charlotte blies genervt den Rauch durch den Mund und drückte ihre mittlerweile zehnte Zigarette an einer Häuserwand an der Commercial Road aus. Mittlerweile war es nach Mitternacht, und sie hatte absolut nichts erfahren. Der sonst so pulsierende Strom aus Menschen auf den Straßen von Whitechapel glich in dieser Nacht eher einem Rinnsal, und von den wenigen Straßenverkäufern, Prostituierten oder Kneipengästen hatte kaum einer Zeit für einen Schwatz. Inzwischen war kaum noch ein Mensch auf der Straße, das komplette Leben im East End schien sich in den Gebäuden abzuspielen, wie Charlotte beim Blick auf die zahlreichen erleuchteten Fenster feststellte. Sie versenkte ihre Hände tief in den Taschen ihres müffelnden Wollmantels. Geduld war keine Eigenschaft, die Charlotte Foster besonders auszeichnete, und die Aussicht, auch die nächsten Stunden hier auf den fast leeren Straßen zu verbringen, ließ ihre Laune nicht gerade besser werden. Plötzlich riss sie ein Geräusch aus den Gedanken, das rechts von ihr aus einer Seitenstraße gekommen sein musste: ein hoher Laut, der nach einem kurzen Moment wieder abbrach. War das ein Schrei gewesen?

Sofort drehte Charlotte sich in Richtung der Berner Street, wo sie den Ursprung des Geräusches vermutete. Sie erinnerte sich, dass Einheimische die dunkle Straße Richtung Ellen Street gerne »Tiger Bay« nannten, weil sich dort so viele Kriminelle herumtrieben. Also eigentlich kein Ort, an dem man nachts als Frau allein herumspazieren sollte. Andererseits lag in der Berner Street, soweit sie wusste, auch das Hauptquartier eines Sozialistenclubs, in dem wahrscheinlich selbst um diese Zeit noch ordentlich was los war. Als sie das Geräusch zum zweiten Mal hörte, hörte Charlotte auf zu denken und begann zu rennen. Dieses Mal war sie sich sicher: Das Geräusch war das Quietschen einer Frau, erstickt von einer schweren Hand, die den schreienden Mund zuhielt. Charlotte umklammerte in ihrer Manteltasche den Griff ihres Klappmessers und stürmte in die dunkle Gasse in die Richtung, aus der das Geräusch gekommen war.

Sonntag, der 30. September 1888 – Mary Jane

So schnell war Mary Jane in ihrem ganzen Leben noch nicht gerannt. Sie hatte das Gefühl, ihr Herz würde sich mit jedem weiteren panischen Schlag weiter aus ihrem Körper heraushämmern. Die Schritte hinter ihr waren lauter geworden, aber das war es nicht, was Mary Jane in Panik über das Pflaster der Gasse trieb. Ihr Verfolger – und sie war sicher, dass es ein Mann war – rannte mittlerweile ebenfalls. Er war nur noch geschätzt 15 Yards hinter ihr. Mary Jane glaubte sogar, sein Schnaufen direkt hinter sich zu hören, traute sich aber nicht, sich umzudrehen. In der Dunkelheit konnte sie kaum etwas erkennen, deshalb wäre sie fast vor die hohe Ziegelwand gerannt, die auf einmal vor ihr auftauchte. Eine Sackgasse? So viel Pech konnte doch kein Mensch haben!

Dann entdeckte sie, dass ihr Glück doch noch nicht aufgebraucht war: Die Gasse ging an beiden Seiten der Ziegelwand weiter, und Mary Jane stand vor einer Art T-Kreuzung. Rechts oder links? Sie zögerte einen Moment. Seltsamerweise hörte sie ihren Verfolger nicht mehr hinter sich, vielleicht war er ebenfalls stehen geblieben? Mary Jane entschied sich für die rechte Abzweigung, weil sie glaubte, von dort einen schwachen Lichtschein gesehen zu haben. Und tatsächlich wurde es am Ende der Gasse ein wenig heller. Doch dieses Ende war noch mindestens 250 Yards entfernt, also wesentlich weiter, als Mary Jane mit ihren nach Luft gierenden Lungen und ihren schmerzenden Beinen noch laufen konnte.

Links von ihr stand ein Stapel Balken, Bretter und anderes Gerümpel, das wahrscheinlich irgendwer dort entsorgt hatte. Von ihrem Verfolger hörte sie immer noch nichts. Mary Jane hatte eine Idee. Diese Idee könnte ihre Rettung sein. Oder ihr Untergang. Aber sie hatte keine Wahl, sie musste es versuchen. Blitzschnell zwängte sie ihren schlanken Körper hinter den Stapel und zog anschließend ein loses Brett vor die Lücke, sodass sie komplett hinter dem Holz verschwand. Sollte ihr Verfolger in diese Gasse laufen, würde er nicht mehr sehen als etwas Gerümpel und in einiger Entfernung einen Lichtschein. Wenn Mary Jane Glück hatte, rannte der Unbekannte einfach weiter, weil er vermutete, dass sie in Richtung des Lichts gelaufen war. Wenn nicht, dann saß sie hier in der dunklen Gasse, dicht an eine hohe Mauer gepresst, in der Falle.

Bevor sie sich diese Möglichkeit weiter ausmalen konnte, hörte sie die schweren Schritte näher kommen. Auch ihr Verfolger blieb an der T-Kreuzung kurz stehen, dann entschied er sich ebenfalls für die rechte Abzweigung. Mit jeder Sekunde kamen die Schritte näher. Sie hatte das Gefühl, dass ihr Herz so laut pochte, dass auch ihr Verfolger es hören musste. Der Unbekannte war langsamer geworden, schien sich umzuschauen und nach ihr zu suchen – fast wie ein Tier auf der Jagd. Und sie war seine Beute.

Sonntag, der 30. September 1888 – Charlotte

Charlotte hatte sich richtig erinnert, hinter den Fenstern des Internationalen Sozialistenclubs in der Berner Street brannte noch Licht. Innen schien gerade eine Veranstaltung stattzufinden, laut dem Plakat an der Wand eine Diskussionsveranstaltung mit dem Titel »Warum Juden Sozialisten sein sollten«. Aus dem Gebäude konnte der Schrei also schon mal nicht gekommen sein, dann hätte sie von drinnen schon längst einen Aufruhr gehört. Suchend sah sich Charlotte um, bis ihr Blick auf den schmalen Innenhof links neben dem Clubgebäude fiel. Der Hof lag zwischen dem Club und einer heruntergekommenen Pension und wurde durch ein hohes, zweiflügeliges Holztor von der Straße getrennt, auf dem in unordentlichen Lettern *Dutfield's Yard* stand. Aber es war nicht die Aufschrift, die Charlotte irritierte, sondern die Tatsache, dass die beiden Tore ein Stückchen offen standen. Wer ließ in einer solchen Gegend sein Hoftor ungesichert?

Einen Augenblick später schob Charlotte sich durch das Tor auf den dunklen Innenhof. »Hallo? Ist hier irgendwer?« Noch bevor die Worte ihren Mund verlassen hatten, hätte sie sich am liebsten selbst eine runtergehauen. Wenn sie einen möglichen Täter überraschen und auf frischer Tat ertappen wollte, konnte sie sich das spätestens jetzt von der Backe putzen. Die Antwort aus dem Hof war ein lautes, wütendes Miauen, gefolgt von einem metallischen Poltern. Anscheinend hatte sie eine Straßenkatze bei ihrer Nachtwache gestört, die vor Schreck irgendeinen Haufen Metallschrott umgeworfen hatte. Von wegen schreiende Frau.

»Ganz toll, Charlie«, schimpfte sie mit sich selbst und wollte sich gerade wieder umdrehen, als sie mit dem Fuß gegen etwas Weiches stieß. Charlotte ließ ihr Benzinfeuerzeug klicken, und Sekunden später wich die Dunkelheit aus dem Innenhof und machte Platz für das Grauen: Auf dem schmutzigen Boden des Innenhofes lag eine dunkelhaarige Frau, die einen schwarzen Mantel mit Felleinsätzen und einen karierten Schal trug. Das lange, blasse Gesicht der Frau sah friedlich aus, als hätte sie sich nur für ein kleines Nickerchen hingelegt – wäre da nicht der etwa sechs Inches lange Schnitt in ihrem Hals direkt unter dem Schal gewesen, aus dem das Blut in einer riesigen, glänzenden Lache auf den Boden gelaufen war.

Vorsichtig kniete Charlotte sich hin und griff nach der rechten Hand der Frau, die auf ihrer Brust lag. Die Haut war noch warm, aber es war kein Puls zu spüren. Die Frau konnte erst wenige Minuten tot sein. Erst jetzt entdeckte Charlotte, dass die linke Hand der Toten etwas umklammerte. Mit ihrem Feuerzeug näherte sie sich der Hand und entdeckte ein kleines, in ein Taschentuch eingewickeltes Schächtelchen. Langsam schob sie die Schachtel auf. Waren das kleine Bonbons? Mit spitzen Fingern nahm sie einen der kleinen Brocken aus der Schachtel, leckte vorsichtig daran und verzog direkt den Mund. Es schmeckte unglaublich sauer und ein bisschen nach Lakritz. Ganz eindeutig Cachous, eine Art Kräuterbonbon, das man zum Beispiel auf Jahrmärkten kaufen konnte. Während Charlotte noch darüber nachdachte, warum die Frau auf dem Hof nachts mit Bonbons in der Hand durch Whitechapel spaziert war, hörte sie ein Geräusch. Irgendwo auf dem angrenzenden Hof hatte sich etwas bewegt. Jemand lief davon, und zwar in Richtung Commercial Road!

Mit einem Satz war die junge Reporterin wieder auf den Beinen, hetzte durch das offene Holztor und rannte die Berner Street herunter, um dem Täter den Weg abzuschneiden.

Berner Street Club

Der International Workingmen's Education Club, wie der Berner Street Club offiziell heißt, befindet sich seit 1885 in einem dreistöckigen Gebäude in der Berner Street 40. Im hinteren Teil des Gebäudes findet sich eine Druckerei, in der zum Beispiel die traditionsreiche jüdische Sozialistenzeitung Arbeter Fraint gedruckt wird. In dem Club treffen sich Sozialisten aus allen möglichen Ländern zu Informationsveranstaltungen oder auch Diskussionsrunden, wie auch in der Nacht vom 29. auf den 30. September. Zum Zeitpunkt des Mordes befinden sich etwa 100 Menschen in dem Gebäude, trotzdem gibt es für die eigentliche Tat keinen einzigen Zeugen. Louis Diemschütz, der die Leiche von Elizabeth Stride entdeckt, arbeitet als Verwalter im Berner Street Club. Der Tatort Dutfield's Yard diente dem Droschkenhersteller Arthur Dutfield lange als Freiluft-Werkstatt. Nachdem Dutfield sein Geschäft verlegt hatte, wurde der Hof aber kaum genutzt.

Sonntag, der 30. September 1888 – Charlotte

Charlotte schnaufte wie eine alte Dampflok, als sie wieder in die Berner Street einbog. Wahrscheinlich sollte sie einfach ein paar Zigaretten weniger rauchen. Aber noch mehr als über ihre nicht vorhandene Kondition ärgerte sie sich darüber, dass ihr der Unbekannte entkommen war. Obwohl sie in jeder Gasse und jedem Hauseingang gesucht hatte, war die Person irgendwo auf der breiten Commercial Street verschwunden, wahrscheinlich in Richtung Westen. Nach einer halben Stunde hatte sie aufgegeben und kehrte an den Tatort neben dem Berner Street Club zurück, an dem zwei Polizisten gerade versuchten, eine aufgebrachte Menschenmenge von dem Innenhof zu vertreiben. Charlotte drängelte sich durch die aufgeregt durcheinanderplappernden Menschen, die teilweise in Nachthemden auf der Straße standen, bis sie vor einem Constable Ende 30 stand, der ihr den Weg versperrte. »Charlotte Frances Foster, ich bin Reporterin der New York Tribune – bitte lassen Sie mich durch!«

Der Polizist lachte ein kurzes, kehliges Lachen. »Und ich bin der Kaiser von China! Seit wann schicken die Zeitungen denn Frauen, und das noch an einen Tatort?«

Charlotte wollte gerade Luft für eine wütende Antwort holen, aber der Constable war noch nicht fertig. »Haben Sie sich mal angeschaut? Sie sehen aus, als hätten Sie die letzten Wochen auf der Straße geschlafen, außerdem kann ich Ihre Schnapsfahne bis hierhin riechen! Machen Sie bitte den Weg frei, wir haben hier zu arbeiten!«

Ihr Gesicht wurde knallrot, was Charlotte nur noch mehr ärgerte. »Ich recherchiere hier undercover, deshalb sehe ich so aus! Und Sie sollten sich genau überlegen, wie Sie mit mir sprechen, ich arbeite nämlich direkt mit Inspector Abberline, dem leitenden Ermittler der Whitechapel-Morde, zusammen!«

Ihre Wut schien den jungen Polizisten zu amüsieren, er konnte sein schmieriges Grinsen kaum mehr verbergen. »Dann grüßen Sie den Inspector mal ganz freundlich von mir, mein Name ist Henry Lamb. Und jetzt gehen Sie, bevor ich Ihnen Beine mache!«

Leise fluchend trat Charlotte den Rückzug an. Bis Inspector Abberline eintraf, konnte sie sich genauso gut in der Umgebung umschauen und herausfinden, ob vielleicht irgendjemand etwas beobachtet hatte.

Eine halbe Stunde später war sie immer noch genauso schlau wie vorher: Obwohl die junge Frau nur ein paar Yards neben dem Clubhaus ihr Leben verloren hatte, konnte sich keiner der rund 100 Besucher des Hauses an irgendetwas erinnern. Also versuchte Charlotte ihr Glück in der Pension, die links neben dem Tatort lag. Als sie die steile Treppe zur Haustür hochgegangen war und gerade klopfen wollte, wurde die Tür von innen aufgerissen, und sie stand einer fülligen Frau in den 50ern gegenüber, deren spärliches graues Haar ihr fettig am Kopf klebte.

»Sind Sie sie Besitzerin dieser Pension?«, fragte die Reporterin.

»Worauf Sie einen lassen können, Minerva Wilkins mein Name. Wieso fragen Sie?«

Charlotte versuchte, der Alten ihr freundlichstes Lächeln zu schenken:

»Mein Name ist Charlotte Foster, ich bin Reporterin der New York Tribune. Sie haben ja den Aufruhr da draußen bestimmt mitbekommen, nebenan auf dem Hof ist eine Frau ermordet worden. Ich würde Ihnen gerne ein paar Fragen stellen, natürlich würde ich mich für Ihre wertvolle Zeit finanziell erkenntlich zeigen.«

Kurze Zeit später saß sie mit Mrs Wilkins in einer siffigen Küche bei einer Tasse Tee, der so dünn war, dass man den Boden der Tasse selbst in dem funzeligen Licht der Lampe über dem Tisch sehen konnte. Ein paar Shilling in der rechten Hand hatten die Wirtin wesentlich freundlicher gestimmt.

»Sie haben also in den letzten Stunden nichts Auffälliges mitbekommen?«, hakte Charlotte noch mal nach.

»Nee, ich habe die Haustür abgeschlossen und bin dann so gegen Mitternacht ins Schlafzimmer gegangen, das geht zur anderen Seite raus. Aber bevor ich mich schlafen gelegt habe, bekam ich noch mit, dass zwei meiner Gäste noch mal aus der Tür raus sind und sich noch länger auf der Straße unterhalten haben. Ich glaub, die wollten draußen auf den Geburtstag des einen anstoßen. Irgendwas mit Tanzen und Um-die-Häuser-Ziehen habe ich noch verstanden. Was sie dann aber am Ende wohl doch nicht gemacht haben.«

»Ihre Gäste haben eigene Schlüssel?«, fragte Charlotte.

»Nicht alle. Aber manche von denen müssen nachts zur Arbeit oder sonst wohin, da habe ich nicht jedes Mal Lust, hinter ihnen die Tür auf- und zuzuschließen«, brummte die Wirtin.

»Aber welche Gäste so spät noch draußen auf der Berner Street waren, wissen Sie nicht?«

»Nee, hab ich aber auch nicht drauf geachtet«, antwortete Mrs Wilkins, »und so gut kenne ich die meisten Gäste hier auch nicht. Ich hab was Besseres zu tun, als stundenlang mit denen zu quatschen.«

»Und an ihren Stimmen haben Sie sie auch nicht erkannt?«

»Zwei Kerle halt«, murmelte die Wirtin. »Aber jetzt wo Sie es sagen, eins ist mir doch aufgefallen: Für mich klangen die beiden sehr nach Manchester. Mein verstorbener Mann kommt da her, der Dialekt hat mich irgendwie an ihn erinnert. Nur wer das jetzt genau war? Keine Ahnung!«

Verdammt, fluchte Charlotte leise, die beiden Gäste könnten den Täter gesehen haben oder sogar selbst hinter dem Mord stecken. Aber wie sollte sie herausfinden, welche beiden Männer die

Pension so spät noch verlassen hatten? Da kam der Reporterin eine Idee.

»Haben Sie vielleicht eine Liste Ihrer Gäste, Mrs Wilkins?«

Ein paar weitere Shilling ließen die Wirtin aufstehen und zu einer Kommode watscheln, aus der sie einen Zettel holte und Charlotte reichte. »Hier, insgesamt habe ich im Moment zehn Gäste, alles Männer. Hier herrscht ein ständiges Kommen und Gehen, aber meine Buchhaltung ist immer einwandfrei.«

Name:	Geburtstag	Nationalität	Bezahlt bis	Hausschlüssel ausgeh.
Gregory Steward	1.5.1868	Engl.	Sep	x
Arno van Wijk	12.6.1871	Holl.	Sep	x
Thomas Jeffers	30.9.1870	Engl.	Okt	
Jim Watson	29.7.1828	Engl.	Sep	x
Jaques Curie	5.5.1870	Frz.	Sep	x
Pierre Maurie	2.12.1869	Frz.	Sep	
Anthony Kent	16.9.1816	Engl.	Okt	x
Hagen Roth	25.12.1850	Deu.	Okt	x
Wilfried Hopkins	12.12.1866	Engl.	Aug!!	
Frank Langley	17.9.1865	Engl.	Sep	

Gerade als Charlotte die Namen überfliegen wollte, hörte sie aus dem Flur ein lautes Poltern: Ein Mann von etwa 60 Jahren humpelte plötzlich auf zwei Krücken in die Küche, sein linkes Bein fehlte. Mit einer Krücke klopfte der Mann gegen die offene Tür. Bevor er überhaupt etwas sagen konnte, herrschte Minerva Wilkins ihn an: »Was soll das, Jim? Frühstück gibt es erst um sechs, das weißt du ganz genau!«

Ohne auf eine Reaktion des Alten zu warten, stapfte sie zur Küchentür und knallte sie dem Mann vor der Nase zu. Schnaufend ließ sich die Wirtin zurück auf ihren Stuhl fallen:

»Ich sag Ihnen, die jungen Gäste sind eine Plage, aber die Alten sind noch schlimmer. Diese beiden Krüppel rauben mir den letzten Nerv. Können beide kaum noch laufen und möchten am liebsten den ganzen Tag von vorne bis hinten bedient werden. Was denken Sie, was das hier ist, Buckingham Palace?«

Charlotte sah von der Gästeliste hoch:

»Was bedeutet der Eintrag ›Aug!!‹ bei W. Hopkins?«

»Na, dass er im Rückstand ist mit der Miete. Der Kerl ist seit drei Tagen nicht hier aufgetaucht. Der wird was erleben, wenn er zurückkommt!«

Bevor sich Mrs Wilkins weiter in Rage reden konnte, unterbrach Charlotte sie: »Eine Frage habe ich noch: Haben Sie mitbekommen, wann die beiden Gäste wieder reingekommen sind?«

»Nee«, brummte die Wirtin, »ich lag ja schon im Bett, und im Schlafzimmer habe ich keine Uhr. Keine Ahnung, wie lange die draußen waren, ich war schon eingepennt. Ich bin dann davon aufgewacht, dass die beiden draußen lautstark irgendwen gegrüßt und dann die Haustür zugeknallt haben.«

Sofort war Charlottes Aufmerksamkeit geweckt. Es gab also noch eine dritte Person, die ungefähr zur Tatzeit auf der Berner Street unterwegs gewesen war. Sie musste unbedingt mehr wissen. Ruckartig stand sie auf. »Ich weiß jetzt, wer die beiden Männer gewesen sein müssen. Können Sie mir vielleicht ihre Zimmer zeigen?«

Rätsel 6:
Die Gästeliste

Welche beiden Gäste waren in dieser Nacht auf der Straße?

____

____

Die Lösung findest du auf Seite 354.

Sonntag, der 30. September 1888 – Mary Jane

Mary Jane wusste nicht, wie lange sie schon hinter dem Bretterstapel kauerte. Sie hörte die Schritte, die näher und immer näher kamen – langsam, suchend. Sie presste ihren Körper an die Mauer, wagte kaum zu atmen. Der Unbekannte schien stehen geblieben zu sein und war jetzt ganz nah, vielleicht zwei Fuß von ihr entfernt, die beiden trennten nur ein paar dünne Holzbretter. Trotz der herbstlichen Temperaturen lief Mary Jane ein Schweißtropfen über die Stirn. Angestrengt lauschte sie in die Nacht und versuchte herauszuhören, was ihr Verfolger gerade tat. Und sie hörte: nichts. Die Nacht war still, das Einzige, was sie zu hören glaubte, war das Rauschen ihres eigenen Blutes in ihren Ohren. War der Unbekannte weitergelaufen? Aber das hätte sie doch eigentlich hören müssen? Oder lauerte er da draußen in der Dunkelheit und wartete nur darauf, dass sie sich aus ihrem Versteck traute? Mary Jane drückte sich noch enger an die Mauer und suchte fieberhaft nach einer Lösung. Aber was sollte sie machen? Hinter ihr eine massive Mauer aus Steinen und vor ihr ein Stapel staubiger, alter Bretter und Bohlen, hinter denen jemand nur auf sie wartete.

Jemand? Etwas?

Mary Jane bemerkte, dass sie etwas in der Nase kitzelte. Verdammter Holzstaub! Das Kribbeln breitete sich von ihrer Nase in ihrem gesamten Körper aus. Sie versuchte es zu unterdrücken und presste mit ihrer Hand ihre Nasenflügel zusammen, aber es war zu spät. Das Niesen klang in der Stille der Nacht wie ein Peitschenschlag. Erschrocken riss sich Mary Jane die Hand vor den Mund und stieß dabei mit dem Ellenbogen an eines der an die Mauer gelehnten Bretter. Das Brett kam ins Rutschen, kippte und krachte mit einem ohrenbetäubenden Lärm erst gegen die Mauer und dann auf den Boden der Gasse. Ihr Versteck war keins mehr.

Sonntag, der 30. September 1888 – Charlotte

Das Gespräch mit den beiden Pensionsgästen Thomas Jeffers und Gregory Steward hatte Charlotte nicht besonders weitergebracht. Beide waren kurz nach Mitternacht wieder zurück in die Pension gegangen und hatten deshalb nichts mitbekommen. Aber die beiden hatten ihr zumindest sagen können, wer die dritte Person war, die die beiden auf der Berner Street gesehen hatten, bevor sie reingingen.

Ein 28-jähriger polnischer Jude namens Israel Schwartz, der in einer Schneiderei arbeitete und in der Nähe der Berner Street wohnte. Kurze Zeit später stand sie einem jungen Mann mit einem runden Gesicht, Mittelscheitel und einem schwarz gelockten Spitzbart gegenüber. In gebrochenem Englisch schilderte er ihr, was er nur wenige Minuten, bevor Charlotte den Schrei gehört hatte, auf der Berner Street beobachtet hatte:

Vor dem Holztor von Dutfield's Yard hatte Schwartz eine schlanke, blasse Frau von etwa 40 Jahren mit dunkelbraunen Locken stehen sehen, die einen schwarzen Mantel mit Felleinsätzen trug.

Die Tote aus dem Hof, dachte Charlotte triumphierend.

Schwartz sah einen Mann auf das Tor zuschwanken, der die Frau ansprach und ihr die Hand auf die Schulter legte. Doch ziemlich schnell wurde die Situation aggressiv. Der Mann zerrte an der Frau und hielt sie fest, worauf die kurz quietschte.

»Ich wollte keinen Ärger haben, also bin ich schnell weitergegangen«, sagte Schwartz, während er entschuldigend mit den Schultern zuckte, »aber dann wurde es doch so laut, dass ich mich noch mal umgedreht habe.« Schwartz erklärte, dass er in diesem Moment noch einen zweiten Mann auf der Straße entdeckt hatte, der gerade aus einem Pub gekommen war. Dieser hatte dem anderen Mann etwas zugerufen und war dann losgelaufen.

»Was hat er gerufen?«, fragte Charlotte und spürte, wie die Aufregung in ihr hochkroch.

»Der Mann hat laut ›Lipski‹ gerufen und sah sehr wütend aus. Und er hatte ein Messer in seiner Hand, da bin ich ganz sicher. Da habe ich Angst bekommen und bin abgehauen.«

Lipski. Dieses Wort hatte Charlotte doch schon mal gehört …

Danach gab ihr Schwartz, der sein vor Aufregung glänzendes Gesicht immer wieder mit einem Taschentuch abtupfte, noch eine grobe Beschreibung der beiden Männer, die er gesehen hatte: Der Mann am Tor war etwa 30 Jahre alt und eher klein, hatte ein rundes Gesicht und einen dunklen Schnauzbart und trug einen schwarzen Hut. Der Mann aus dem Pub war deutlich größer und vielleicht fünf Jahre älter, hatte hellbraunes Haar, einen braunen Schnäuzer und trug einen dunklen Übermantel und einen alten schwarzen Filzhut.

Die beiden sehen also aus wie ungefähr 90 Prozent der Männer hier in London, dachte Charlotte, während sie freundlich die Hand auf den Arm von Israel Schwartz legte und sagte: »Gehen Sie am Morgen auf jeden Fall zu einer Polizeiwache und erzählen Sie den Beamten dort, was Sie mir gerade erzählt haben – Ihre Aussage könnte sehr wichtig sein!«

Schwartz nickte eifrig und deutete zur Verabschiedung eine kleine Verbeugung an. Allerdings war Charlotte in diesem Moment bereits weniger aufmerksam, denn sie hatte in der Menschenmenge vor dem Holztor ein bekanntes Gesicht entdeckt.

»Miss Foster, haben Sie sich etwa extra für mich so in Schale geworfen?« Inspector Abberline grinste sie an, als sie auf ihn zuging.

»Ich versuche immer, mich meinem Gegenüber anzupassen«, antwortete Charlotte wie aus der Pistole geschossen. »Trotzdem hat mein Outfit Ihrem Kollegen Lamb seltsamerweise nicht so gut gefallen.«

Abberline zog seine dunklen Brauen hoch. »Sie müssen dem Constable verzeihen, alle meine Polizisten haben die strikte Anweisung, Schaulustige von den Tatorten fernzuhalten.«

Charlotte schluckte die bissige Antwort herunter, die sie eigentlich schon auf den Lippen hatte, und verschränkte stattdessen die Arme. »Haben Sie schon etwas herausfinden können?«

»Nicht besonders viel, ehrlich gesagt«, antwortete der Inspector. »Die Tote ist etwa Mitte 40 und in nicht besonders guter körperlicher Verfassung. Wahrscheinlich eine Tagelöhnerin oder, und bitte verzeihen Sie mir diese Vermutung, eine Prostituierte. Sie starb durch einen etwa sechs Inch langen Schnitt durch den Hals, der knapp unter ihrem Kiefer endet. Andere Verletzungen oder Würgemale sind auf den ersten Blick nicht zu erkennen, alles weitere wird die Obduktion klären. Wenn Sie mich fragen, sieht sie nicht nach einem Opfer des Rippers aus, wie Sie von der Presse ihn mittlerweile nennen.«

»Darüber habe ich auch schon nachgedacht«, sagte Charlotte langsam, »die ersten beiden Opfer hat der Täter erst gewürgt und dann mit dem Messer getötet, außerdem scheint die Tote nicht verstümmelt worden zu sein.«

Abberline nickte anerkennend, aber Charlotte war noch nicht fertig. »Es gibt noch eine weitere Möglichkeit: Der Tatort liegt neben einem sehr belebten Gebäude, in dem trotz der späten Uhrzeit noch eine Menge Menschen ein und aus gegangen sind. Das könnte den Mörder bei seiner Arbeit gestört haben. Und denken Sie mal an seinen Brief: Er hat versprochen, seinem Opfer beim nächsten Mal ein Ohr abzuschneiden, und soweit ich das gesehen habe, sind beide Ohren der Toten unversehrt. Vielleicht konnte er sein Werk einfach nicht vollenden?« Charlotte wurde eiskalt, als ihr klar wurde, was das bedeuten konnte. »Das würde allerdings heißen, dass heute Nacht wahrscheinlich noch eine Frau sterben wird.«

Sonntag, der 30. September 1888 – Mary Jane

Als das Brett aus dem Stapel auf den Boden geknallt war, hatte Mary Jane, ohne nachzudenken, die Luft angehalten und die Augen fest zugekniffen. Wie ein Kind beim Versteckenspielen, das hofft, dass man es nicht sehen kann, wenn es die Augen schließt. Jede Sekunde glaubte sie, gleich eine kräftige Hand an ihrem Hals oder den kalten Stahl eines Messers an ihrer Kehle zu spüren. Stocksteif stand sie da, immer noch an die Wand gepresst und völlig unfähig, sich zu bewegen.

Als nach Sekunden, die sich wie Stunden anfühlten, keins von beidem passiert war, öffnete Mary Jane vorsichtig die Augen und streckte ihren Kopf langsam aus dem Bretterstapel:

Die schmale Gasse vor ihr war leer.

Ihr unheimlicher Verfolger war spurlos verschwunden, kurz zweifelte sie sogar daran, dass es ihn überhaupt je gegeben hatte. Aber dann griff die Angst wieder mit ihrer kalten Klaue nach ihrem Herz, und Mary Jane begann zu rennen. Die Gasse hinunter, in Richtung des Lichts, in Richtung Sicherheit.

Sonntag, der 30. September 1888 – Charlotte

Charlotte hasste sich selbst dafür, dass sie recht behielt. Wenige Minuten nach ihrem Gespräch mit dem Inspector, gegen zwei Uhr morgens, kam ein völlig aufgelöster Polizist angelaufen, der beim Atmen so laut japste, dass man ihn kaum verstehen konnte. »Inspector Abberline, Sir«, stotterte der junge Mann, der aussah, als habe er die Polizeischule gerade erst verlassen, »wir haben eine zweite tote Frau gefunden. Am Mitre Square. Es ist furchtbar! Wie ein Schlachtfeld, so was habe ich noch nie gesehen, überall Blut!«

Der Inspector blieb, zumindest äußerlich, auffallend gelassen. »Vielen Dank, Constable. Das ist knapp eine Meile von hier, wenn wir schnell gehen, schaffen wir das in einer Viertelstunde. Ich mache mich direkt auf den Weg!«

»Ich komme mit«, warf Charlotte dazwischen und schob schnell hinterher: »Natürlich nur, wenn Sie nichts dagegen haben, Inspector. Auf dem Weg dorthin könnte ich Ihnen von einer interessanten Beobachtung erzählen, die ich gerade von einem Zeugen erfahren habe.«

Falls Abberline irritiert über ihre Direktheit war, ließ er sich das zumindest nicht anmerken: »Gut. Begleiten Sie mich, alles Weitere besprechen wir unterwegs.«

Zehn Minuten später hatte Charlotte ihm alles erzählt, was sie wusste: Von ihrem Plan, in Verkleidung mehr über den Ripper zu erfahren, über die beiden Schreie, die sie von der Commercial Street zum Tatort gelockt hatten, bis zu der Aussage von Israel Schwartz. »Er kommt morgen auf die nächste Polizeiwache und wird eine offizielle Aussage machen«, schloss sie ihre Ausführungen, »allerdings gibt es bei seinen Beobachtungen eine Sache, die ich besonders seltsam fand ...«

»Und die wäre?«

»Das Wort ›Lipski‹. Also das, was der Mann mit dem Messer gerufen hat, entweder zu dem anderen Mann am Tor oder zu dem Zeugen Schwartz. Gab es da nicht vor einiger Zeit mal einen Fall, der so ähnlich hieß?«

Abberline zögerte keine Sekunde. »Sie haben ein ziemlich gutes Gedächtnis, Miss Foster, aber der Fall war auch damals überall in der Presse. Israel Lipski war ein jüdischer Regenschirmverkäufer aus dem East End. Er soll letztes Jahr im Juni eine schwangere Frau mit Säure ermordet haben. Als die Polizei eintraf, lag Lipski noch unter dem Bett der Frau. Er hat zwar seine Schuld bestritten, wurde aber verurteilt und letzten August in Newgate gehängt.«

»Wie seltsam«, überlegte Charlotte, »was sollte dieser Mord von vor einem Jahr mit unserer Mordserie zu tun haben?«

Abberline strich sich durch seinen mächtigen Bart: »Der Fall ist damals groß durch die Öffentlichkeit gegangen, vor allem, weil Lipski Jude war. Seitdem ist der Name so eine Art Schimpfwort für jüdische Männer hier in London geworden.«

»Die Gerüchte, dass der Whitechapel-Mörder Jude sein muss, geistern ja schon seit Wochen durch die Straßen. Es soll deshalb sogar schon Demonstrationen gegeben haben ... Und jetzt noch dieses antisemitische Schimpfwort am Tatort. Ist Ihnen klar, was das bedeutet, Inspector?«

Abberlines Gesicht verfinsterte sich: »Verdammt! Wenn herauskommt, dass der Mörder möglicherweise Jude ist, könnte das zu einem Aufstand führen.«

Juden in London

Die Weltmetropole London ist bereits im 19. Jahrhundert ein Schmelztiegel unterschiedlicher Nationalitäten und Religionen. Seit langem gibt es in der Stadt zum Beispiel zahlreiche, meist gut integrierte, jüdische Gemeinden. Ab etwa 1880 wächst die Zahl der Juden in London sprunghaft an. Der Grund dafür ist die immer offener antisemitische Politik im russischen Zarenreich, die viele Osteuropäer jüdischen Glaubens zur Flucht aus ihrer Heimat zwingt. Die meisten von ihnen wollen eigentlich in die USA, stranden aber auf dem Weg dorthin in London. Laut Schätzungen leben Ende des 19. Jahrhunderts etwa 100.000 neu zugewanderte ostereuropäische Juden in London, vor allem in Whitechapel. Viele der Neuankömmlinge sind kaum gebildet und sprechen zum Beispiel nur Jiddisch. Deshalb kommt es in den Arbeitervierteln im East End zu immer mehr Spannungen, weil die jüdischen Einwanderer beschuldigt werden, das Lohnniveau zu drücken.

Der Mitre Square war ein kleiner, kopfsteingepflasterter Platz im Westen des East Ends, von dem drei kleine Gassen abgingen. Der Platz wurde von mehrstöckigen Backsteingebäuden eingerahmt.

Auf der nördlichen Seite befanden sich das große Lagerhaus eines Teeimporteurs und einige Wohnhäuser, wobei nur in einem der Häuser noch Licht in den Fenstern brannte. Tagsüber wuselten hier Hunderte Fußgänger über den Platz, um zum Bishopsgate oder zum Obstmarkt auf dem St. James Place direkt nebenan zu kommen. Nachts war hier deutlich weniger los. Von den rund ein Dutzend Männern, die vor Ort waren, als Abberline und Charlotte ankamen, trugen fast alle Polizeiuniformen.

Die Leiche lag in einer dunklen Ecke des Platzes auf dem Rücken. Der Kopf der Frau war leicht zur Seite gedreht, aber im Licht der Polizeilaternen konnte man trotzdem erkennen, dass von dem Gesicht der Toten kaum noch etwas übrig war. Ihre Nase war mit einem Messer mehrfach gespalten worden und eigentlich nur noch eine blutrote Masse. Der Mörder hatte seinem Opfer Teile des rechten Augenlids abgeschnitten, auch durch das linke Auge zog sich ein tiefer Schnitt. Die Haut an den schmalen Wangen der Frau war teilweise abgezogen worden und hing herab, und auch der Hals des Opfers sah aus wie eine tiefe blutige Schlucht. All das erinnerte Charlotte sehr an die Verletzungen, die sie vor drei Wochen an Annie Chapman gesehen hatte. Doch das völlig zerstörte Gesicht der Frau war nicht der einzige Anblick, der in der Reporterin die Übelkeit aufsteigen ließ: Der Unterleib der Leiche war komplett entblößt, der Rock hochgeschoben. Dort, wo eigentlich der Unterbauch und das Geschlechtsteil der Toten hätten sein sollen, war nur ein großes Loch. Der Mörder hatte die Innereien der Frau herausgezogen und ihr über die rechte Schulter geworfen. Die Tote sah eher aus wie eine perverse Version einer Metzgerei-Auslage als wie etwas, das noch kurz vorher ein Mensch gewesen war.

»So was habe ich wirklich noch nie gesehen«, presste Abberline zwischen den Zähnen hervor, und Charlotte bemerkte, dass der Inspector Schwierigkeiten hatte, seine kühle Gelassenheit aufrechtzuerhalten.

Sie überlegte kurz, ob sie ihm tröstend die Hand auf die Schulter legen sollte, entschied sich aber doch dagegen und sagte stattdessen: »Ich auch nicht, und ich war schon in verdammt vielen Kriegsgebieten. Haben Sie auch das Gefühl, dass bei der Leiche etwas fehlt?«

Abberline ging noch einen Schritt näher an die Tote heran. »Sie meinen abgesehen von einem Teil der Innereien? Jemand hat ein Stück aus der Schürze des Opfers herausgetrennt.«

»Stimmt, aber das meinte ich nicht. Eigentlich geht es um etwas, das FAST fehlt.«

Abberline zögerte ein paar Sekunden, dann spuckte er die Worte fast aus: »For Christ's sake! Der Mörder hat versucht, ihr Teile des rechten Ohrs abzuschneiden, das Ohrläppchen hängt nur noch an einem winzigen Fetzen Haut …«

»Beim nächsten Mal werde ich der Lady das Ohr abschneiden und an die Polizei schicken, nur so zum Spaß«, zitierte Charlotte den Brief des Rippers, den sie vor zwei Tagen noch selbst in der Hand gehalten hatte. Zum allerersten Mal hörte Charlotte den Inspector fluchen, leise zwar, aber definitiv nicht zitierfähig.

Sie versuchte, sich trotz des grausamen Anblicks auf die Details zu konzentrieren, weil sie wusste, dass jede Kleinigkeit wichtig sein konnte. »Haben Sie die Knöpfe gesehen, dort neben der Leiche im Blut?«, fragte sie Abberline.

»Ja, aber ehrlich gesagt machen die mir am wenigsten Sorgen«, antwortete er, »die werden wohl von der Kleidung der Toten stammen.« Damit drehte sich der Inspector weg von Charlotte und hin zu einem uniformierten Beamten, der ihm einen Zettel in die Hand drückte, der aussah wie ein offizieller Polizeibericht.

Während der Inspector zuerst den Zettel überflog und sich dann mit seinem Kollegen in ein Gespräch vertiefte, hatte Charlotte Zeit nachzudenken. Die Knöpfe waren klein, cognacfarben, glänzend und nicht flach, sondern eher geformt wie kleine Kügelchen. Sie glaubte nicht, dass die drei Knöpfe zur Kleidung der Toten gehörten, zumindest passten sie weder der Form noch der Farbe nach zu irgendeinem ihrer Kleidungsstücke. Sie sahen aus wie Stiefelknöpfe, aber die Tote trug schwarze Männerstiefel zum Schnüren. Außerdem waren die Knöpfe viel zu klein und filigran für einen Männerstiefel. Ohne wirklich darüber nachzudenken, bückte die Reporterin sich zu der Leiche herunter und hob mit Hilfe eines Taschentuches einen der Knöpfe aus der Blutlache, wickelte ihr Fundstück ein und schob es gerade in ihre Jackentasche, als sie von hinten ihren Namen hörte.

»Miss Foster?« Es war Abberline, der nach ihr rief. »Wir haben einen Namen: Die Tote heißt Catherine Eddowes und ist 46 Jahre alt. Die Kollegen der Polizeiwache Bishopsgate hatten sie gerade erst aus der Ausnüchterungszelle entlassen. Sie war kurz vorher auf der Straße aufgegriffen worden und war so besoffen, dass sie nicht mehr laufen konnte. Auf der Polizeiwache hat sie behauptet, sie hieße Mary Jane Kelly, aber weil sie einem der Kollegen schon als Säuferin bekannt war, hat sich das ziemlich schnell aufgeklärt. Gegen ein Uhr war sie zumindest wieder so nüchtern, dass sie einigermaßen gehen konnte, und der Kollege hat sie nach Hause geschickt. Und jetzt liegt sie hier. Oder zumindest das, was von ihr übrig ist.«

»Dann muss der Mörder sie kurz nach seiner Flucht aus der Berner Street hier erwischt haben«, dachte Charlotte laut.

»Wenn es tatsächlich derselbe Täter ist«, warf Abberline ein, klang aber selbst nicht besonders überzeugt von seinem Einwand. »Na ja, wie groß ist die Chance, dass innerhalb von einer Stunde eine Dreiviertelmeile voneinander entfernt gleich zwei verrückte Frauenmörder zuschlagen?«

»Da haben Sie natürlich recht, aber …«

In diesem Moment unterbrach sie ein uniformierter Polizist. »Bitte entschuldigen Sie die Störung, Herr Inspector! Sir, ich bin Constable Alfred Long von der Metropolitan Police, und ich habe ein paar Straßen weiter etwas entdeckt, das sie sich unbedingt ansehen sollten!«

Sonntag, der 30. September 1888 – Mary Jane

Ihr Zimmer im Millers Court war kalt und leer. Für einen kurzen Augenblick hatte Mary Jane Angst gehabt, Joseph direkt in die Arme zu laufen, als sie die Wohnungstür vorsichtig aufdrückte. Aber ihr Freund war offenbar immer noch bei seinem Probearbeiten oben in Hackney, und Mary Jane war heilfroh darüber. Wie hätte sie ihm erklären sollen, wo sie um diese Zeit gewesen war, warum sie Staub und Sägespäne im Haar hatte und völlig außer Atem hier ankam? Sie ließ sich auf das Bett fallen, unfähig auch nur ein Feuer im Kamin anzumachen. Reglos blieb sie auf dem Bett liegen und faltete die Hände über ihrem Bauch. Sie war dem Tod gerade noch mal entkommen, zum zweiten Mal innerhalb von zwei Wochen. Mary Jane versuchte, ihren Atem zu kontrollieren, aber ihr Herz hämmerte immer noch wie eine Dampfmaschine. Irgendetwas war mit ihr ganz und gar nicht in Ordnung, das spürte Mary Jane.

Sonntag, der 30. September 1888 – Charlotte

»Ich habe zuerst diesen blutigen Stofffetzen hier gefunden, Sir«, erklärte Constable Long dem Inspector. Charlotte ignorierte er. Die drei standen in einer schmalen Straße, vielleicht 500 Yards vom

Mitre Square entfernt. Die Turmuhr hatte mittlerweile drei Mal geschlagen, und Charlotte versuchte, trotz der zitternden Laterne in der Hand des Constable, Einzelheiten zu erkennen.

»Ich glaube, wir haben das fehlende Stück aus der Schürze von Catherine Eddowes entdeckt«, bemerkte sie, und Abberline nickte. Dieses Mal hatte sie ihn gar nicht erst gefragt, ob sie ihn begleiten könnte, und der Inspector hatte nicht protestiert. Nur der etwa 35-jährige Constable Alfred Long schien von der fremden Frau an der Seite von Inspector Abberline irritiert zu sein, aber Charlotte hatte beschlossen, ihn einfach ebenfalls zu ignorieren.

»Der Stofffetzen lag direkt hier vor dem Hauseingang, 108 Goulston Street«, erklärte der junge Polizist wie ein Schüler, der seinen Lehrer beeindrucken will. »Als ich vor einer halben Stunde hier meine Patrouille gemacht habe, war der nicht da, da bin ich mir ganz sicher!«

»Vielleicht hat der Mörder das Stoffstück mitgenommen, um sich damit sauber zu machen, und hat hier im Schatten des Hauseingangs seine Kleidung und sein Messer abgewischt?«, schlug Charlotte vor.

»Ja, das wäre auch meine Vermutung«, bestätigte Abberline, und Constable Long schaute noch ein bisschen sauertöpfischer als vorher.

»Aber das ist noch nicht alles«, setzte der junge Polizist zu seiner großen Entdeckung an, »dann habe ich das hier gesehen!« Noch während er sprach, hob Long die Gaslaterne in seiner Hand, sodass Charlotte und Abberline den Satz lesen konnten, den jemand ordentlich mit Kreide direkt über dem Stofffetzen an die Häuserwand geschrieben hatte: *The Juwes are the men that will not be blamed for nothing.*

Abberline las den dreizeiligen Satz mehrfach vor. »Wenn wir uns den Rechtschreibfehler bei dem Wort Jews wegdenken, bleibt am

Ende ›Die Juden sind nicht die Leute, die man umsonst beschuldigen wird‹, oder?«

Charlotte und Long nickten synchron. »Glauben Sie, dass der Satz von unserem Killer stammt?«, fragte Charlotte den Inspector.

»Ziemlich sicher. Ich meine, er steht direkt an der Wand, vor der ein Stück Stoff liegt, das höchstwahrscheinlich aus der Schürze des Opfers stammt. Außerdem hat der Kollege von der Metropolitan Police ja gerade bestätigt, dass weder der Stofffetzen noch das Graffito vor einer halben Stunde, also VOR dem Mord, da waren.«

Constable Long nickte so heftig, dass Charlotte Angst hatte, er würde sich sein Kinn auf die stolzgeschwellte Brust schlagen.

»Und wenn ich noch etwas ergänzen darf«, sagte sie zum Inspector, »eine Nachricht an die Öffentlichkeit würde ziemlich gut zu unserem guten alten Jack passen. Er tötet seine Opfer an öffentlichen Orten, verstümmelt sie auf die grausamste Art und Weise und lässt sie dann so liegen, dass sie auf jeden Fall schnell gefunden werden. Er WILL, dass wir über ihn und seine Taten sprechen, er genießt die Angst, die die Leute vor ihm haben. Deshalb schreibt er Briefe oder hinterlässt so einen Satz an einer Häuserwand.«

»Das sehe ich leider genauso«, antwortete Abberline und wandte sich dann an seinen Kollegen: »Wissen Sie zufällig, was für Menschen in diesem Haus leben, Constable?«

Die Antwort kam so schnell, dass sich der junge Polizist fast an seinen eigenen Worten verschluckte: »Ja, das weiß ich, Sir, ist ja schließlich mein Revier. Hier lebt eine jüdische Familie.«

Inspector Abberlines dunkle Brauen drückten sich so weit nach unten, dass seine Augen eher wie Schlitze wirkten. »Hier muss Polizeichef Warren entscheiden. Ich fürchte, wir haben jetzt ein richtiges Problem.«

Kapitel 7

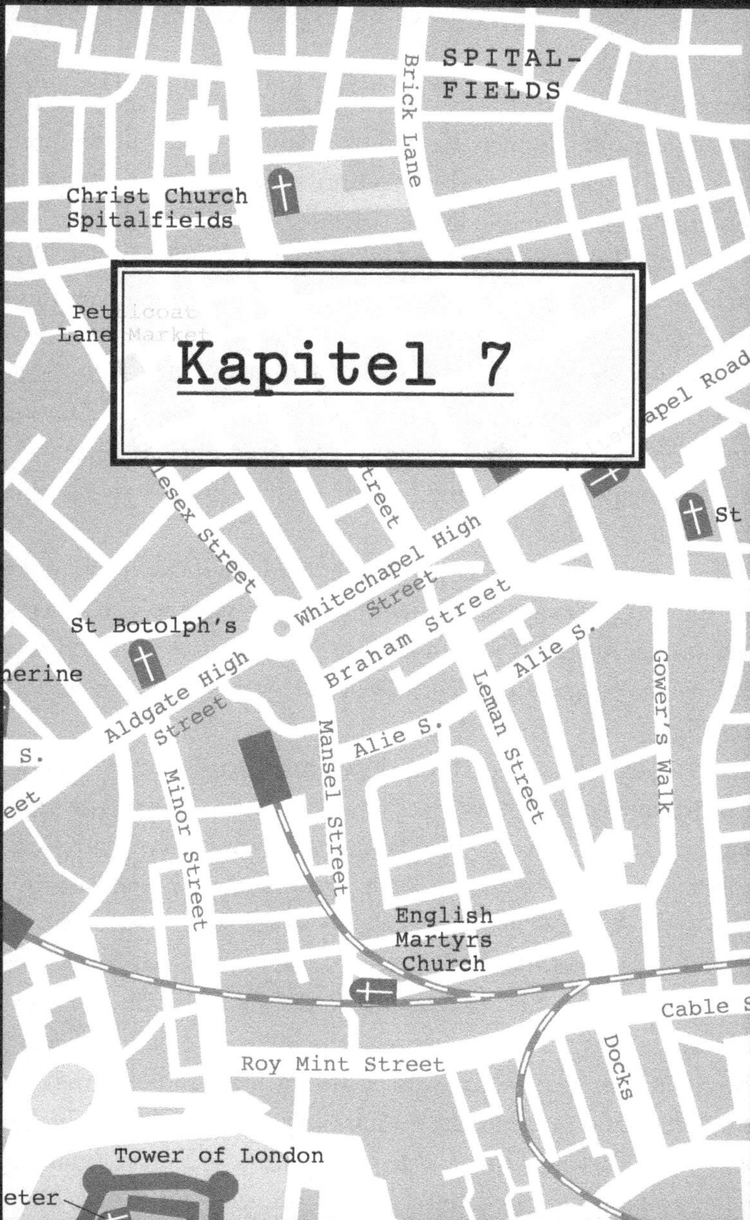
SPITAL-
FIELDS
Brick Lane
Christ Church
Spitalfields
Whitechapel High Street
St Botolph's
Braham Street
Alie S.
Aldgate High Street
Leman Street
Gower's Walk
Mansel Street
Minor Street
English
Martyrs
Church
Roy Mint Street
Docks
Tower of London

Josephs Wut traf Mary Jane völlig überraschend. Sie war gerade dabei, eine Kanne dünnen Tee aufzubrühen, als er sie unvermittelt an der Schulter packte und sie herumriss. »Was zum Teufel hast du gestern Nacht auf der Straße getrieben?«

Ihr schmerzender Kopf brauchte ein paar Sekunden, um zu verstehen, was da gerade mit ihr passierte. Zu lange. »Ich habe, also ich …«

Eine schallende Ohrfeige stoppte ihr Stottern. »Ich weiß genau, was du da draußen gemacht hast, während ich weg war! Du bist anschaffen gegangen! Mein Kumpel Sam hat dich gesehen, wie du dich heute Nacht an den Laternen rumgedrückt hast wie eine Hure!«

Eine zweite Ohrfeige, etwas weniger heftig als die erste und doch mindestens genauso schmerzhaft. Sie hatte Joseph noch nie so gesehen: Die Adern an seinem kurzen Hals traten hervor, und sein Mund unter dem akkuraten Schnurrbart war zu einer Fratze verzogen.

»Du weißt, wie sehr ich dreckige Huren hasse – so wie meine Mutter eine war!« Josephs Vater war gestorben, als er gerade sechs Jahre alt gewesen war. Wenige Jahre später war Josephs Mutter Catherine einfach mit einem anderen Mann abgehauen und hatte ihn und seine vier Geschwister im Stich gelassen. Mary Jane verstand, dass das in Josephs Seele eine tiefe Narbe hinterlassen hatte, aber bis heute hatte sie nicht geahnt, wie tief sie war. Mit einer ausholenden Bewegung schleuderte Joseph eine leere Flasche Ginger Beer von dem kleinen Nachttisch, die krachend an der Wand zerschellte. Jetzt stand er direkt vor ihr, vielleicht drei oder vier Inches von ihrem Gesicht entfernt. »Meine Frau treibt sich nicht mit fremden Männern rum, und vor allem verkauft sie ihren Körper nicht auf der Straße – hast du mich verstanden?«, brüllte er sie an. »Hast du nicht mitgekriegt, dass sich da draußen ein Killer rumtreibt, der Huren die Kehlen aufschlitzt? Willst du, dass dir das auch passiert?«

»Natürlich nicht«, versuchte Mary Jane ihn mit möglichst sanfter Stimme zu beschwichtigen, während sie ihren Schmerz und ihre Wut herunterschluckte, »und deshalb war ich auch besonders vorsichtig.«

Die Gasse. Die Schritte. Der Verfolger.

Sie verscheuchte die Erinnerungen der letzten Nacht und griff nach Josephs Arm. »Ich will mich wirklich nicht streiten. Und ich will auch nicht wieder auf den Strich gehen, aber irgendwie müssen wir das Geld für die Miete doch zusammenbekommen. Das ist doch nur für den Übergang – nur, bis du einen festen Job gefunden hast.«

Josephs Adern am Hals waren verschwunden. Wie immer war seine Wut fast genauso schnell verraucht, wie sie gekommen war. »Du kannst ...«, stammelte er, »du kannst das nicht tun. Tu mir das nicht an. Ich werde einen Job finden, vertrau mir, das Probearbeiten ist gut gelaufen! Aber bitte geh nicht da raus, du bist keine von diesen schmutzigen Dirnen, nicht mehr. Du hast jetzt mich, und ich werde mich um uns kümmern. Es tut mir leid, ich wollte nicht so ausrasten.« Joseph sah mit einem Mal viel kleiner aus als die fünfeinhalb Fuß, die er eigentlich groß war: Sein ganzer Körper war in sich zusammengesunken, und aus Mary Janes Wut wurde Mitleid.

»Ist schon gut«, versicherte sie ihm, auch wenn sie nicht sicher war, ob überhaupt irgendetwas gut war.

Das Gesicht ihres Freundes hellte sich ein wenig auf. »Aber bitte versprich mir, dass du nicht mehr einfach nachts abhaust, wenn ich nicht da bin. Es ist viel zu gefährlich da draußen, solange dieser irre

Jack da rumläuft. Und bitte lüg mich nie wieder an. Wir haben uns doch immer alles erzählt.«

Das würde Mary Jane so nicht unterschreiben.

Sonntag, der 30. September 1888 – Charlotte

Direkt nachdem sie zurück in ihre Wohnung gekommen war, hatte sich Charlotte an ihre Remington gesetzt und losgetippt. Dass Mrs Paddington zwischendurch eine Kanne dampfenden Kaffee brachte, quittierte sie nur mit einem freundlichen Nicken, dann ratterten ihre Finger weiter über die Tasten ihrer Schreibmaschine. Sie tippte, zog das Blatt aus der Walze, warf es weg und tippte von neuem, bis sie mit der Überschrift zufrieden war:

»London im Herbst des Schreckens«

Ja, das klang gut. Noch bevor die Dämmerung angebrochen war, hatte sie den Artikel fertig und nach New York geschickt, sodass er noch pünktlich in der Abendausgabe der New York Tribune erscheinen konnte. Nur ein einziges Detail der Nacht hatte sie ausgelassen: das Kreide-Graffito in der Goulston Street. Abberline hatte sie darum gebeten, nichts über diesen Satz an der Häuserwand zu verraten. Die Situation war angespannt genug, und die Polizei wollte kein weiteres Öl ins Feuer gießen, deshalb waren die Buchstaben noch in der Dunkelheit von der Wand gewischt worden – im Auftrag des Polizeichefs. Charlotte hasste es, in ihrem Artikel nicht die ganze Wahrheit schreiben zu können. Andererseits wusste sie, dass ihr Verhältnis zu Abberline und damit ihre wichtigste Verbindung zu dem Fall keinen Wortbruch vertragen würde. Trotzdem konnte sie ihr Gedanken-Karussell nicht stoppen: Was, wenn der Mörder wirklich ein Jude war? Oder wollte der wahre Täter, dass alle dachten, dass ein Jude hinter den Morden steckt? Noch während sich ihre Überlegungen im Kreis drehten, fiel Charlotte in einen tiefen, traumlosen Schlaf.

Das Goulston-Street-Graffito

Der Metropolitan Police Constable Alfred Long entdeckt die Kreide-Buchstaben am Sonntagmorgen gegen 3 Uhr am Haus 108 Goulston Street, etwa 500 Yards von der Stelle entfernt, an der Catherine Eddowes ermordet wurde. Es gibt unterschiedliche Angaben darüber, was wirklich an der Wand gestanden hat: Long sagt, der korrekte Satz sei »The Juwes are the men that will not be blamed for nothing«, also »Die Juden sind die Menschen, die nicht grundlos beschuldigt werden« gewesen. Sein Polizeikollege Daniel Halse, von der konkurrierenden City of London Police, sagt dagegen später aus, der Satz hätte »The Juwes are not the men that will be blamed for nothing«, also auf Deutsch »Die Juden sind nicht die Menschen, die grundlos beschuldigt werden«, geheißen. Mittlerweile glauben die meisten Experten, dass Longs Version die richtige ist. Weil es bereits seit dem Mord an Mary Ann Nichols Gerüchte gab, dass der Whitechapel-Mörder Jude sei und es deshalb schon Demonstrationen gab, ist dieser Kreide-Satz politischer Sprengstoff. Außerdem wird er (wahrscheinlich vom Mörder) an ein Haus geschrieben, in dem Juden wohnen. Die Polizei vor Ort entscheidet mit Einverständnis des Polizeichefs Charles Warren, die Buchstaben sofort entfernen zu lassen. Ein Foto von dem Graffito (was damals technisch bereits möglich gewesen wäre) existiert deshalb nicht.

Montag, der 1. Oktober 1888 – Charlotte

Zum Missvergnügen ihrer Vermieterin hatte Charlotte zwei der kitschigen Landschaftsbilder von der Wand ihres Zimmers genommen und stattdessen mehrere Blätter Schreibmaschinenpapier nebeneinander an die Tapete gepinnt. Mittlerweile hatte die Polizei auch den Namen des dritten Opfers bekanntgegeben, sodass jetzt vier Namen an der Wand standen: Mary Ann Nichols, Annie Chapman, Elizabeth Stride und Catherine Eddowes. Auch zu den letzten beiden Opfern hatte Charlotte erste Informationen zusammentragen können: Elizabeth Stride war zum Zeitpunkt ihres Todes 44 Jahre alt gewesen. Sie war als Elisabeth Gustafsdotter in Schweden zur Welt gekommen und war dort mit 21 Jahren das erste Mal wegen illegaler Prostitution verurteilt worden. 1866 kam Stride nach London, um hier als Hausmädchen einer reichen Familie am Hyde Park zu arbeiten. Drei Jahre später heiratete sie den Zimmermann John Stride. Die beiden trennten sich mehrfach und kamen immer wieder zusammen, in der Zwischenzeit hatte Stride ihren Job verloren und musste immer wieder in verschiedenen Armenhäusern unterkommen. Zuletzt hatte sie versucht, sich mit Näharbeiten und Jobs als Reinigungskraft irgendwie über Wasser zu halten und ihre Alkoholsucht zu finanzieren.

Catherine Eddowes, das Opfer vom Mitre Square, hatte einen ähnlich traurigen Lebensweg gehabt: Sie war 46 Jahre alt geworden und in Wolverhampton geboren, kurz nach Catherines Geburt waren ihre Eltern mit ihren zwölf Kindern nach London gezogen. Später lebte sie fast 20 Jahre mit einem Mann zusammen, mit dem sie drei Kinder hatte – zuerst in Birmingham und später wieder in London, die beiden waren aber nie verheiratet. Die Beziehung der beiden war wohl von Alkohol und Schlägen geprägt, bis sich die beiden 1881 endgültig getrennt hatten. Kurz danach hatte Eddowes den Gelegenheitsarbeiter John Kelly kennengelernt, mit dem sie bis zu ihrem Tod zusammenlebte. Ihre Bekannten hatten ausgesagt, dass Catherine Eddowes versucht hatte, durch den Verkauf von billigem Schmuck auf der Straße Geld zu verdienen, als Prostituierte habe sie aber nie gearbeitet.

Je mehr Charlotte über das Schicksal der Frauen erfuhr, die der Ripper ermordet hatte, desto mehr Wut stieg in ihr auf. Alle vier hatten wenig Glück in ihrem Leben gehabt und sich doch immer durchgekämpft – bis sie brutal abgeschlachtet wurden. Trotz ihrer intensiven Recherche war es Charlotte nicht gelungen, etwas zu finden, das alle vier Frauen miteinander verband, außer, dass sie alle in Whitechapel gelebt hatten, wie Tausende andere Menschen auch. Doch sie war sich sicher, dass da noch mehr sein musste. Ein Mörder, der Briefe und Botschaften an Wände schrieb, um gehört zu werden, suchte sich seine Opfer nicht zufällig aus, davon war sie überzeugt.

»Wir müssen alles an Informationen über die Opfer sammeln, was wir finden können«, erklärte sie Thommie, der neben ihr stand und sich ihr Werk mit gerunzelter Stirn anschaute. »Annie Chapman und Mary Ann Nichols kannten sich, das hat mir Annie selbst erzählt. Und ich bin mir fast sicher, dass sich sogar alle vier Frauen untereinander kannten. Irgendwo muss es eine Verbindung zwischen ihnen geben, und ich wette, diese Verbindung führt uns direkt zum Täter.«

»Ich hab die letzten Tage überall rumgefragt, genau wie Sie wollten, Miss Charlotte«, warf Thommie ein, »aber mir konnte keiner sagen, woher die Nichols und die Chapman sich kannten. Und sonst habe ich auch nichts gefunden … Vielleicht ist das alles nur Zufall?«

»Nein, das glaube ich nicht, es muss eine Verbindung zwischen den Frauen geben«, beharrte Charlotte. »Vielleicht haben alle vier ihr Gemüse beim selben Händler eingekauft oder hatten denselben Friseur. Irgendwas!«

»Also, wenn ich auch mal was sagen dürfte ...«

Weder Charlotte noch Thommie hatten bemerkt, dass Mrs Paddington, bewaffnet mit einem Staubwedel, in das Zimmer gekommen war. »Es ist doch völlig klar, dass der Täter Jude gewesen sein muss! Kein anständiger Christ würde auf die Idee kommen, so etwas Grausames zu tun!«

Charlotte wollte ihre Vermieterin unterbrechen, aber Berta Paddington war noch nicht fertig: »Und die Frau von meinem Fleischer hat mir erzählt, dass es längst einen Verdächtigen gibt. Die hat das von ihrer Cousine, die in Whitechapel lebt, und die muss es wissen. Es gibt da einen polnischen Juden, der ganz in der Nähe der Tatorte lebt: Ein ganz abgerissener Typ, der irgendwie«, an dieser Stelle tippte sich Mrs Paddington an die Stirn, »nicht ganz richtig im Kopf ist. Und er hasst Frauen, er hat sogar seine eigene Schwester mit dem Messer bedroht.«

Charlotte sah ihre Vermieterin mit einer Mischung aus Überraschung und Skepsis an. »Und hat dieser abgerissene Frauenhasser auch einen Namen?«

Berta Paddington lächelte: »Natürlich. Ein Aaron Kosmi...Kosowski, Koski... – irgendwas Osteuropäisches halt. Er lebt wohl bei seiner Schwester in der Greenfield Street und hat wohl früher als Barbier gearbeitet – also, bevor er verrückt geworden ist.«

Charlotte dachte nach. Die Greenfield Street lag mitten in Whitechapel, vielleicht eine halbe Meile vom letzten Tatort am Mitre Square entfernt. Und was lag ziemlich genau zwischen dem Mitre Square und der Greenfield Street? Die Goulston Street, an der der Mörder auf seiner Flucht das Graffito hinterlassen hatte. Ihr Interesse war eindeutig geweckt. »Dann wollen wir uns diesen abgerissenen Aaron doch mal anschauen!«

Die Mundwinkel in Berta Paddingtons Bernhardiner-Gesicht klappten nach unten. »Aber ist das nicht eher etwas für die Polizei? Sie sind doch so gut mit diesem netten Inspector bekannt, geben Sie ihm doch einfach Bescheid – auf eigene Faust zu ermitteln ist viel zu gefährlich!«

Jetzt musste Charlotte doch lächeln. »Bevor ich dem netten Inspector Bescheid gebe, muss ich schon ein bisschen mehr in der Hand haben als die Informationen von der Cousine der Frau Ihres Fleischers. Und außerdem gehe ich ja nicht allein, sondern nehme meinen Leibwächter mit.«

Einen Augenblick lang schaute Thommie sie etwas verwirrt an, dann drückte er seine schmalen Schultern durch und nickte.

Eine Stunde später standen Charlotte und Thommie auf der Greenfield Street. Es war nicht schwer gewesen, den Mann zu finden, von dem Mrs Paddington gesprochen hatte, hier in der Nachbarschaft kannte ihn fast jeder: Aaron Kosminski war eine traurige Gestalt. Er saß auf der Straße vor dem Haus, in dem er sich eine Wohnung mit seiner Schwester und der restlichen Familie teilte, und spielte mit einem verlausten Hund. Obwohl er wahrscheinlich erst in seinen 20ern war, sah Kosminski wesentlich älter aus. Das Leben hatte bereits tiefe Furchen in sein schmutziges Gesicht gekratzt. Seine braunen Haare hingen ihm strähnig in die Stirn, und hinter seinen hin und her zuckenden braunen Augen flackerte etwas, das Charlotte nicht richtig deuten konnte. Noch während sie überlegte, wie sie Kosminski am besten ansprechen sollte, stieß Thommie ihr seinen Ellenbogen in die Seite. »Miss Charlotte, im Hinterhof von dem Haus steht ein Fenster auf, scheint aber keiner da zu sein. Soll ich mir mal die Wohnung angucken?«

»Nur wenn du dich dieses Mal nicht erwischen lässt«, zischte Charlotte ihm zu und hoffte, dass niemand ihr Gespräch belauscht hatte. Sofort setzte Thommie sich in Bewegung und verschwand in einer schmalen Gasse, die zum Hinterhof des Hauses führte.

Charlotte wandte sich wieder Kosminski zu, der komplett in seiner eigenen Welt zu leben und von dem Gewusel auf der Straße um ihn herum nichts mitzubekommen schien. Sie hatte gerade beschlossen, ihn einfach anzusprechen, als sie hinter sich lautes Geschrei hörte:

»Da muss das Schwein sein!«

»Los, den holen wir uns!«

Eine Gruppe von fünf Männern stürmte auf den immer noch am Boden sitzenden Aaron Kosminski zu und umkreiste ihn. Bevor der überhaupt irgendwas sagen konnte, traf ihn bereits die erste Faust: »Du wirst nie wieder eine Frau anpacken, du dreckige Judensau!«, brüllte der Größte der fünf, der aussah wie ein prall gefüllter Mehlsack auf zwei kurzen Beinen. Kosminski krümmte sich stumm auf dem Boden und zog die Arme über seinem Kopf zusammen, als die nächsten Schläge auf ihn einprasselten. In den Augen der Männer erkannte Charlotte Wut, aber auch noch etwas anderes, das sie noch mehr erschreckte: Freude. Laut grölend und lachend traten die Männer auf den am Boden liegenden Mann ein wie Kinder auf einen Fußball. Mittlerweile lief Aaron Kosminski Blut aus der Nase. Außerdem hatte der Mehlsack jetzt einen Knüppel in der rechten Hand und nahm gerade Schwung, um das Holz auf Kosminskis Schädel krachen zu lassen.

Charlotte musste etwas tun, also improvisierte sie. »Alfie? Alfie, mein Schatz, was tust du denn da?«, kreischte sie so laut und hoch, wie sie konnte.

Und tatsächlich: Der Anführer der Gruppe ließ seinen Knüppel sinken und starrte Charlotte aus wässrigen Augen an. »Gehen Sie gefälligst weiter, das hier ist nichts für Weiber! Und wer zum Teufel sind Sie überhaupt?«

Charlotte zögerte keine Sekunde: »Penelope Bradley mein Name. Und wer sind Sie, wenn ich fragen darf?«

Der Mehlsack baute sich vor ihr auf und versuchte, trotz seiner Schnapsfahne so beeindruckend wie möglich zu wirken. »Arthur Wilson, Ma'am. Meine Männer und ich gehören zur Bürgerwehr von George Lusk und halten dieses Viertel sauber.«

Charlotte hatte schon von der Bürgerwehr gehört, die sich kurz nach dem ersten Mord in Whitechapel gegründet hatte und von dem reichen Bauunternehmer George Lusk finanziert wurde. Ein Haufen arbeitsloser Schläger, die auf alles und jeden losgingen, dessen Gesicht ihnen nicht in den Kram passte. Sie ließ sich ihre Wut und ihre Abscheu nicht anmerken und lächelte Mehlsack Wilson freundlich an: »Und Sie sind sicher der Anführer dieser Gruppe hier, nicht wahr?«

Wilsons Gesicht wurde fast ein bisschen rot, und er nestelte mit seinen groben Fingern an einem Abzeichen herum, das er an seiner speckigen Weste trug – und das ehrlicherweise irgendwie selbstgebastelt aussah. »Genau Ma'am. Wir haben die Information bekommen, dass sich hier in der Nachbarschaft ein Jude herumtreibt, der Frauen belästigt. Vielleicht steckt er sogar hinter den Morden. Heutzutage kann man ja nicht vorsichtig genug sein!«

Penelope Bradley alias Charlotte nickte freundlich, bevor sie sagte: »Ich fürchte, hier liegt ein bedauernswertes Missverständnis vor. Das hier auf dem Boden ist mein Ehemann Alfie. Ein guter, gläubiger Christ und Vater – nur leider trinkt er gerne etwas zu viel, und dann vergisst er manchmal, wo er gerade ist und wo er hingehört. Seit er vorgestern nicht von seiner Kneipentour zurückgekommen ist, habe ich ihn schon überall gesucht!«

Kosminskis Augen rasten zwischen Charlotte und den Männern, die aufgehört hatten, auf ihn einzuprügeln, hin und her, aber er schwieg. Wilson setzte an, um etwas zu sagen, doch Charlotte drängelte sich vorbei und half Kosminski beim Aufstehen. »Nun komm schon, Alfie, es wird Zeit, nach Hause zu gehen! Du hast den guten Männern hier schon genug Scherereien bereitet, was denkst du dir denn nur immer dabei?« Kosminski glotzte schweigend vor sich hin, während sie ihn auf die Beine zog. »Vielen Dank für Ihre Arbeit, Mr Wilson! Es ist beruhigend zu wissen, dass die Straßen von Whitechapel dank Ihnen und Ihren mutigen Männern endlich wieder sicherer werden!«

Mehlsack Wilson schien zu überlegen, was er sagen sollte, entschied sich am Ende dann für ein: »Danke schön, Ma'am. Und bitte entschuldigen Sie unsere kleine Verwechslung.«

»Schon vergessen. Schönen Tag noch!«, rief Charlotte Wilson hinterher, nachdem der mit seinen Männern den Rückzug angetreten hatte. Als die fünf Schläger hinter der nächsten Straßenecke verschwunden waren, wischte Charlotte sich den Schweiß von der Stirn. Sie konnte selbst kaum glauben, dass ihre spontane Idee so gut funktioniert hatte. Zeit, sich dem eigentlichen Grund ihres Besuches hier in der Greenfield Street zuzuwenden. »Mr Kosminski?«

Er schreckte hoch, senkte aber sofort wieder seinen Blick und starrte stattdessen auf seine dreckigen Hände, deren Finger sich ruckartig krümmten und wieder öffneten.

»Mr Kosminski? Aaron Kosminski?«

Wieder starrte er sie an, nur für einen Augenblick, als fürchtete er, auch Charlotte würde jetzt auf ihn einschlagen. Er spuckte die Worte mehr aus, als dass er sie sprach, mit einem schweren, osteuropäischen Akzent: »Ich rede nicht mit Fremden.«

Okay, das wird noch komplizierter, als ich dachte, ging es Charlotte durch den Kopf, während sie versuchte, möglichst harmlos und freundlich auszusehen. »Aber ich bin doch keine Fremde. Mein Name ist Charlotte Foster, und ich würde Ihnen gerne ein paar Fragen stellen. Vielleicht dort drüben in dem Pub? Dort ist es doch gemütlicher als hier auf der Straße. Und außerdem sind wir da auch vor Arthur Wilson und seinen Schlägern sicher. Wenn Sie mögen, lade ich Sie gerne auf etwas zu essen ein.«

Kosminski schien zu überlegen. »Ich habe Hunger«, murmelte er schließlich.

»Das werte ich mal als Ja.« Charlotte ging lächelnd voraus zu einem kleinen Pub auf der anderen Straßenseite. Tatsächlich folgte Kosminski ihr, schaute sich auf dem kurzen Weg aber immer wieder nervös um.

Die Besitzerin des Ladens warf Charlotte und ihrem vor Schmutz starrenden Begleiter mehr als nur einen zweifelnden Blick zu, aber da die beiden um diese Zeit die einzigen Gäste waren, entschied sie sich dann doch dafür, Charlottes Bestellung aufzunehmen. Die Journalistin orderte zwei Pints Bier und für Kosminski einen großen Teller Stew. Innerhalb von Minuten hatte der Mann den Teller schweigend in sich hineingeschaufelt, sodass Charlotte direkt eine zweite Portion bestellte. Nachdem er auch diesen Teller leer gegessen hatte, lehnte Kosminski sich zurück und schaute Charlotte an, sagte aber kein Wort. Irgendwie musste sie mit ihm ins Gespräch kommen, am besten mit einer möglichst unverfänglichen Frage. Charlotte versuchte es mit »Leben Sie schon lange hier in Whitechapel?«.

Ihr Gegenüber schloss die Augen, seine Stimme war nicht viel mehr als ein Flüstern. »Sechs Jahre. Erst Polen, dann Deutschland, jetzt England.«

Sofort verfiel er wieder in Schweigen und schaukelte mit dem Oberkörper hin und her, also setzte Charlotte nach: »Und Sie arbeiten hier als Barbier?«

Kosminski schüttelte heftig den Kopf. »Früher mal. Heute nicht mehr. Heute sagen die Menschen, ich bin verrückt.«

»Wer sagt das?«

»Alle. Die Menschen hier auf der Straße, die Nachbarn, sogar meine Familie. Die haben alle Angst vor mir. Weil sie die Stimmen nicht hören können.« Das Flackern in seinen Augen war wieder stärker geworden. Charlotte beugte sich so weit zu ihm vor, dass sich ein säuerlicher Geruch in ihre Nase drängte. Kosminski roch nach einer Mischung aus altem Schweiß, Urin und Dreck. Sie versuchte, ihren Ekel herunterzuschlucken, und bemerkte, dass das Flackern in Kosminskis Augen etwas anderes war, als sie bisher vermutet hatte.

Es war Angst.

Aaron Kosminski hatte furchtbare Angst.

Seine Stimme war jetzt nur noch ein Wispern. »Manchmal höre ich Stimmen. Die flüstern mir Dinge zu. Schlimme Dinge.«

»Was für Dinge sind das?«, fragte Charlotte. Kosminski schwieg. Sie sah ihn auffordernd an, aber ihr Gegenüber sagte weiterhin kein Wort, also versuchte sie etwas anderes. »Mr Kosminski, sagen Ihnen diese vier Namen etwas: Mary Ann Nichols, Annie Chapman, Elizabeth Stride oder vielleicht Catherine Eddowes?«

Aaron Kosminskis Augen flackerten wieder, und Charlotte glaubte, den Funken einer Erinnerung gesehen zu haben, aber Kosminski schwieg weiter. Also kramte sie aus ihrer Handtasche vier Bilder hervor, die sie aus den Zeitungen der vergangenen Tage ausgeschnitten hatte. Es waren Zeichnungen der vier ermordeten Frauen. Zum Teil hatten die Zeitungs-Zeichner ihre Fantasie ein wenig zu viel spielen lassen, aber im Großen und Ganzen schienen ihr die Bilder ziemlich akkurat. Sie schob Kosminski die Ausschnitte über den Tisch und sah ihn fragend an: »Kennen Sie eine dieser vier Frauen?«

Kosminski ließ die Bilder schweigend durch seine dreckigen Hände gleiten, ohne etwas zu sagen, und Charlotte wollte gerade zur nächsten Frage ansetzen, als er mit seinem Zeigefinger auf eines der Bilder tippte und laut rief: »Die da kenne ich, das ist Dark Annie!«

»Ja genau, das ist Annie Chapman. Und die kennen Sie? Darf ich fragen woher?«

Kosminski schloss die Augen und lächelte. »Die hat hier im Viertel Blumen verkauft, manchmal haben wir zusammen einen Schnaps getrunken. Aber dann war sie krank, ich habe sie lange nicht mehr gesehen.« Seine Augen sahen traurig aus: »Sie ist tot, oder? Traurig, sehr traurig. Sie war immer sehr nett zu mir. Es sind nicht viele Menschen nett zu mir.«

»Warum?«, platzte es aus Charlotte heraus, und sie bereute ihre Frage sofort, weil sie befürchtete, dass Kosminski sich wieder in seine eigene Welt zurückziehen würde.

Aber zu ihrer Überraschung antwortete er sofort und wirkte dabei auf einmal völlig klar. »Die Leute mögen mich nicht, weil sie die Stimmen nicht hören können, die ich höre. Die Stimmen sprechen nur mit mir. Sie wollen, dass ich Menschen wehtue. Aber ich will niemandem wehtun.«

Charlotte musste daran denken, wie Kosminski wenige Minuten vorher die Schläge und Tritte der Bürgerwehr über sich ergehen hatte lassen, ohne sich zu wehren. »Haben Sie Dark Annie vielleicht wehgetan, Mr Kosminski? Oder einer der anderen Frauen auf diesen Bildern?«, fragte sie.

Kosminski schlug völlig unvermittelt mit der Faust auf den Tisch, fegte dann mit der anderen Hand die Bilder von der Tischplatte und schrie: »Nein! Ich tue niemandem weh, niemals!«

Charlotte wusste, dass sie jetzt ganz vorsichtig sein musste, aber nun, wo sie ihn endlich zum Reden gebracht hatte, konnte sie nicht einfach aufgeben, also hakte sie nach: »Und Ihrer Schwester? Haben Sie ihr wehgetan? Ich habe gehört, dass es da mal einen Streit zwischen Ihnen gab … Und da sollen Sie mit einem Messer auf sie losgegangen sein.«

Für eine Sekunde schien Kosminskis schmutziges Gesicht wie eingefroren, dann ließ ein lautes Schluchzen seinen ganzen schmächtigen Körper erzittern. »Ich habe meiner Schwester nichts getan! Gar nichts! Das Messer habe ich nur genommen, damit sie endlich aufhört, so schlimme Dinge über mich zu sagen, weil ich keine Arbeit habe und keine Frau und so … Aber ich wollte ihr damit nicht wehtun, ich wollte nur, dass sie endlich still ist! Ich habe sie nicht angerührt!« Kosminski schlug die Hände vors Gesicht und verlor den Kampf gegen die Tränen endgültig. Er heulte wie ein kleines Kind, bis ihm der Rotz in sein volles Bierglas tropfte, das er bisher nicht angerührt hatte.

Charlotte wollte seine Hände nehmen, um ihn zu beruhigen, entschied sich dann aber in letzter Sekunde dagegen. »Ich denke, es ist besser, wenn ich Sie jetzt nach Hause bringe, Mr Kosminski«, sagte sie mit ruhiger Stimme und war überrascht, als ihr Gegenüber sich mit dem Handrücken über die Nase wischte und dann tatsächlich aufstand. Nachdem Charlotte sich in der Greenfield Street von Kosminski verabschiedet hatte, zuckelte er schweigend und mit hängenden Schultern in das Haus, in dem er bei seiner Schwester wohnte.

Hinter einer Häuserecke wartete auch schon Thommie auf Charlotte, die Kappe tief ins Gesicht gezogen.

»Und?« fragte sie ihn.

»Ne ganz normale Wohnung tät ich sagen«, antwortete Thommie. »Für Sie vielleicht ein bisschen dreckig, aber das ist halt so, wenn acht Leute sich zwei Zimmer teilen. Hat ein bisschen gedauert, bis ich den Kram von Ihrem Mr Kosminski gefunden hab, aber viel war es nich … Ein zerknittertes Foto, wahrscheinlich von seiner Mutter, ein Paar kaputte, alte Stiefel …«

Charlotte spürte, wie ihr Herz ein wenig schneller schlug: »Welche Farbe hatten die Stiefel? Und fehlten da vielleicht Knöpfe?«

Thommie musste unweigerlich lachen: »Da fehlte so ziemlich alles, sogar die Sohle. Die Stiefel waren saudreckig, aber ich glaube, früher waren die mal schwarz.«

»Dann sind das nicht die Stiefel, die wir suchen«, murmelte Charlotte. »Gab es sonst noch was Interessantes? Vielleicht irgendwas, was den Opfern gehört haben könnte? Oder etwas, das sich als Tatwaffe eignet?«, fragte sie.

»Doch, da war was. Ein Damentaschentuch, auch ziemlich schmutzig. Vielleicht von seiner Verflossenen«, antwortete Thommie und grinste. »Und ein Rasiermesser habe ich auch gefunden. Aber das war so verrostet, dass man es nicht mal aufklappen konnte.«

Charlotte dachte nach. Sie hatten nichts gefunden, was Aaron Kosminski direkt mit den Morden in Verbindung bringen konnte, aber das musste natürlich nichts bedeuten.

Hier gab es für Thommie und sie nichts mehr zu tun, also beschlossen sie, gemeinsam den Rückweg anzutreten. Zu Hause wartete bereits eine aufgeregte Mrs Paddington auf sie. »Miss Foster, da sind Sie ja endlich! Sie haben eine Nachricht von Mr Moore von der Central News Agency bekommen, Sie sollen sofort kommen! Der Whitechapel-Killer hat sich wieder gemeldet!«

Aaron Kosminski
Aaron Kosminski wird 1865 als Aron Mordke Kozminski im heutigen Polen geboren. Im Jahr 1881 siedelt er mit seiner Familie nach London über und lebt dort mit ihnen im East End, wo er eine Zeitlang als Barbier arbeitet. Bereits drei Jahre vor den Morden wird er von Ärzten als psychisch krank eingestuft, weil er unter anderem an paranoider Schizophrenie leidet. Ab 1891 verbringt Kosminski sein Leben in verschiedenen Heilanstalten, wo er 1919 im Alter von 53 Jahren stirbt. Zum Zeitpunkt der Ripper-Morde gehört Aaron Kosminski zu den Hauptverdächtigen, unter anderem wegen seines angeblich Hasses auf Frauen und weil er in der Nähe der Tatorte lebt und sich dementsprechend im East End gut auskennt. Im Jahr 2014 untersucht ein finnischer Biochemiker Spermaspuren, die sich auf einem Halstuch befinden, das angeblich bei der Leiche von Catherine Eddowes gefunden wurde. Bei der Untersuchung kommt heraus, dass das Sperma mit an Sicherheit grenzender Wahrscheinlichkeit von Kosminski stammt, allerdings ist dieses Ergebnis wegen methodischer Fehler extrem umstritten.

Montag, der 1. Oktober 1888 – Mary Jane

Es war genauso wie vor sieben Jahren: Auch damals in Cardiff war ihr wochenlang übel gewesen, vor allem morgens. Sie hatte damals gespürt, dass ihr Körper sich veränderte, aber sie hatte nicht gewusst, was da wirklich mit ihr passierte. Erst als sie ihren wachsenden Bauch nicht mehr unter weiten Kleidern hatte verstecken können, hatte ihre Mutter ihr erklärt, was mit ihr los war. Ihre Mutter war nie besonders liebevoll gewesen, aber den Schwall aus Beschimpfungen und Schlägen, der damals auf sie eingeprasselt war, hatte Mary Jane bis heute nicht vergessen. Der Vater des Kindes war mit einer anderen Frau verheiratet gewesen, und Mary Janes Mutter wollte einen Skandal unbedingt vermeiden. Also hatte sie ihre Tochter in eine Besserungsanstalt für gefallene Mädchen gesteckt, in der Mary Jane ihr Kind zur Welt brachte. Noch nie in ihrem Leben hatte sie solche Schmerzen gehabt, aber der Schmerz, der nach der Geburt folgte, war noch viel schlimmer gewesen: Die kleine Violet hatte nur ein paar Augenblicke in ihren Armen gelegen und sie mit ihren blauen Augen angeschaut, dann war sie ihr von einer der Nonnen, die das Heim betrieben, aus der Hand gerissen worden. Mary Jane hatte ihre Tochter danach nie wiedergesehen, sie konnte nur hoffen, dass die Kleine irgendwo ein gutes Zuhause gefunden hatte. Insgesamt neun Monate hatte sie in der Anstalt bleiben müssen, danach konnte sie es gar nicht abwarten, Wales endlich hinter sich zu lassen und ein neues Leben in London zu beginnen.

Und jetzt fühlte sie sich genau wie in den Monaten vor Violets Geburt. Mary Jane überlegte, wann sie das letzte Mal geblutet hatte. Sie war sich nicht ganz sicher, aber es war sehr warm und schwül gewesen, also musste es mindestens acht Wochen her sein. Auch wenn ihr Bauch immer noch relativ flach war, glaubte sie, bereits die Bewegungen des kleinen Menschen in sich zu spüren. Mary Jane stellte überrascht fest, dass ihr heiße Tränen die Wangen hinunterliefen. Sie hatte keine Ahnung, was sie jetzt tun sollte, nur eine Sache wusste sie ganz genau: Joseph durfte auf keinen Fall erfahren, dass sie ein Kind von einem anderen Mann erwartete.

Montag, der 1. Oktober 1888 – Charlotte

Als Charlotte das Büro von Charles Moore in der Central News Agency betrat, blickte sie zu ihrer Verwunderung nicht nur in das kleine, spitzbärtige Gesicht des Agenturchefs, sondern auch in das von Inspector Abberline.

»Miss Foster, herzlich willkommen! Ich habe mir erlaubt, die Polizei dieses Mal direkt hinzuzuziehen«, sagte Moore, der von seinem Schreibtisch aufgesprungen war, um mit großer Geste einen zweiten Stuhl für Charlotte zu organisieren.

Die lächelte Abberline freundlich zu und lehnte sich dann hinüber zu Charles Moore. »Also, was haben Sie dieses Mal für uns?«

Moore genoss seinen Auftritt sichtlich. »Dieses Mal keinen Brief, sondern eine Postkarte. Sie ist heute bei uns eingetroffen, und natürlich habe ich direkt die Behörden unterrichtet. Den ersten Brief haben wir ja, wie mit der Polizei besprochen, zurückgehalten, damit sie ihn heute auf der Suche nach Hinweisen selbst veröffentlichen konnten, auch wenn uns das einiges an Geld gekostet hat. Aber wir hier bei Central News tun selbstverständlich alles, um die Ermittlungen von Scotland Yard zu unterstützen. Falls Sie sich heute bei der Postkarte anders entscheiden sollten, Herr Inspector, dann biete ich Ihnen die Karte sehr gerne für einen Exklusiv-Abdruck für den amerikanischen Markt an, Miss Foster!«

Abberline versuchte sich an einem Lächeln, das wohl freundlich aussehen sollte, und auch Charlotte nickte nur kurz, um Moore in seinem Redefluss nicht zu unterbrechen. Ihre Neugier war eindeutig geweckt.

»Und hier haben wir das gute Stück.« Mit diesen Worten zog der Agenturchef eine einfache Postkarte aus hellem Papier aus der obersten Schublade seines Schreibtisches und schob sie über die Tischplatte. Auf der oben liegenden Seite erkannte Charlotte einen schwarzen Poststempel und die Adresse der Agentur, die mit roter Tinte geschrieben war. Sie war zwar keine Expertin, aber für sie sahen die geschwungenen Buchstaben exakt so aus wie die Schrift auf dem ersten Brief. Aber das war es nicht, was Charlotte trotz der Hitze in dem stickigen Büro erschaudern ließ: Direkt über der Adresse war ein gut sichtbarer, leicht verschmierter Handabdruck in fast derselben Farbe wie die Schrift. War das Blut?

Nachdem auch Inspector Abberline die Rückseite der Postkarte genau studiert hatte, drehte er sie vorsichtig um, sodass Charlotte und er die Nachricht lesen konnten:

Ich habe keinen Spaß gemacht, als ich Ihnen den Hinweis gab. Spätestens morgen werden Sie von Saucy Jacky's Arbeit hören – dieses Mal ein Doppel-Ereignis. Die erste hat ein bisschen gequietscht. Ich bin nicht ganz fertig geworden. Hatte keine Zeit, ihr Ohr für die Polizei zu besorgen. Und danke, dass Sie den letzten Brief zurückgehalten haben.

Jack the Ripper

Saucy Jacky
Die »Saucy Jacky«-Postkarte ist das zweite Schreiben, das angeblich vom Whitechapel-Mörder stammt und bei Central News eingegangen ist. Sie kommt am 1. Oktober 1888 bei der Agentur an und wird noch am selben Abend im Star abgedruckt. Obwohl

es einige Unterschiede zur Schrift des »Dear Boss«-Briefes gibt, geht man heute davon aus, dass beide von derselben Person verfasst wurden. In der Postkarte geht der Verfasser zum ersten Mal konkreter auf die Morde ein, die Formulierung »double event«, also Doppel-Ereignis, für die Morde an Elizabeth Stride und Catherine Eddowes hat sich bis heute im Sprachgebrauch gehalten. Auch bei dieser Postkarte ist bis heute nicht abschließend geklärt, ob sie wirklich vom Täter stammt. Einige der Ermittler damals haben aber den Verdacht, dass sowohl hinter dem Brief als auch hinter der Karte ein Journalist der Central News steckt.

Die Stille in dem kleinen, vollgestopften Büro war fast körperlich spürbar. Irgendwann hielt Charles Moore es nicht mehr aus und fragte: »Und? Halten Sie die Karte für authentisch?«

Abberline zögerte einen Moment und strich sich über seinen Bart, bevor er antwortete: »Ich habe da meine Zweifel. Die Karte wurde zwar laut Poststempel in London-E, also im East End, aufgegeben. Aber noch viel interessanter ist das Datum des Stempels: der 1. Oktober 1888. Die Karte wurde erst heute abgegeben, der Schreiber könnte seine Informationen also aus der Zeitung haben.«

Moore sah sichtlich enttäuscht aus, bis Charlotte sich einschaltete: »Da bin ich anderer Meinung. Schauen Sie mal auf das Ende des Textes. Dort bedankt sich Jack doch dafür, dass die Agentur seinen ersten Brief zurückgehalten hat. Eben dieser Brief wurde aber heute überall veröffentlicht. Also hat er die Karte wohl VORHER geschrieben, wahrscheinlich direkt nach den beiden Morden.«

Abberline schwieg einen Augenblick, dann nickte er anerkennend: »Da könnten Sie tatsächlich recht haben, Miss Foster. Mir fällt da gerade noch eine andere Stelle auf. Hier schreibt er, das erste Opfer habe ›ein bisschen gequietscht‹. Genau das hat auch der Zeuge Israel Schwartz in seiner Vernehmung heute Morgen ausgesagt. Er hat von Elizabeth Stride in der Berner Street keinen lauten Schrei gehört, sondern nur ein lautes Quietschen. Und das stand definitiv noch in keiner Zeitung, die Vernehmung ist ja gerade mal ein paar Stunden her. Wir werden eine exakte Kopie der Karte in allen Zeitungen veröffentlichen lassen. Vielleicht haben wir Glück, und irgendjemand erkennt die Handschrift.«

Charles Moore sah aus, als hätte er in eine Zitrone gebissen: »Sie meinen, wirklich in allen? Also auch in den Zeitungen, die nicht dafür bezahlen wollen?«

Charlotte sah genau, dass Abberline sich ein Grinsen gerade noch so verkneifen konnte. »In allen«, bestätigte er. »Wir wollen eine möglichst große Menge an Menschen erreichen. Und Sie haben uns ja bereits zugesichert, dass Sie alles tun, um die Ermittlungen von Scotland Yard zu unterstützen, mein lieber Mr Moore.«

Von Charles Moores Geschäftigkeit war nichts mehr zu sehen. »Natürlich«, murmelte er in seinen kleinen weißen Spitzbart.

Nachdem Charlotte und Abberline sich vom Agenturchef verabschiedet hatten, kamen sie auf dem Weg nach draußen noch mal ins Gespräch, und Charlotte entschied sich spontan dazu, Abberline von ihrem Verdacht gegen Aaron Kosminski zu erzählen.

Wieder wurde sie vom Inspector überrascht. »Ich würde Ihnen jetzt gerne einen Vortrag darüber halten, dass Sie bitte aufhören sollten, sich selbst in Gefahr zu bringen, aber ich kenne Sie mittlerweile gut genug, um zu wissen, dass Sie sowieso nicht auf mich hören würden. In dem Fall waren Sie aber ausnahmsweise nicht schneller als wir von Scotland Yard, wir haben Kosminski nach einigen Hinweisen nämlich bereits überprüft. Er kennt sich in Whitechapel gut aus, außerdem ist er laut seiner Familie geisteskrank, und er hat seine eigene Schwester mit einem Messer angegriffen.

Allerdings haben wir ihm bisher nichts nachweisen können. Aber vielleicht ist Ihr Hinweis, dass Kosminski mit Annie Chapman bekannt war, der erste Schritt, um in dieser Sache weiterzukommen. Auf jeden Fall eine vielversprechendere Spur als diese elende Lederschürze. Ich danke Ihnen, Miss Foster. Aber tun Sie mir trotzdem einen Gefallen und passen Sie auf sich auf!« Bei seinem letzten Satz legte Abberline ganz kurz seine Hand auf Charlottes Schulter, und sie hatte keine Ahnung, wie sie mit dieser ungewohnten Freundlichkeit umgehen sollte.

Freitag, der 5. Oktober 1888 – Charlotte

Die Zigarettenkippen in Charlottes Aschenbecher türmten sich bereits zu einem gefährlich hohen Haufen. Zum Glück hatte sich Mrs Paddington seit gestern nicht mehr blicken lassen, sonst hätte sie diesen Anblick sicherlich wieder mit einem strengen Blick und einem missbilligenden Seufzen quittiert. Charlotte verdrehte die Augen und zündete sich die nächste Zigarette an. Seit der Postkarte war ihre Suche nach Hinweisen kein Stück weitergekommen, und auch Scotland Yard schien auf der Stelle zu treten. Jeder Mensch in der Stadt wartete darauf, dass irgendetwas passierte – gleichzeitig hatten fast alle Angst davor, was dieses Irgendetwas sein könnte. Vor drei Tagen hatte es einen Aufschrei gegeben, als bei Bauarbeiten in einem Keller des Scotland-Yard-Gebäudes Leichenteile einer Frau gefunden worden waren. Die Londoner Revolverblätter wie die Illustrated Police News hatten sich auf den Fall gestürzt und die Tote bereits zum fünften Opfer von Jack the Ripper ernannt. Auch Charlottes Chefredakteur William Raymond hatte sie von New York aus auf den Fall angesetzt, und sie hatte sich für einen kurzen Augenblick fast gefreut, endlich wieder etwas Neues berichten zu können. Doch schon nach kurzer Zeit hatte die Polizei einen Zusammenhang mit den Ripper-Morden ausgeschlossen, weil weder das Opfer noch die Art der Tat zu den anderen vier ermordeten Frauen passte.

Whitehall Mystery

Bereits am 11. September 1888, also vor dem Mord an Elizabeth Stride und Catherine Eddowes, wird am Themseufer in Pimlico der rechte Arm einer Frau gefunden. Am 2. Oktober 1888 entdeckt ein Bauarbeiter während des Ausbaus des Scotland-Yard-Hauptquartiers am Whitehall Place im Keller ein Paket mit einem weiblichen Torso. Die Ermittlungen ergeben, dass die tote Frau wahrscheinlich aus einer höheren Gesellschaftsschicht stammte und ihre Leiche höchstens vier Tage vor ihrer Entdeckung in dem Keller abgelegt wurde. Scotland Yard schließt relativ schnell aus, dass der Tod der Frau in einem Zusammenhang mit den Ripper-Morden steht. Der Fall geht als »Whitehall Mystery« in die Kriminalgeschichte ein und bleibt bis heute ungelöst.

In London war also mit ziemlicher Wahrscheinlichkeit nicht nur ein verrückter Frauenmörder unterwegs. Als sich diese Nachricht verbreitet hatte, kippte die Stimmung in der Stadt endgültig, die Angst der letzten Wochen verwandelte sich in Wut: auf die Polizei, die den Mörder immer noch nicht gestoppt hatte, auf die Regierung, die es nicht schaffte, für die Sicherheit ihrer Bürger zu sorgen, und auf alle, die irgendwie anders und damit verdächtig aussahen. Überall entlud sich die Anspannung in kurzen, heftigen

Eruptionen. Zuerst waren es die sogenannten Bürgerwehren, die nachts mit Laternen und Knüppeln durch die Straßen von Whitechapel patrouillierten und jeden stoppten, dessen Nase ihnen nicht passte. Angeführt von Männern wie Arthur »Mehlsack« Wilson, deren Fäuste wesentlich schneller waren als ihr Verstand, schlugen diese Bürgerwehren erst zu und stellten dann die Fragen, manchmal vergaßen sie das Fragenstellen auch ganz. Dann fingen auch immer mehr ganz normale Bürger an, das Gesetz in die eigene Hand zu nehmen. Gleich vier Mal hatte die Polizei in den letzten Tagen wütende Mobs davon abhalten müssen, Menschen noch auf der Straße aufzuknüpfen, weil sie sie für den Ripper hielten. Viele Londoner trauten sich nach Einbruch der Dämmerung nicht mehr nach draußen, und noch weniger trauten die Menschen einander. In ihrem letzten Artikel hatte Charlotte die Stimmung in London mit einem Vulkan verglichen, der unter der Oberfläche bereits blubberte und brodelte. Sie rechnete eigentlich jederzeit mit dem Ausbruch.

Plötzlich klopfte es an ihrer Tür, und Charlotte ließ vor Schreck ihre Zigarette auf den roten Perserteppich fallen. Laut fluchend klaubte sie die brennende Kippe wieder auf und stieß sich dabei den Kopf an der Schreibtischkante. Als sie wieder an ihrem Platz saß, schaute sie direkt in Thommies Gesicht, der sich vor Lachen kaum noch halten konnte. »'tschuldigung, Miss Charlotte, das sah einfach zu lustig aus!«

Da musste auch Charlotte, trotz ihres schmerzenden Hinterkopfs, grinsen. »Gern geschehen. Ich nehme an, du bist nicht nur hergekommen, um dich über mich lustig zu machen?«

Seine Antwort kam sofort, und die Aufregung in seiner Stimme war nicht zu überhören. »Jau! Sie haben doch gesagt, dass ich herausfinden soll, was die Frauen gemeinsam haben, die ermordet worden sind. Ich hab mich weiter umgehört und was ermittelt!«

Sofort waren Charlottes Kopfschmerzen wie weggeblasen. »Und was?« Thommie war sichtlich stolz auf das, was er herausgefunden hatte. »Es geht um die Stride, oder die lange Liz, wie sie in Whitechapel alle nennen. Die Lange hat früher für zwei Shilling am Tag als Putzfrau im Haus einer reichen jüdischen Familie gearbeitet. Dabei ist sie wohl dem Hausherrn ein bisschen zu nahe gekommen, wenn Sie verstehen, was ich meine …«

»Du meinst, die beiden hatten eine Affäre?«, fragte sie nach.

»Zumindest so lange, bis Liz einen dicken Bauch bekommen hatte.«

Charlotte wunderte sich kurz darüber, mit welcher Selbstverständlichkeit Thommie in seinem Alter über diese Dinge sprach. Aber ein Zwölfjähriger auf den Straßen von London lernte wahrscheinlich einige Dinge etwas früher als eine katholisch erzogene Unternehmertochter an der Ostküste der Vereinigten Staaten.

»Elizabeth Stride war also schwanger von ihrem Arbeitgeber«, fasste sie Thommies Erzählungen zusammen, »allerdings war sie laut dem bisherigen Ermittlungsstand kinderlos. Was ist also mit dem Baby passiert?«

»Genau das ist es ja!«, warf Thommie ein und klang jetzt noch aufgeregter. »Sie hat es wegmachen lassen. Und jetzt raten Sie mal, wer letztes Jahr ebenfalls einen Braten in der Röhre hatte?«

»Können wir uns vielleicht darauf einigen, dass du das Wort ›schwanger‹ benutzt?«, unterbrach Charlotte ihn.

»'tschuldigung!«, sagte Thommie kleinlaut und fuhr dann fort: »Jedenfalls soll Polly Nichols Anfang vor drei Jahren auch kurz schwanger gewesen sein und dann auf einmal nicht mehr, das hat mir jedenfalls ihre Zimmernachbarin aus dem Armenhaus erzählt!«

»Na ja, da sie schon fünf Kinder hatte, die bei ihrem Exmann William und seiner neuen Frau leben, hatte sie wahrscheinlich keine Lust auf ein weiteres Kind – abgesehen davon, dass sie sich rein finanziell gar kein Baby hätte leisten können«, dachte Charlotte laut. »Wusste die Zimmernachbarin auch, was mit dem Kind passiert ist?«, fragte sie Thommie.

»Jepp. Sie hat mir gesagt, Polly hat es wegmachen lassen, also genau wie die lange Liz.«

Auch Charlotte wurde immer aufgeregter. »Weißt du zufällig, wo die beiden waren, um die Kinder wegmachen zu lassen?«

»Leider nich. Aber vielleicht finde ich das noch raus!«

Charlottes Gedanken rasten. Elizabeth Stride und Mary Ann Nichols hatten also beide eine Abtreibung vornehmen lassen. Außerdem wusste sie, dass Mary Ann Nichols und Annie Chapman sich gekannt hatten. War das die Verbindung zwischen den Opfern, nach der sie die ganze Zeit gesucht hatte? Bisher stand ihre Theorie auf sehr wackligen Beinen, aber irgendwie hatte sie das Gefühl, auf der richtigen Spur zu sein.

»Danke für deine Arbeit«, sagte sie an Thommie gewandt, »das könnte uns tatsächlich weiterbringen. Allerdings muss ich erst mal überprüfen, ob ich mit meiner Theorie richtigliege.«

Eine Stunde später betrat Charlotte das Red Lion und wurde von der zahnlosen Miranda mit einem besonders breiten Porzellan-Grinsen begrüßt. »Charlie Foster, willkommen in meiner bescheidenen Hütte! Du bist mein erster zahlender Gast heute, zumindest hoffe ich, dass du zum Trinken gekommen bist!«

»Nicht nur«, antwortete Charlotte und sah sich in dem Pub um. Keine der grob gezimmerten Holzbänke in dem vollgestellten Raum war besetzt, und selbst die wackeligen Stühle direkt vor der Theke, auf denen eigentlich rund um die Uhr irgendwelche Säufer ihren Durst stillten, waren leer. Nur der Geruch von vielen Litern verschüttetem Bier, Schnaps und kaltem Rauch erinnerte daran, dass man in diesem Laden noch vor wenigen Wochen abends keinen Fuß mehr auf die Erde bekommen hatte.

Miranda rollte dramatisch mit den Augen: »Wie du siehst, läuft hier gerade gar nichts! Seit dieser Irre da draußen auf den Straßen unterwegs ist, trinken die Leute ihren Fusel lieber zu Hause statt bei der guten alten Miranda. Also lass du mich nicht auch noch im Stich. Was darf's sein?«

Mehr aus Mitleid bestellte sich Charlotte einen Pint Bier und ließ sich auf einen der Stühle an der Theke fallen. »Du weißt ja vielleicht, dass ich versuche herauszufinden, wer hinter den Morden hier in Whitechapel steckt.«

Die zahnlose Miranda riss erstaunt ihre grell geschminkten Augen auf. »Du? Ist das nicht eher eine Sache für die Bullen?«

»Na ja, du siehst ja, wie gut das funktioniert«, sagte Charlotte und zuckte mit den Achseln. »Außerdem bin ich es Dark Annie schuldig. Und weil ich weiß, dass du sie besser kanntest als ich, dachte ich, du könntest mir vielleicht ein paar Fragen beantworten.«

Miranda atmete laut und schnaufend aus. »Diese arme Seele. Ich kann es immer noch nicht fassen. Zwei Tage vor ihrem Tod war sie noch bei mir im Laden. Sie sah schlecht aus, also noch schlechter als sonst.«

»Ja, das ist mir auch aufgefallen«, antwortete Charlotte: »Sie hat die ganze Zeit gehustet – Tuberkulose hat der Arzt gesagt, der sie obduziert hat. Aber da war noch irgendwas anderes. Als ich sie das letzte Mal gesehen habe, war sie viel betrunkener als sonst, und ich hatte irgendwie das Gefühl, dass sie sehr traurig war. Gab es da vielleicht irgendwas, das sie in den Wochen vor ihrem Tod verfolgt hat, irgendein Ereignis, das sie aus der Bahn geworfen hat?«

Miranda verschränkte ihre dünnen Arme und schien angestrengt nachzudenken. Nach einigen Augenblicken antwortete sie:

»Du weißt ja, dass sie ein sehr trauriges Leben hatte. Aber sonst … Nein, da war nichts!«

Den letzten Satz hatte sie für Charlottes Geschmack ein bisschen zu schnell nachgeschoben, und sie war sich sicher, dass die Wirtin log. »Denk noch mal in aller Ruhe nach«, ermunterte sie Miranda, »vielleicht kann dieser eine kleine Hinweis helfen, diesen Irren zu finden und ihn zu stoppen, damit du hier endlich wieder Leute im Laden hast!«

Energisch schüttelte Miranda den Kopf. »Wenn ich es dir doch sage, da war nichts! Und außerdem: So gut kannte ich Annie auch nicht, ich habe hier jeden Tag hundert Gäste, da kann ich nicht die Lebensgeschichte von jedem einzelnen kennen!«

Diese Frau war sturer als ein Esel, fand Charlotte, schwieg aber und sah Miranda einfach nur direkt in die Augen. Schon nach wenigen Sekunden wich die Wirtin ihrem Blick aus und begann plötzlich äußerst konzentriert, ein Glas abzutrocknen. Charlotte hatte in den letzten Jahren an die zweihundert Interviews geführt und in dieser Zeit gelernt, dass Schweigen manchmal die härteste Frage war. In aller Ruhe trank sie ihr Bier und ließ Miranda dabei nicht aus den Augen, bis die Stille zwischen ihnen schon fast schmerzte.

»Und selbst wenn«, platzte es aus der Wirtin heraus, »die Geheimnisse meiner Gäste sind bei mir sicher! Ich bin nicht so eine, die alles direkt weitertratscht.« »Das weiß ich doch«, sagte Charlotte lächelnd, »aber in dem Fall ist es kein Tratsch, sondern vielleicht der eine entscheidende Hinweis, der das Morden stoppen kann. Willst du wirklich, dass Annies Mörder weiter frei da draußen rumläuft und keine gerechte Strafe bekommt?«

Sofort änderte sich der Ausdruck in Mirandas Gesicht. »Der soll hängen, der Bastard!« Für ein paar Augenblicke fiel sie zurück in ihr Schweigen. »Na gut, da gab es schon etwas. Aber das hat Annie mir damals im Vertrauen erzählt, und die Zeitungen haben sowieso schon so viel Dreck über sie und ihr Leben geschrieben, da hätte sie bestimmt nicht gewollt, dass das auch noch breitgetreten wird.«

Charlotte beugte sich über die Theke und nahm Mirandas Hand. »Ich verspreche dir, dass ich nichts breittreten werde, wenn es mich nicht zu Annies Mörder führt. Ich will diesen Irren einfach nur stoppen, das wollen wir doch alle.«

Miranda ließ ihre Schultern sinken und sah auf einmal ganz alt und verloren aus. »Du hast recht. Wahrscheinlich würde Annie das auch wollen … Also, vor ungefähr einem halben Jahr ist sie zu mir gekommen und hat mir erzählt, dass sie ein Kind erwartet.«

Charlotte versuchte, sich ihre Aufregung nicht anmerken zu lassen, damit Miranda weitersprach.

»Es war ein Unfall, ein alter Bekannter aus dem Crossingham's, zu viel Schnaps in einer einsamen Nacht. Nach einigen Wochen merkte sie, dass ihre Blutungen ausblieben, und war hin- und hergerissen.«

»Das heißt, sie hat überlegt, das Kind zu bekommen?«, fragte Charlotte nach.

»Ja«, antwortete Miranda, »eigentlich hat sie sich nichts so sehr gewünscht, wie noch ein weiteres Kind, einen Neustart im Leben. Aber sie war auch schon 44, und von ihrem Zustand will ich gar nicht reden. Das hat Annie natürlich gewusst. Genau wie ihr klar war, dass sie noch nicht mal genug Geld für ihr eigenes Leben hatte. Das Kind wäre also irgendwann sowieso im Heim gelandet, und das wollte sie auf keinen Fall. Ich habe Polly gefragt, weil ich wusste, dass die vor einigen Jahren auch mal ein Kind hat wegmachen lassen.«

Jetzt konnte Charlotte ihre Aufregung nicht mehr verbergen. »Du meinst Mary Ann Nichols?«

»Ja, Polly. Und die hat uns dann die Adresse von einem Engelmacher gegeben, der hier in Whitechapel eine kleine Praxis in einem Hinterhof hat. So ein feiner Pinkel, der hier eigentlich gar nicht hinpasst. Soweit ich weiß, hat er sich auf Huren und Frauen, die schon mehr als genug Kinder haben, spezialisiert – scheint ein gutes Geschäft zu sein. Angeblich ist er ein echter Doktor und hat noch irgendwo eine offizielle Praxis, also bietet er seine Dienste hier nur am Wochenende an.«

Ohne es zu merken, hatte Charlotte nach einer Zigarette gegriffen, sie angezündet und nahm einen tiefen Zug. Mary Ann »Polly« Nichols und Eliza Ann »Dark Annie« Chapman hatten beim selben Arzt Abtreibungen durchführen lassen. War das auch der Arzt, den Elizabeth Stride aufgesucht hatte? Und hatte Catherine Eddowes ebenfalls ein Kind wegmachen lassen? In diesem Fall hätte sie endlich eine Verbindung zwischen den Opfern gefunden und auch eine mögliche Erklärung dafür, warum der Mörder den Unterleib der Frauen so stark verstümmelte. Vielleicht wollte er Frauen bestrafen, die ihr Kind hatten abtreiben lassen? Sie musste Abberline von ihrer Theorie erzählen, aber erst, wenn sie mehr Fakten gesammelt hatte.

»Und zu diesem Arzt ist Annie dann gegangen?«, fragte sie die Wirtin.

»Ja, genau. Das war Ende März, glaube ich. Es muss furchtbar gewesen sein, all das Blut und diese Schmerzen … Danach war Annie nie mehr dieselbe. Es war, als wäre mit dem Kind auch ein Teil von ihr gestorben. Verstehst du jetzt, warum ich das nicht überall rumerzählen wollte?«

Charlotte nickte langsam. »Du hast nicht zufällig die Adresse von diesem Doktor, oder?«

Statt zu antworten, ging Miranda in das Hinterzimmer des Pubs und kam nach einigen Minuten mit einem Stückchen Papier zurück, das sie Charlotte über die Theke schob. »Hier, Polly hatte mir die Adresse damals aufgeschrieben. Denk an dein Versprechen: Annie und die anderen Frauen haben in ihrem Leben genug gelitten, keiner sollte sie nach ihrem Tod in den Dreck ziehen.«

Charlotte musste schlucken. »Natürlich.«

»Und jetzt geh raus und schnapp dir das Arschloch, das Polly, Annie und die anderen umgebracht hat!«

Charlotte verabschiedete sich von der zahnlosen Miranda und stieg vor dem Pub in die wartende Droschke. Kurz dachte sie darüber nach, sich direkt zu der Adresse fahren zu lassen und sich vor Ort umzuschauen, aber dann fiel ihr wieder ein, dass die Praxis laut Miranda nur am Wochenende geöffnet war. Bei ihrem ersten Besuch wollte sie lieber ungestört sein. Also bat sie den Kutscher Ken, sie nach Hause zu bringen. Für heute hatte sie genug erfahren.

Als Charlotte im Haus von Mrs Paddington ankam, fiel ihr direkt auf, wie still es dort war. Waren Thommie und ihre Vermieterin beide unterwegs? Am Ende sogar zusammen? Das konnte sie sich kaum vorstellen. Schon ihr gegenüber war Berta Paddington die meiste Zeit des Tages recht kühl, ihrem neuen Hausgast Thommie gegenüber wurde sie geradezu zum Eisklotz. Kurz nach Thommies Einzug in die Dienstbotenkammer hatte Charlotte sie in der Küche im Erdgeschoss dabei beobachtet, wie sie das Tafelsilber in ihrer Besteckschublade nachzählte. Die teuren Vasen und zwei Kerzenständer aus dem Flur hatte Mrs Paddington in ihrem Schlafzimmer verstaut, das sie seitdem immer sorgfältig abschloss.

Auch auf der Treppe nach oben nahm Charlotte keinen Laut war, erst als sie an der Dienstbotenkammer vorbeiging, meinte sie, hinter der Tür zwei Stimmen leise flüstern zu hören. Eigentlich wollte sie nur auf ihr Zimmer und den Tag Revue passieren lassen, aber dann kam ihr das Ganze doch zu seltsam vor: War der Albtraum ihrer Vermieterin wahrgeworden und Einbrecher hatten sich ins Haus geschlichen?

Auf Zehenspitzen schlich sie sich bis an die geschlossene Tür zu der Kammer am Ende des Flurs heran und tatsächlich, das Flüstern wurde lauter. Vorsichtig drückte sie die Klinke herunter, schob langsam die Tür ein Stück auf und hoffte, dass das Geräusch sie nicht verriet. Charlotte konnte im ersten Augenblick selbst nicht glauben, was sie sah:

Im Schein einer kleinen Lampe saß Thommie aufrecht auf dem Bett und neben ihm, ihren breiten Körper auf der Bettkante balancierend, Mrs Paddington mit einem Buch in der Hand. Die Szene war für Charlotte so skurril, dass sie einfach weiter schweigend durch den Türspalt starrte. Thommie und Mrs Paddington waren so vertieft, dass sie Charlotte gar nicht bemerkten.

»Versuch mal das Wort hier, was könnte das heißen?«, fragte Berta Paddington den Jungen mit einer Wärme in der Stimme, die Charlotte noch nie bei ihr gehört hatte.

Thommie kniff die Augen zusammen und starrte angestrengt auf das Buch in der Hand der Vermieterin. »Das ist ein A, dahinter ein D, nein ein P, ein F und ein E – Apfel?«

»Sehr gut!«, lobte Mrs Paddington und kniff dem Jungen liebevoll in die Wange, was der lächelnd über sich ergehen ließ. »Du warst wirklich sehr fleißig in den letzten Tagen. Wenn du so weitermachst, kannst du bald Lesen und Schreiben wie ein Erwachsener.«

Thommie strahlte übers ganze Gesicht. »Danke sehr, Mrs Paddington!«

»Es ist schön, wieder ein Kind hier im Haus zu haben. Hier war es lange sehr still, weißt du. Viel zu still.« Dann schwieg Mrs Paddington und schien eigenen Gedanken nachzuhängen.

»Sie meinen«, versuchte Thommie das Gespräch vorsichtig wieder aufzunehmen, »seit Peter weg ist?«

Berta Paddington sah aus, als hätte ihr jemand ins Gesicht geschlagen: »Woher weißt du von Peter?«

Thommie setzte ein entschuldigendes Grinsen auf. »'tschuldigung, ich wollte nich auf Ihre Füße treten. Aber ich kann jetzt schon ein bisschen lesen, und hier in der Fibel steht vorne der Name Peter Paddington …«

Berta Paddingtons Gesichtszüge, die eben noch hart und wütend gewesen waren, wurden bei der Erwähnung des Namens ganz weich, und sie lächelte sogar ein bisschen. »Weißt du, Thommie, ich war nicht immer so eine einsame alte Schachtel. Peter ist … Peter war der Sohn von meinem Ehemann Edmond und mir. Du bist ungefähr genauso alt, wie er damals war als …« Sie machte eine kurze Pause und setzte dann wieder an: »Na ja, jedenfalls hat diese Fibel ihm gehört. Ich habe es nicht übers Herz gebracht, sie einfach wegzuwerfen.«

Thommie schien kurz nachzudenken und fragte dann: »Wollen Sie sagen, was mit Peter und Edmond passiert ist? Oder lieber nich? Is gar nicht schlimm, ich rede auch nicht gerne über das, was früher war.«

»Ist schon gut«, antwortete die Hauswirtin und rückte ein kleines Stück näher an Thommie heran. »Ich habe schon viel zu lange nicht mehr davon gesprochen. Wir wollten alle zusammen nach Schottland in den Urlaub, aber ich musste mich um meine Mutter kümmern, die krank geworden war. Also sind Edmond und Peter mit dem Zug vorgefahren, während ich noch in London geblieben bin. Und auf der Strecke zwischen Edinburgh and Dundee ist der Zug dann auf einer Brücke verunglückt und ins Meer gestürzt. Alle Passagiere sind gestorben.«

Mitfühlend nahm Thommie Mrs Paddingtons schwere Hand und drückte sie. »Das tut mir sehr leid!«

»Schon in Ordnung«, antwortete die Vermieterin, aber ihre brüchige Stimme verriet das Gegenteil. »Irgendwie muss das Leben ja weitergehen. Und deshalb ist es schön, dass du hier bist! Aber jetzt sollten wir weitermachen, wir wollen ja, dass du heute noch ein bisschen was lernst.«

Charlotte schloss ganz leise die Tür und wischte sich mit der Hand über die Augen.

Montag, der 8. Oktober 1888 – Charlotte

Die Tage und Stunden bis zur Montagnacht hatten sich für Charlotte unendlich angefühlt. Schon als kleines Mädchen hatte sie es gehasst, auf irgendetwas warten zu müssen, und ihre Ungeduld war mit den Jahren nicht besser geworden. Aber für das, was sie vorhatte, brauchte sie den Schutz der Dunkelheit. Sie hatte ihren Kutscher Paddy gebeten, mit der Droschke an der nächsten Straßenecke zu warten, um kein Aufsehen zu erregen. Den Rhythmus, in dem er und sein Zwillingsbruder Ken sich beim Fahren abwechselten, hatte sie immer noch nicht ganz verstanden, aber beide waren pünktlich, verlässlich und vor allem diskret, und das war für sie die Hauptsache.

Es war geradezu gespenstisch leer in der Seitengasse, in der sich die Praxis befinden sollte. Die rechte Seite der schmalen Gasse wurde von den hohen Mauern einer stillgelegten Fabrik begrenzt, gegenüber davon lehnten sich einige schiefe Geschäftshäuser aneinander, um nicht in sich zusammenzustürzen. Um diese Zeit herrschte dort kein Betrieb mehr, falls dort tagsüber überhaupt noch irgendwelche Geschäfte gemacht wurden. Ein seltsamer Ort für einen angeblich so feinen Arzt, dachte Charlotte, aber bei den Diensten, die hier angeboten werden, will man wahrscheinlich eher nicht gesehen werden.

Die Vordertür des Gebäudes war mit Brettern verrammelt, doch der Zettel in ihrer Hand verriet ihr, dass es im Hof einen Hintereingang geben musste. Kurze Zeit später stand sie vor einer Holztür, die nicht sonderlich stabil aussah und zu Charlottes Überraschung nicht abgeschlossen war. Sie konnte ihr Glück kaum fassen. Für einen Augenblick ärgerte sie sich, dass sie Thommie zu diesem Einsatz nicht mitgenommen hatte. Es wäre schlau gewesen, jemanden dabei zu haben, der Schmiere stehen konnte. Obwohl die Gasse komplett ausgestorben schien und hinter keinem der Fenster der umliegenden Gebäude Licht brannte, könnte jederzeit jemand auftauchen und sie auf frischer Tat bei einem Einbruch überraschen. Sie schüttelte den Gedanken ab und schob sich durch die Hintertür.

Im Inneren des Gebäudes war es noch dunkler als draußen, aber Charlotte traute sich nicht, eine der Lampen in dem Raum anzuzünden, also musste ihr Feuerzeug herhalten. Das Zimmer, in dem sie stand, war erstaunlich aufgeräumt und für die ärmliche Umgebung viel zu teuer möbliert: Vor einem Bücherregal, das mit Akten und Papieren gefüllt war, stand ein schwerer Schreibtisch mit einem ledergepolsterten Bürostuhl und zwei Besucherstühlen auf der anderen Seite. Wären der leicht muffige Geruch von feuchten Wänden und die Staubschicht auf einigen Oberflächen nicht gewesen, hätte man meinen können, sich in einer teuren Privatpraxis in einem weit schickeren Viertel wie Knightsbridge zu befinden. Hinter dem Empfangszimmer befand sich eine kleine Küche mit einem Holzofen und sogar einem Wasseranschluss. Direkt daneben war ein weiterer Raum, der von einer großen Liege aus Metall dominiert wurde. Der Boden war komplett gefliest, in der Mitte, direkt unter der Liege entdeckte Charlotte einen Abfluss. Das muss das Operationszimmer sein, dachte sie und ließ ihren Blick über zahlreiche Schränke mit Messern, Zangen und Drahtschlingen schweifen, die auf sie eher wie mittelalterliche Folterinstrumente als wie medizinische Gerätschaften wirkten. Hier lag zwar weniger Staub als im Vorzimmer, aber an der Liege entdeckte sie zahlreiche rostbraune Spritzer, und auch die Skalpelle direkt daneben sahen schon reichlich abgenutzt aus. Florence Nightingale würde hier wahrscheinlich einen Herzinfarkt bekommen, dachte Charlotte und erinnerte sich an ein Interview, das sie vor einiger Zeit mit der Pionierin der Krankenhaushygiene geführt hatte. Hierher kamen also all die verzweifelten Frauen und legten sich auf die kalte Liege, um sich mit diesen dreckigen Instrumenten ihre ungeborenen Kinder wegmachen zu lassen. Charlotte schauderte bei dem Gedanken, doch dann fiel ihr wieder ein, warum sie eigentlich hier war: Sie musste herausfinden, ob neben Mary Ann Nichols und Annie Chapman auch Elizabeth Stride und vielleicht sogar Catherine Eddowes hier Abtreibungen hatten vornehmen lassen. Nach einer weiteren ergebnislosen Runde durch den Operationsraum beschloss sie, ihre Suche im Empfangszimmer fortzusetzen. Sie kniete sich hinter den Schreibtisch und versuchte, im schwachen Schein ihres Feuerzeuges, den Inhalt des Regals vor ihr zu erkennen, doch außer einigen medizinischen Standardwerken und diversen Utensilien fand sie nichts Aufschlussreiches. Dass ein Abtreibungsarzt sensible Patientenakten offen herumliegen ließ, wäre dann doch ein bisschen viel Glück gewesen. Aber sicher würde der Doktor diese Akten auch nicht mit nach Hause nehmen, die Unterlagen mussten also hier irgendwo sein. Als Charlotte sich den Schreibtisch genauer anschaute, wurde sie fündig: eine große Schublade, groß genug für mehrere Aktenordner, verschlossen und mit einem Zahlenschloss gesichert. Verdammt! Ein anderes Schloss hätte sie vielleicht irgendwie knacken können, aber hier brauchte sie die richtige Kombination. Fieberhaft durchsuchte sie die anderen Schubladen und den Rest des Schreibtischs. Vielleicht konnte sich der Doktor Zahlen genauso schlecht merken wie sie und hatte sich den Code irgendwo notiert. Als Charlotte gerade schon aufgeben wollte, fiel ihr in einem ansonsten fast leeren Notizbuch ein mysteriöser Eintrag auf. Das musste der Hinweis auf die Kombination sein! Die Reporterin studierte die Notiz im flackernden Schein ihres Feuerzeugs:

- Die dritte Zahl ist das Doppelte von der letzten Zahl.
- Verdoppelt man die zweite Zahl zweimal, erhält man die letzte Zahl.
- Die Summe aller Ziffern ist 20.

Charlotte betrachtete das Zahlenschloss. Ein vierstelliger Code ließ sich einstellen, die Rädchen zeigten Ziffern von 1 bis 9.

In ihrem Gehirn begann es bereits zu arbeiten.

Rätsel 7:
Das Zahlenschloss

Wie lautet der Code zum Öffnen des Zahlenschlosses?

____

Die Lösung findest du auf Seite 355.

Es klickte, als Charlotte die Zahlenkombination eingestellt hatte und das Schloss öffnete. Sie hielt den Atem an. Da waren sie. Ordner mit Unterlagen. Nach einigen Minuten hatte sie gefunden, was sie suchte: In einem Ordner mit der Aufschrift *Patienten 1887–1888* entdeckte sie für den 29. März dieses Jahres einen Eintrag auf den Namen A. Chapman. Jetzt musste sie nur noch die Akten der vorherigen Jahre untersuchen, um auch den Namen von Polly Nichols und den anderen beiden Frauen zu finden.

Für einen kurzen Moment stoppte sie ihre Suche und klappte ihr Feuerzeug wieder zu. War da gerade ein Geräusch draußen auf dem Hof gewesen? Oder spielten ihre strapazierten Nerven ihr einen Streich? Sie lauschte angestrengt, hörte aber absolut nichts.

Sofort war sie wieder bei der Arbeit, ließ ihr Feuerzeug aufschnappen und war wieder in die Akten aus dem Regal vertieft. In den Akten aus dem Jahr 1887 hatte sie keinen der Namen der anderen drei Opfer entdecken können, also nahm sie sich als Nächstes das Jahr 1886 vor. Um keinen der Einträge in der kleinen, eckigen Schrift zu überlesen, hatte sie die Akten vor sich auf dem Schreibtisch ausgebreitet und sich auf einen der Besucherstühle gesetzt. In dem ungeheizten Raum war es kalt, und sie wollte so schnell wie möglich fertig werden. Charlotte war so in die Unterlagen vertieft, dass sie die leisen Schritte hinter sich gar nicht wahrnahm.

Erst als ein schwerer, blumiger Duft sie in der Nase kitzelte, sah sie hoch. Zu spät. Ein wuchtiger Schlag traf sie von hinten, sodass ihr Kopf auf den Schreibtisch krachte.

Montag, der 8. Oktober 1888 – Mary Jane

Am liebsten hätte Mary Jane sich selbst geohrfeigt. Wie hatte das passieren können? Ausgerechnet ihr? Ihre Gedanken waren in der gesamten Woche um nichts anderes gekreist als um das kleine Lebewesen, das da unter ihrem Herzen heranwuchs. Eigentlich war es ein Wunder, dass Joseph nichts von ihrem inneren Kampf mitbekommen hatte, aber die beiden hatten in den letzten Tagen kaum miteinander geredet. Sie versuchte diesen Umstand darauf zu schieben, dass er den Job als Tagelöhner in der Glasbläserei in Hackney tatsächlich bekommen hatte und jetzt viel arbeiten musste, aber das war nicht der einzige Grund. Mary Jane hatte sich zurückgezogen, war ausgewichen, wenn er ihre Hand nahm, und hatte ihr Verhalten ihm gegenüber auf starke Kopfschmerzen geschoben. Ansonsten war sie ihm die perfekte Hausfrau gewesen, hatte das Zimmer so ordentlich gehalten wie noch nie und hatte ihm sogar zum Feierabend Essen gekocht. Und doch fühlte sich das alles wie eine Lüge an. Irgendwann würde er ihren wachsenden Bauchumfang bemerken und ihr die Frage stellen, die ihre gesamte Beziehung zu sprengen drohte. Joseph war nicht so dumm zu glauben, dass das Kind von ihm sein könnte. Sie hatten seit Monaten keinen Sex mehr gehabt. Erst hatte er die anstrengenden Schichten auf dem Billingsgate Fischmarkt vorgeschoben, dann seinen Jobverlust und den Druck, etwas Neues zu finden.

Was für ein Schlappschwanz, dachte Mary Jane. Ein netter Schlappschwanz, der sich um sie kümmerte und dafür sorgte, dass sie ein Dach über dem Kopf und jeden Tag etwas Warmes im Bauch hatte. Zumindest so lange, bis er sich von seinem Chef auf dem Fischmarkt beim Klauen hatte erwischen lassen. Wer konnte es einer Frau wie ihr verdenken, dass sie sich anderswo Ersatz suchte? Sie hatte schließlich Bedürfnisse. Mary Jane hatte noch nie ein Problem damit gehabt, neue Männer zu finden, nur damit, sie auch zu halten. Wie oft schon war sie das Objekt der Begierde reicher, älterer Männer gewesen? Männer, die sie angebetet hatten, ihr teure Geschenke gemacht, sie mit auf Reisen oder in die Oper genommen hatten. Aber am Ende der Nacht waren sie dann doch immer wieder zu ihren alten, frigiden Ehefrauen ins warme Doppelbett gekrabbelt und hatten Mary Jane allein gelassen. Joseph war da anders. Wenn er nicht gerade wieder einen seiner Ausraster hatte, trug er sie auf Händen und hätte sie am liebsten von allen Gefahren und all dem Schmutz da draußen ferngehalten. Aber sie war kein schöner Vogel, den man in einen Käfig einsperren konnte, sie musste fliegen. Und irgendwann am Anfang des Jahres war sie dann zurück zu einem ihrer früheren Liebhaber geflattert. Er war zwar mehr als 20 Jahre älter als sie, aber das machte Mary Jane überhaupt nichts, denn er war unglaublich klug. Sogar studiert hatte er und besaß außerdem ganze Zimmer voller Bücher, die er alle gelesen hatte. Es war aufregend gewesen, ihn nach all der Zeit wiederzusehen, viel aufregender als das Leben mit Joseph, mit dem sie zu diesem Zeitpunkt etwa zehn eher ereignisarme Monate zusammengelebt hatte. Und natürlich hatte ihr Liebhaber auch dieses Mal nicht vor, seine Ehefrau zu verlassen, aber darum ging es ja auch nicht. Die beiden hatten einfach eine schöne Zeit und außerdem ziemlich guten Sex miteinander. Und ihrer Meinung nach jedes Mal aufgepasst, aber das Baby in ihr war der lebende Beweis für das Gegenteil. Natürlich war ihr klar, dass es das Vernünftigste wäre, das Kind wegmachen zu lassen, wenn sie nicht ohne Joseph und damit ohne Wohnung dastehen wollte. Von ihrem Liebhaber konnte sie wohl keine große Hilfe erwarten, der konnte ja einfach abstreiten, dass das Kind von ihm war. War sie wirklich bereit, für ihr Kind ohne Job, ohne Freund und ohne Dach über dem Kopf auf der Straße zu landen? Andererseits war sie vor sieben Jahren vor Trauer fast zerbrochen, als sie Violet weggeben musste. Würde ihre Seele es aushalten, ein weiteres Kind zu verlieren? Seit sieben Tagen hatten sich ihre Gedanken nur um diese Fragen gedreht, doch jetzt war es genug: Mary Jane traf eine Entscheidung.

Kapitel 8

SPITAL-
FIELDS
Brick Lane
Christ Church
Spitalfields
Whitechapel High
Street
St Botolph's
Aldgate High
Street
Braham Street
Alie S.
Leman Street
Gower's Walk
Alie S.
Mansel Street
Minor Street
English
Martyrs
Church
Roy Mint Street
Docks
Tower of London

Dienstag, der 9. Oktober 1888 – Charlotte

Charlottes Schädel brummte wie ein Dampfkessel. Langsam schlug sie die Augen auf und wunderte sich als Erstes, wo die Dunkelheit geblieben war. Auch der blumige Duft war verschwunden, stattdessen stieg ihr jetzt der Geruch von Kernseife und einer Spur reinen Alkohols in die Nase. Es dauerte einen kurzen Moment, bis sich ihre Augen an die ungewohnte Helligkeit in dem Raum gewöhnt hatten, erst dann erkannte sie, dass sie nicht allein war. Über ihr war ein Gesicht aufgetaucht: kantiges Kinn, weißes Haar mit gepflegten Koteletten und zwei wache Augen unter markanten Brauen. »Da sind Sie ja wieder … Bitte entschuldigen Sie die unsanfte Begrüßung, ich habe Sie für einen Einbrecher gehalten.«

Mühsam rappelte Charlotte sich vom Teppichboden auf. Um sie herum drehte sich alles. »Ein Handschlag hätte es doch auch getan«, murmelte sie.

Ihr Gegenüber neigte den Kopf. »Das tut mir wahnsinnig leid. Ich habe von draußen den Lichtschein gesehen und Sie dann vor dem Schreibtisch entdeckt. In der Dunkelheit dachte ich, Sie wären gekommen, um mich zu bestehlen, da habe ich mit meinem Spazierstock zugeschlagen. Sie haben zum Glück einen sehr harten Hinterkopf, bis auf eine Beule wird nichts zurückbleiben – dafür bitte ich nochmals um Entschuldigung«, erklärte der Mann und fügte dann hinzu: »Jetzt würde mich aber doch interessieren, wer Sie sind und was Sie hier treiben.«

Noch während Charlotte versuchte, sich so schnell wie möglich eine Erklärung für ihren Einbruchsversuch aus den Fingern zu saugen, spürte sie, wie die Übelkeit in ihr hochstieg. »Könnte ich vielleicht ein Glas Wasser bekommen?« Erst mal Zeit gewinnen.

Tatsächlich ging der Mann in die angrenzende kleine Küche, und Charlotte fiel direkt seine kerzengerade Haltung auf, die viele Mitglieder der britischen Oberschicht kennzeichnete. Als er zurückkehrte, hatte sie sich ein wenig gesammelt, und das Wasser half gegen die Übelkeit. »Vielen Dank. Und bitte entschuldigen Sie, dass ich hier einfach nachts aufgekreuzt bin, aber die Tür stand offen, und ich wusste nicht, was ich sonst tun soll«, erklärte Charlotte. »Mein Name ist Penelope Bradley, und ich bin auf der Suche nach Hilfe für meine Schwester«, fuhr sie fort, »ich habe gehört, dass es hier eine Praxis gibt für Frauen, die eine ganz spezielle Behandlung benötigen. Und meine Schwester ist wirklich verzweifelt, denn sie erwartet ein Kind, obwohl sie noch nicht verheiratet ist. Na ja, und ich habe versprochen, ihr zu helfen. Allerdings habe ich hier heute bei meinem ersten Besuch tagsüber niemanden angetroffen und hatte auch keine Adresse, an die ich mich wenden könnte. Und als dann heute Abend wieder niemand hier war, habe ich nach einem Hinweis gesucht, wie ich den Arzt irgendwie kontaktieren kann. Wissen Sie, meiner Schwester bleibt nicht mehr viel Zeit, man sieht schon langsam was …«

Der Mann strich über seinen Gehrock, sagte eine lange Zeit nichts und musterte sie von oben bis unten. Charlotte hatte das Gefühl, dass er ihr direkt in die Seele schaute, und ihr wurde bewusst, wie wackelig ihre Geschichte war. Nach einer gefühlten Ewigkeit begann ihr Gegenüber dann doch zu sprechen. »Meine liebe Mrs Bradley, Sie wissen sicherlich, dass die Operation, von der Sie hier sprechen, illegal und hochgradig unmoralisch ist. Ich weiß nicht, wer Ihnen solche Dinge über meine bescheidene Praxis erzählt hat, aber so etwas würde ich niemals tun.«

»Das heißt, das hier ist Ihre Praxis?«, unterbracht sie ihn.

Der Mann ließ sich nicht aus der Ruhe bringen. »Ganz richtig. Dr. Johnson mein Name, Dr. William Johnson. Ich kümmere mich hier um all die Frauen, die bei anderen Medizinern abgelehnt wurden, die Armen und die Vergessenen. Aber niemals würde ich jemandem helfen, ein Leben zu beenden – im Gegenteil: Ich schenke Leben, helfe diesen Frauen beim Wunder der Geburt! Sie wenden sich also mit ihrem Wunsch an den Falschen, allein schon der Gedanke daran, ein unschuldiges Kind zu töten, macht mich betroffen!«

Ein bisschen weniger Pathos hätte die Geschichte glaubwürdiger gemacht, dachte Charlotte still. Auch wenn ihr Kopf immer noch schmerzte, war ihr natürlich klar, dass Dr. Johnson log. Wahrscheinlich hatte er ihre Lüge mit der schwangeren Schwester von Anfang an sofort durchschaut, war aber zu klug, um sie direkt darauf anzusprechen. Von ihm würde sie also auf keinen Fall mehr erfahren.

»Bitte entschuldigen Sie, Dr. Johnson«, sagte sie, »dann handelt es sich hier um ein bedauerliches Missverständnis. Ich bin untröstlich! Es war nicht meine Absicht, Ihnen irgendetwas zu unterstellen. Meine Schwester und ich sind nur so verzweifelt, müssen Sie wissen. Es ist einfach furchtbar …« Irgendwie schaffte sie es, sich selbst ein paar Tränen abzutrotzen, während sie sich zum Gehen wandte.

Der Arzt nickte verständnisvoll. »Schon verziehen. Gott wird Ihnen den richtigen Weg weisen. Alles Gute für Sie und Ihre Schwester, Mrs … Bradley war Ihr Name, richtig?«

Sein Zögern überzeugte Charlotte endgültig, dass Johnson ihr nicht glaubte, und sie war froh, die Praxis endlich verlassen zu können. Höflich verabschiedete sie sich und warf im Herausgehen noch einen Blick auf das Regal hinter dem Schreibtisch. Die Ordner mit den Patientenlisten, in denen sie vor ihrem Schlag auf den Hinterkopf noch geblättert hatte, waren verschwunden. Als sie wieder in der schmalen Gasse stand, hört sie die Kirchturmuhr einmal schlagen. Sie war also mehr als eine Stunde ohnmächtig gewesen – genug Zeit, um Spuren zu verwischen.

Der Kutscher Paddy freute sich sichtlich, sie wiederzusehen. »Da sind Sie ja endlich, Miss Foster! Ich hatte mir schon Sorgen gemacht. Wenn Sie noch ein paar Minuten länger weggeblieben wären, hätte ich mal nach dem Rechten geschaut!«

Sie bedankte sich freundlich und stieg in die Droschke, während sie mit ihren Gedanken ganz woanders war. Wahrscheinlich bemerkte sie deshalb nicht, dass sie aus dem Schutz der Dunkelheit heraus aufmerksam beobachtet wurde.

Die Engelmacher im 19. Jahrhundert

Schwangerschaftsabbrüche sind in Großbritannien im 19. Jahrhundert (wie in fast allen anderen Ländern auch) streng verboten und werden mit lebenslanger Haft bestraft. Trotzdem treiben die gesellschaftlichen Verhältnisse und oft auch der finanzielle Druck jedes Jahr Tausende Frauen dazu, ihre Kinder abzutreiben. Weil es kaum Ärzte gibt, die Abbrüche vornehmen, versuchen viele Frauen, ihre Schwangerschaft selbst zu beenden – in Zeitschriften werden damals Tabletten mit wohlklingenden Namen wie »Frauenfreund« oder »Mondpillen« angepriesen, die Schwangerschaften beenden sollen. Eine weitere Möglichkeit für schwangere Frauen ist es, die Dienste eines Engelmachers in einer Hinterhofpraxis in Anspruch zu nehmen, oft unter hygienisch sehr schlechte Bedingungen und unter großen Schmerzen. Schätzungen zufolge versuchen Ende des 19. und Anfang des 20. Jahrhunderts in Großbritannien etwa 100.000 Frauen pro Jahr, ihre Schwangerschaften zu beenden.

Mittwoch, der 10. Oktober 1888 – Mary Jane

Dieses Mal würde ihr niemand reinreden, da war Mary Jane sich sicher. Sie würde nicht zulassen, dass sich noch einmal jemand zwischen sie und ihr Kind stellte. Mary Jane war es sich selbst, ihrem ungeborenen Kind und ihrer ersten Tochter schuldig, dieses Mal alles anders zu machen. Wie es Violet wohl ging? Nachdem sie es so lange geschafft hatte, die Tatsache, dass sie Mutter einer Tochter war, aus ihrem Leben zu drängen, konnte sie seit Tagen an nichts anderes mehr denken. Mary Jane hoffte, dass Violet mittlerweile ein gutes Zuhause bei einer anständigen Familie gefunden hatte. Der Schmerz in ihr war plötzlich wieder genauso frisch wie vor sieben Jahren. Das konnte sie kein zweites Mal durchstehen, deshalb hatte sie sich entschieden: Dieses Kind würde sie behalten. Natürlich wusste sie, dass diese Entscheidung ihr komplettes Leben auf den Kopf stellen würde, und das zu einem Zeitpunkt, an dem sie eigentlich gedacht hatte, endlich angekommen zu sein. Ihr Verstand schrie Mary Jane an, sich ihr kleines Glück mit Joseph nicht kaputt zu machen, aber ihr Herz wusste, dass sie es nicht ertragen würde, noch ein Kind zu verlieren. Ihre Entscheidung war also gefallen. Jetzt musste sie nur noch Joseph die Wahrheit sagen, und genau vor diesem Moment hatte Mary Jane furchtbare Angst.

Mittwoch, der 10. Oktober 1888 – Abberline

Ein lautes Räuspern ließ Frederick Abberlines Kopf von seiner Schreibtischplatte hochschnellen. Verdammt, war er etwa in seinem Büro eingeschlafen? Der Inspector versuchte, den pochenden Schmerz hinter seinen Schläfen zu ignorieren, während er in ein bekanntes Gesicht voller Sommersprossen und mit abstehenden Ohren schaute:

»Constable Green, so sieht man sich wieder«, sagte Abberline und merkte, wie belegt seine Stimme klang.

Aber Simon Green schien das gar nicht zu bemerken, der junge Polizist trippelte von einem Fuß auf den anderen. »Inspector Abberline, Sir – wir haben da vielleicht eine heiße Spur! Auf meiner Streife mit dem Kollegen Baker haben wir einen Straßenjungen kontrolliert, der öfter mal lange Finger macht. Diebesgut hatte er zwar nicht dabei, aber dafür eine ziemlich interessante Botschaft!«

»Einen Brief?«, brummte Abberline. »Haben wir nicht schon genug komische Briefe überprüft in den letzten zwei Wochen? Na ja, geben Sie schon her!«

Ungeduldig riss Abberline dem jungen Constable den Zettel aus der Hand, den er zuvor wie einen wertvollen Schatz vor sich gehalten hatte, und überflog das Papier. Als er damit fertig war, war seine Laune noch schlechter als vorher. »Was soll das? Die Worte in diesem Brief ergeben überhaupt keinen Sinn, das ist doch nur irgendein Kauderwelsch!«

Simon Green sah sichtlich geknickt aus. »Was genau diese Botschaft bedeuten soll, konnten wir leider noch nicht entziffern, aber das Interessante ist, wer die Nachricht geschrieben hat: Hank Harding.«

Abberlines Aufmerksamkeit kehrte schlagartig zurück. Hank Harding war schon vor einigen Tagen auf der Liste der möglichen Verdächtigen für die Ripper-Morde aufgetaucht, weil der Arbeitslose immer wieder vor einer Apotheke in Whitechapel herumgelungert und dort einer jungen Mitarbeiterin nachgestellt hatte. Bisher hatte die Polizei ihm aber nichts nachweisen können.

»Und wissen Sie auch, an wen die Botschaft gehen sollte?«, fragte der Inspector Constable Green, der aufgeregt nickte.

»Das ist es ja! Der Junge hat erzählt, dass er die Botschaft zu Jakob Ludwig bringen sollte. Da habe ich mir gedacht: Das könnte eine Spur sein!«

Noch ein Name, bei dem es bei Abberline klingelte. Jakob Ludwig, Spitzname »Messer-Jake«, war ein deutscher Auswanderer, der fast jede Woche in irgendwelche Schlägereien verwickelt war und dabei auch vor dem Einsatz seines Messers nicht zurückschreckte. Wenn die beiden geheime Botschaften austauschten, konnte das nichts Gutes bedeuten.

»Constable Green«, fragte Abberline und konnte seine Aufregung nur mühsam zurückhalten, »hat Ihnen der Straßenjunge sonst noch irgendwas erzählt? Hat Hank ihm vielleicht noch irgendetwas zu der Nachricht gesagt?«

Constable Green wurde so rot, dass seine Sommersprossen fast nicht mehr zu sehen waren. »Jetzt, wo Sie es sagen, Inspector, das hätte ich fast vergessen!« Umständlich nestelte er einen Notizblock aus seiner Uniformtasche und blättere in den Seiten. »Wo habe ich es denn … Ah, hier! Also der Junge hat erzählt, ich zitiere: ›Hank hat jesagt, Jake soll dran denken, dass er nur das fitte Bord von jeder breiten Feile nehmen soll.‹ Ich habe keinen Schimmer, was das nun wieder heißen soll, aber ich habe es mir extra aufgeschrieben, damit ich es nicht vergesse.«

»Gut gemacht.« Abberline nickte dem jungen Polizisten zu, auch wenn er selbst keine Ahnung hatte, was das alles bedeuten sollte. Also nahm sich der Inspector die seltsame Botschaft ein zweites Mal vor, dieses Mal las er aufmerksam jedes Wort:

Lieber Tom, wir haben große Mühe, jede Schnur
und jedes Fädchen an Ort und Stelle zu halten.
Wenn du kommst, zeigen wir dir, wie schön
deine Schwester singt. Sie schläft in
deinem Zimmer, aber wir haben noch
Platz im Zelt. Denk dran, dass du
dir eine Decke mitbringst und am
besten eine Schnur, um das Zelt zu schließen.
Für deine Sachen kann Geoffrey dir in den Garten
einen alten Schrank stellen.
Deine Mutter macht
sich große Sorgen, dass du auch genug
isst. Sie schickt dir von Herzen
einen ganz lieben Gruß. Ich soll dir sagen,
dass du doch noch einmal drüber nachdenken
sollst, eine Kur zu machen.
Cheers, Dad

Seufzend ließ der Inspector den Zettel sinken. Sein Ermittlerhirn funktionierte also trotz Schlafmangels immer noch. Lächelnd wandte er sich an Simon Green, der ihn mit großen Augen anschaute: »Constable Green, Sie können stolz auf sich sein! Sie haben zwar nicht den Ripper geschnappt, aber Sie haben zumindest einen Raub verhindert, vielleicht sogar einen Mord. Lassen Sie Hank Harding und Jakob Ludwig unverzüglich festnehmen!«

Cockney Rhyming Slang

Als »Cockney« bezeichnet man die Einwohner des Londoner East Ends, also auch von Whitechapel. Hier entwickelt sich ausgehend vom eigentlichen Cockney-Regiolekt ab etwa Mitte des 19. Jahrhunderts der Cockney Rhyming Slang.

Der Rhyming Slang zeichnet sich dadurch aus, dass ein Wort durch das nicht-reimende Wort eines mehrteiligen reimenden Ausdrucks ersetzt wird. Klingt kompliziert? Ist es theoretisch auch. Praktisch läuft das etwa so: *head* reimt sich auf *loaf of bread.* Also sagt man *loaf* statt *head. I hit ma loaf* heißt dann: Ich habe mir den Kopf gestoßen.

Ein moderneres Beispiel: Ein paar Bier sind *Britneys* – denn *beers* reimt sich auf *Britney Spears.*

Das Ganze ist für Nicht-Eingeweihte natürlich überhaupt nicht nachvollziehbar. Man muss es wissen. Deswegen wurden dieser und ähnliche Rhyming Slangs immer wieder auch als Gaunersprache verwendet – so wie hier.

Auch wenn sich der konkrete Cockney Rhyming Slang aus verschiedenen linguistischen Gründen nicht eins zu eins ins Deutsche übertragen lässt, hat er als Inspiration für dieses Rätsel gedient.

Rätsel 8:
Kauderwelsch

Was hat der Inspector herausgefunden?

____

____

Die Lösung findest du auf Seite 356.

Donnerstag, der 11. Oktober 1888 – Charlotte

Die Stimmung in Abberlines Büro hatte sich verändert, das bemerkte Charlotte sofort. Zwar wuselten immer noch Dutzende Polizisten hektisch durch die Flure, wie in einem Ameisenhaufen, aber viele der Männer sahen aus, als hätten sie seit Tagen nicht geschlafen. Auch Abberline sah um Jahre gealtert aus, unter seinen wässrigen Augen hatten sich tiefe Schatten gebildet, und als er von seinem Schreibtisch aufstand, um Charlotte zu begrüßen, waren seine Bewegungen müde und kraftlos. »Guten Morgen, Miss Foster! Ich habe leider nur sehr wenig Zeit, Sie sehen ja, was hier los ist.« »Kein Problem«, antwortete Charlotte und schüttelte ihm die Hand.

»Ich wollte mich nur erkundigen, ob mein Hinweis neue Erkenntnisse gebracht hat.«

Der Inspector seufzte und sagte dann: »Wenn ich das Wort *Hinweis* schon höre! Seit wir die Postkarte veröffentlicht haben, werden wir mit *Hinweisen* überflutet. Gestern zum Beispiel standen auf einmal Hunderte Schaulustige vor dem St. Georges-Hospital, weil dort angeblich eine Frau eingeliefert wurde, der man den Kopf fast abgetrennt hatte – dabei hatte die gute Dame einfach nur Nasenbluten. Wir kommen überhaupt nicht mehr hinterher …« Charlotte nickte langsam. »Aber es hat doch in den letzten Tagen einige Verhaftungen gegeben?«

»Genau das ist es ja! Jeden Tag bekommen wir neue Hinweise, verhaften einen Verdächtigen und müssen ihn nach kurzer Zeit wieder laufen lassen, weil an den Vorwürfen nie was dran ist. Immerhin haben wir so gerade einen geplanten Raubüberfall von zwei Ganoven auf die junge Mitarbeiterin einer Apotheke verhindern können, aber von dem Ripper haben wir immer noch nicht die geringste Spur! Und die ganze Zeit sitzt mir der Commissioner im Nacken! Gestern hat er in einem Zeitungsinterview seine Unterstützung für die Bürgerwehren von Whitechapel ausgedrückt. Als ob wir hier nicht genug Probleme mit Selbstjustiz hätten!« Abberline atmete tief ein und aus, dann streckte er den Rücken durch und nahm wieder die gerade Haltung an, die Charlotte von ihm kannte. »Aber Sie sind ja nicht hergekommen, damit ich Ihnen mein Leid klage. Sie wollten über Ihren Tipp mit der illegalen Abtreibungsklinik sprechen.«

Charlotte hatte sich an ihre Vereinbarung mit dem Inspector gehalten und ihm gleich vorgestern alles erzählt, was sie herausgefunden hatte – nur das Detail mit ihrem nächtlichen Einbruch in die Praxis hatte sie ausgelassen. »Also, ich bin mir sicher, dass da irgendwas nicht stimmt«, begann sie. »Allerdings konnte ich nur bei Polly Nichols und Annie Chapman eine direkte Verbindung zu dieser Praxis nachweisen, bei Liz Stride ist es nur eine Vermutung. Und meine Recherche im Umfeld von Catherine Eddowes war bisher leider eine Sackgasse. Weder ihre Bekannten noch ihr letzter Freund John Kelly wussten etwas darüber, dass Catherine ein Kind abgetrieben haben könnte. Aber das muss nichts heißen, das ist ja auch ein Thema, über das keine Frau gerne spricht.«

Abberline ließ sich Zeit mit seiner Antwort »Haben Sie schon mal darüber nachgedacht, dass Sie sich vielleicht verrannt haben?«

Natürlich hatte Charlotte das, aber das würde sie vor dem Inspector nie im Leben zugeben, also sagte sie: »Nein, ich bin mir nämlich sicher, dass mit diesem Doktor Johnson irgendwas faul ist!«

»Da haben Sie allerdings recht«, warf Abberline ein, »unsere Überprüfungen haben nämlich ergeben, dass es gar keinen Arzt mit dem Namen William Johnson in Whitechapel gibt. Mehr noch: In den letzten 20 Jahren hat es in ganz London keinen Arzt mit diesem Namen gegeben. Und was diese Hinterhofpraxis angeht: Meine Männer haben die Räume gestern auf meine Anweisung hin untersucht. Alles war leer und verlassen, sogar die Möbel wurden entfernt. Wenn wir nicht ein paar Schleifspuren auf dem staubigen Boden entdeckt hätten, könnte man auf die Idee kommen, Sie hätten sich die Praxis und den Doktor nur eingebildet.«

»Aber das ist doch genau der Beweis«, rief Charlotte wesentlich wütender, als sie eigentlich wollte. Sie ärgerte sich immer noch über sich selbst, weil sie sich bei ihren Nachforschungen erwischen lassen und somit ihre einzige richtige Spur verloren hatte. »Warum sollte jemand die Praxis ausräumen und sich außerdem mit einem falschen Namen vorstellen, wenn er nichts zu verbergen hat?«

Inspector Abberlines Gesicht blieb wie so oft emotionslos. Falls ihn ihr Gefühlsausbruch überrascht hatte, ließ er sich das zumindest nicht anmerken. »Ich stimme Ihnen zu, da versucht definitiv jemand, seine Spuren zu verwischen. Aber das muss ja nicht heißen, dass derjenige auch etwas mit dem Tod der Frauen zu tun hat. Auf Schwangerschaftsabbrüche steht bei uns im Königreich eine lebenslange Haftstrafe, das ist für mich ein ziemlich guter Grund zu verschwinden.«

Charlotte musste sich eingestehen, dass der Inspector recht hatte.

»Natürlich haben wir auch die Immobilie überprüft«, fügte Abberline hinzu, »Ihr angeblicher Doktor Johnson hat die Miete für die Praxisräume für fünf Jahre im Voraus und in bar bezahlt, und der Vermieter hat aufgrund der hohen Summe keine weiteren Fragen gestellt. Ihre Spur endet also leider im Nichts.«

Zwischen den beiden machte sich ein angestrengtes Schweigen breit, während Charlotte sich in ihren Gedanken verlor. Sie war sich sicher, dass der angebliche William Johnson keiner der vielen hundert Kurpfuscher ohne medizinische Ausbildung war, die ihre Dienste den Menschen anboten, die sich keinen richtigen Arzt leisten konnten. Sein Auftreten, seine Haltung und seine Art zu sprechen waren für sie deutliche Indizien, dass »Doktor Johnson« ein Mitglied der Oberschicht sein musste, vielleicht sogar ein echter Arzt. Nur leider war sie die einzige Person, die wusste, wie der Mann aussah, und nur mit ihrer Beschreibung würde es schwierig werden, den falschen Doktor zu finden.

Schließlich brach Abberline das Schweigen. »Ich habe einen Vorschlag. Wie wäre es, wenn wir einen Kollegen von Ihnen kommen lassen?«

Charlotte schaute den Inspector fragend an. »Laufen hier nicht schon genug neugierige Reporter wie ich herum und machen Ihnen das Leben schwer?«

Abberline lächelte wieder sein feines, wissendes Lächeln. »Ich spreche nicht von einem Reporter, sondern von einem Zeichner! Soweit ich weiß, beschäftigen die meisten Redaktionen hier in London gleich mehrere Zeichner, um möglichst spektakuläre Bilder zu ihren Schlagzeilen zu bekommen. Und wenn Sie diesem Zeichner den falschen William Johnson so genau wie möglich beschreiben, bekommen wir dadurch vielleicht am Ende ein brauchbares Bild von ihm, das ich zumindest meinen Constables vorlegen kann. Wie ich gehört habe, haben die Polizeikollegen in Frankreich mit einem ähnlichen System zur Identifizierung von gesuchten Straftätern ziemlich gute Erfahrungen gemacht. Und wer weiß, vielleicht erkennt ja einer meiner Jungs Ihren falschen Doktor.«

Dank Charlottes Kontakten in die verschiedenen Zeitungsredaktionen saß bereits eine Stunde später ein junger Mann in Abberlines Büro, der als Zeichner für den Star arbeitete. Nach einer weiteren Stunde hatte der Mann nach Charlottes Beschreibungen ein Bild des mysteriösen William Johnson gezeichnet, das dem Original ziemlich nahe kam: etwa 50 Jahre alt, dünner werdendes, weißes Haar mit langen Koteletten und scharf geschnittene, fast schon aristokratische Gesichtszüge.

Nachdem der Zeichner sich verabschiedet hatte, schob Charlotte das Bild über den Schreibtisch zu Abberline. »Ziemlich genau so hat er ausgesehen.«

Die Gesichtszüge des Inspectors froren ein, als er die Zeichnung zum ersten Mal genauer anschaute: »Genau so, sagen Sie?«, presste er hervor.

Sofort war Charlottes Misstrauen geweckt, und sie fragte: »Kennen Sie den Mann auf dem Bild etwa?«

Abberline schüttelte ganz langsam den Kopf, seine Stimme war leise und zögernd: »Nein, ich glaube nicht. Für einen kurzen Moment hatte ich jemanden im Hinterkopf, aber ich habe mich getäuscht.«

Er log, und das noch nicht mal gut, das war der Reporterin sofort klar. »Inspector, erinnern Sie sich noch, was wir besprochen haben, als Sie mich besucht haben? Einen Waffenstillstand. Ich habe Ihnen zugesagt, alles, was ich zu den Morden herausfinden kann, direkt an Sie weiterzugeben. Ich habe mich an meinen Teil der Abmachung gehalten und Ihnen alles erzählt, was ich weiß – wahrheitsgemäß«, erklärte Charlotte und fügte in Gedanken hinzu: Bis auf meinen kleinen nächtlichen Ausflug in die Praxis von Dr. Johnson und vielleicht noch den Einbruch bei Kosminski, aber das hat ja beides nur der Recherche gedient.

Abberline schwieg, doch wieder merkte sie, wie es hinter seiner hohen Stirn arbeitete, also setzte sie nach: »Ich weiß, wir beide spielen nicht in selbem Team. Aber wir haben doch beide dasselbe Ziel, und wenn wir das gemeinsam erreichen wollen, dann sollten wir uns die Wahrheit sagen – und zwar beide.«

Der Inspector seufzte: »Na gut, Sie haben ja recht. Ich habe tatsächlich einen Verdacht, wer der Mann sein könnte, und wenn ich recht habe, dann ist er erstens wirklich Arzt und hat sich zweitens bei seinem falschen Namen nicht besonders viel Mühe gegeben.«

Sie spürte, wie das Adrenalin ihren Körper flutete, wie immer, wenn sie das Gefühl hatte, gleich ein Stückchen näher an die Wahrheit zu kommen. »Also, Karten auf den Tisch Herr Inspector, wer ist der Mann?«

Abberline ließ sich Zeit mit seiner Antwort. »Wenn ich richtigliege, und ich betone: wenn, dann haben wir es hier mit einem der renommiertesten Ärzte Londons zu tun. Damit wäre es auch wenig überraschend, dass er sich Mühe gibt, alle Spuren seiner kleinen Nebentätigkeit verschwinden zu lassen.«

»Jetzt spannen Sie mich doch nicht so sehr auf die Folter! Von wem reden wir hier?«, unterbrach ihn Charlotte.

»Von Dr. John Williams. Er ist Experte für Geburtsheilkunde und arbeitet unter anderem als Leibarzt für die königliche Familie. Williams und seine Frau Lizzie gehören also zu den Spitzen der Londoner Gesellschaft.«

»Oh«, entfuhr es Charlotte überrascht, »das macht die ›Ermittlungen‹ natürlich nicht gerade einfacher.«

Die Antwort des Inspectors kam prompt: »Das mit den ›Ermittlungen‹ werden Sie schön bleiben lassen. Die Chance, dass wir Williams wirklich gerichtsfest nachweisen können, dass er neben seiner offiziellen Tätigkeit als angesehener Mediziner eine Hinterhofpraxis für illegale Abtreibungen im East End betrieben hat, geht gegen null. Und können Sie sich vorstellen, was es für einen Staub aufwirbeln würde, wenn herauskäme, dass wir überhaupt auch nur in diese Richtung ermitteln? Ihr kleines Gespräch mit dem Thronfolger hat mich genug Nerven gekostet, noch so eine Aktion können weder Sie noch ich uns leisten! Abgesehen davon, dass wir hier bei Scotland Yard wirklich genug mit den Morden zu tun haben, wir können uns nicht auch noch um illegale Abtreibungen kümmern!«

»Aber es geht doch nicht nur um die Abtreibungen«, warf Charlotte ein. »Dr. Williams ist die Verbindung zwischen den ersten beiden Opfern Polly Nichols und Annie Chapman. Und wenn wir noch ein bisschen weiterforschen, finden wir bestimmt auch noch eine Verbindung zu Elizabeth Stride und Catherine Eddowes, das fühle ich!«

Abberline schnaubte. »Für Ihr ›Gefühl‹ werde ich sicher nicht meinen Job riskieren! Ich habe Ihnen mehr Einblicke in unsere Ermittlungen gewährt als irgendeinem anderen Journalisten. Und zwar, weil ich sie für eine kluge Frau halte, die ehrlich an der Aufklärung dieses Falles und nicht nur an einer möglichst sensationellen Geschichte interessiert ist – und weil ich Ihnen vertraue. Bitte missbrauchen Sie dieses Vertrauen nicht.«

Charlotte wiegte nachdenklich ihren Kopf hin und her. So einen emotionalen Ausbruch hatte sie vom Inspector nicht erwartet, aber das war wahrscheinlich nur ein weiteres Zeichen dafür, wie stark Abberline unter Druck stand. Zögernd antwortete sie: »Nichts liegt mir ferner, als Ihre Arbeit zu stören, Inspector.«

Das schien Abberline nicht zu reichen. »Ich werde diese Zeichnung jetzt in meinem Papierkorb verschwinden lassen. Diese Spur ist tot. Und dieses Gespräch heute zwischen uns beiden hat niemals stattgefunden. Haben wir uns verstanden?«

Charlotte nickte stumm. Nichts hasste sie mehr, als von anderen gesagt zu bekommen, was sie zu tun und zu lassen hatte, aber in diesem Fall hatte sie keine Wahl. Sie quälte sich ein Lächeln ab und schüttelte dem Inspector zum Abschied betont höflich die Hand.

Als sie schon in der Tür stand, sprach Abberline sie noch mal mit ernstem Blick an. »Miss Foster! Versprechen Sie mir, dass Sie Dr. Williams nicht belästigen werden?«

»Versprochen«, murmelte Charlotte und machte sich auf den Weg.

Das war nicht mal ansatzweise so gelaufen, wie sie es sich vorgestellt hatte.

John Williams

Sir John Williams wird am 6. November 1840 in einem kleinen Ort in Südwest-Wales geboren. Er studiert Medizin an der Universität Glasgow und macht seinen Abschluss am University College Hospital in London. Dort spezialisiert er sich auf Chirurgie und Geburtsheilkunde und eröffnet eine eigene Praxis. 1872 heiratet er Mary Elizabeth Ann Hughes, genannt Lizzie, die Ehe bleibt kinderlos. Ab 1886 arbeitet Williams als Leibarzt für die Königsfamilie, sechs Jahre später wird er von Queen Victoria in den Adelsstand erhoben. Während des Burenkriegs hilft Williams, ein Hospital in Südafrika aufzubauen. Für seine Verdienste wird er 1902 von King Edward zum Ritter geschlagen. Williams stirbt am 24. Mai 1926 und hinterlässt unter anderem eine wertvolle Privatbibliothek. Im Jahr 2005 wird Williams von einem seiner Nachfahren, dem Autor Michael Anthony Williams, vorgeworfen, in Wirklichkeit Jack the Ripper gewesen zu sein. Auch diese Theorie ist umstritten.

Sonntag, der 14. Oktober 1888 – Charlotte

Charlotte hatte das Gefühl, alle würden sie anstarren, als sie gemeinsam mit Mrs Paddington den Salon betrat, der größer war als ihre Wohnung und trotzdem bis zum letzten Beistelltischchen vollgestellt mit Nippes. Viele der etwa 20 und ausnahmslos älteren Frauen, die hier mit Teetassen und kleinen Küchlein in der Hand schwatzend herumstanden, erinnerten sie an ausgestopfte Vögel aus dem Naturkunde-Museum. Auch die Gastgeberin des Nachmittagstees, eine reichlich vertrocknete Countess, passte ins Bild. Aber schließlich hatte sich Charlotte nicht schon wieder in eines der unbequemen alten Kleider ihrer Vermieterin gezwängt, um sich begaffen zu lassen, sie hatte zu arbeiten. Offiziell begleitete sie Berta Paddington, um einen Bericht über diese Wohltätigkeitsveranstaltung für die Gesellschaftsseiten ihrer Zeitung zu verfassen, in Wirklichkeit aber hatte sie ihre Vermieterin nur deshalb bekniet, ihr eine Einladung zu besorgen, weil Charlotte wusste, dass auch Lizzie Williams auf der Gästeliste stand.

Ja, sie hatte Abberline versprochen, Dr. Williams in Ruhe zu lassen.

Von seiner Frau Lizzie allerdings war nicht die Rede gewesen.

Wie halten all diese Frauen das nur aus, den ganzen Tag so eingeschnürt herumzulaufen?, fragte Charlotte sich, während sie versuchte, den Schmerz ihres viel zu engen Mieders einfach wegzuatmen. In diesem Moment pikste Mrs Paddington sie mit ihrem erstaunlich spitzen Ellenbogen in die Seite, um ihr die nächste Teilnehmerin der illustren Teerunde vorzustellen. Charlotte hatte den Namen der Ehegattin eines reichen Kaufhausbesitzers bereits in der Sekunde wieder vergessen, in der sie ihn das erste Mal hörte. Sie war viel zu beschäftigt damit, eine Frau zu beobachten, die ein wenig abseits des Geschnatters an einem Fenster stand. Ihre dunklen

Locken waren streng hochgesteckt und betonten ihr rundes Gesicht. Sie war ungewöhnlich groß für eine Frau, und selbst die ausladenden Puffärmel ihres Kleides konnten ihre breiten Schultern nicht kaschieren. Der Mund der Frau war schmal, und ihre Lippen waren aufeinandergepresst, als wollten sie etwas in ihr zurückhalten. Am meisten aber fielen Charlotte ihre Augen auf: blassblau und mit Pupillen so schwarz und klein wie Stecknadelköpfe. Mary Elizabeth Williams sah genau so aus, wie auf dem Foto, das sie sich vor der Teeparty aus einem Zeitungsarchiv besorgt hatte. Jetzt musste sie nur noch irgendwie mit der Frau des Doktors ins Gespräch kommen.

So unauffällig wie möglich wandte Charlotte sich an Mrs Paddington, die fast alle Frauen hier von anderen Society-Veranstaltungen wie Opernbesuchen, Polo-Spielen oder Fasanenjagden kannte. »Das da hinten ist Lizzie Williams, oder? Warum steht die so abseits?«

Berta Paddington stellte ihre winzig kleine Teetasse aus chinesischem Porzellan erstaunlich geschickt auf der Untertasse ab, erst dann antwortete sie: »Die arme Lizzie ist schon seit einiger Zeit so. Eigentlich hat sie alles, was man sich wünschen kann: Sie kommt aus gutem Haus, ihr Vater ist ein reicher Geschäftsmann, ihr Ehemann ist ein renommierter Mediziner und arbeitet für die Queen, die beiden leben in einem wunderschönen Haus – was kann man sich mehr wünschen?«

Charlotte nahm ebenfalls einen Schluck Tee, dann fragte sie: »Aber so wie ich Sie einschätze, haben Sie doch sicher eine Theorie dazu, oder? Ich meine, Sie kennen schließlich alles und jeden hier in London.«

Mrs Paddington war sichtlich geschmeichelt und beugte sich so nahe an Charlottes Ohr, dass sie ihr schweres Parfum riechen konnte. »Also, das sind natürlich alles nur Gerüchte, und Sie wissen ja, dass ich keine Tratschtante bin«, begann sie, »aber die beiden sind jetzt schon so lange verheiratet und haben immer noch keine Kinder. Viel Zeit bleibt ihnen nicht mehr, Lizzie ist mittlerweile schon 38. Meine Cousine spielt mit ihr Bridge, und die hat mir erzählt, dass Lizzie in den letzten Jahren immer verschlossener geworden ist, vor allem wenn die anderen Frauen über ihre Kinder und ihre Familien gesprochen haben.«

Ja, zum Glück bist du keine Tratschtante, dachte Charlotte lächelnd und sagte dann zu ihrer Vermieterin: »Können Sie mich Mrs Williams vielleicht vorstellen?«

Berta Paddington kniff ihre Augen zusammen und sah sie streng an. »Aber nur, wenn Sie mir versprechen, sich anständig zu benehmen und keine Szene zu machen. Ich habe schließlich einen gewissen Ruf hier in London.«

»Natürlich«, antwortete Charlotte wie ein artiges Schulmädchen. Wenige Augenblicke später führte Berta Paddington sie zum Fenster, wo Lizzie Williams immer noch stand, sich an einem Glas Portwein festhielt, und nach draußen schaute.

»Guten Tag, Mrs Williams, wie schön Sie zu sehen!«, flötete Mrs Paddington und schüttelte die Hand der Frau. »Darf ich Ihnen meine Freundin Charlotte Foster vorstellen? Sie kommt aus den Staaten, schreibt für die New York Tribune und berichtet heute über unsere Wohltätigkeitsveranstaltung.«

Lizzie Williams schaute von ihrem Glas auf und reichte zuerst Mrs Paddington und dann Charlotte die Hand. Ihr Händedruck war überraschend kräftig und warm, ihre blauen Augen allerdings verrieten keinerlei Gefühle. Sofort übernahm Berta Paddington das Gespräch und plauderte mit Lizzie Williams über Belanglosigkeiten wie ihren letzten Urlaub oder den neuesten Tratsch aus dem Königshaus, während Charlotte danebenstand und immer ungeduldiger wurde.

Nach etwa zehn Minuten, die sich für sie wie eine Ewigkeit anfühlten, fragte sie ihre Vermieterin: »Meine liebe gute Mrs Paddington, wollten Sie sich nicht eben noch eine Kleinigkeit zu essen holen? Die Gurkensandwiches dahinten sehen wirklich köstlich aus!«

Berta Paddington schaute sie überrascht an: »Aber ich habe doch gerade erst gegessen?«

Innerlich verdrehte Charlotte die Augen, aber sie lächelte weiter freundlich und zwickte ihre Vermieterin unauffällig in die Seite. »Natürlich, aber Sie meinten doch eben noch zu mir, dass Sie unbedingt noch die Sandwiches probieren wollten! Tun Sie sich nur keinen Zwang an, Mrs Williams und ich werden es sicher einen Moment allein aushalten.«

Erst jetzt schien Mrs Paddington zu verstehen und verabschiedete sich in Richtung der großen Tafel am anderen Ende des Raumes, deren weiß gestärkte Tischdecke unter den ganzen Silberplatten mit geräuchertem Fisch, Sandwiches und Kuchen kaum noch zu sehen war. Als Charlotte und Lizzie Williams sich jetzt allein gegenüberstanden, breitete sich zunächst ein unangenehmes Schweigen aus. Aber die Journalistin wusste ja, dass nichts zu sagen manchmal die beste Möglichkeit war, ein Gespräch in Gang zu bringen. Und so versuchte sich auch die Frau des Arztes irgendwann an einer Konversation.

Lizzie Williams nestelte umständlich ein kleines Bonbon aus einer Packung in ihrer Handtasche, steckte es sich in den Mund und sagte dann: »Wie schön, dass Sie heute extra gekommen sind, um uns für den guten Zweck zu unterstützen, Miss Foster. Es ist so wichtig, dass die armen Kinder dieser Stadt zumindest eine warme Mahlzeit am Tag und ein wenig Bildung bekommen.«

»Sie haben so recht«, pflichtete Charlotte ihr bei, »für meine Artikel war ich schon unzählige Male im East End unterwegs und bin jedes Mal wieder betroffen, unter welchen schrecklichen Bedingungen viele der Menschen dort leben müssen, vor allem die Kinder!«

Sie merkte, dass die Erwähnung von Kindern etwas in Lizzie Williams auslöste, denn die stieg direkt darauf ein. »Es ist ein Skandal, und niemand tut etwas dagegen! Die Menschen dort hausen wie die Tiere und vermehren sich wie die Karnickel! Da gibt es Mütter, die haben 15 Kinder von drei verschiedenen Männern und sind zu besoffen, um sich auch nur um eins davon zu kümmern, oder sie huren rum und zeugen bereits das nächste!«

Charlotte war überrascht von der deftigen Ausdrucksweise, die so gar nicht zum zurückhaltenden Auftreten von Lizzie Williams passte. Offenbar hatte sie da einen wunden Punkt getroffen, also bohrte sie weiter nach. »Sie haben so recht, Mrs Williams! Viele dieser Frauen wissen gar nicht, was es für ein Geschenk Gottes ist, ein Kind zu bekommen! Haben Sie Kinder?«

Die Frage war ein Nadelstich, und Charlotte merkte sofort, dass sie Lizzie Williams getroffen hatte, denn die antwortete: »Wissen Sie, Miss Foster, das Leben ist manchmal nicht gerecht. Bisher waren meinem Mann und mir Kinder leider Gottes nicht vergönnt. Ich habe mich mittlerweile damit abgefunden, aber mein Mann hofft immer noch auf einen Sohn, dem er irgendwann mal die Praxis und seine wertvolle Büchersammlung vererben kann. Doch manche Menschen sind halt für etwas anderes bestimmt …«

Charlotte legte der Frau vorsichtig eine Hand auf die Schulter und sagte: »Ich verstehe Sie. Mein Mann und ich haben auch versucht, ein Kind zu bekommen, aber es hat einfach nicht geklappt, am Ende ist sogar unsere Ehe daran gescheitert, und ich bin von den Staaten nach Europa gezogen. Diesen Schmerz versteht niemand, der es nicht selbst erlebt hat.« Noch während sie den Satz aussprach, schämte Charlotte sich für ihre dreiste Lüge – aber sie war schließlich nicht hier, um Freundschaften zu knüpfen. Dann setzte sie den zweiten Nadelstich: »Aber ist Ihr Mann nicht Experte auf dem Gebiet der Geburtsheilkunde? Wenn jemand einer Frau helfen kann, ein Kind auf die Welt zu bekommen, dann doch er!«

Das wässrige Blau in Lizzie Williams Augen wurde zu Eis. »John ist ein sehr vielbeschäftigter Mann. Auch wenn er mir vielleicht nicht helfen kann, hat er sein Leben all den anderen Frauen gewidmet, die ein Kind auf die Welt bringen wollen oder die … andere Frauenprobleme haben.«

Sie weiß es, dachte Charlotte. Lizzie Williams war also darüber informiert, was ihr Ehemann bis vor Kurzem nachts in seiner kleinen Hinterhofpraxis im East End getrieben hatte. Allerdings war auch das natürlich kein Beweis, der vor irgendeinem Gericht dieser Welt Bestand haben würde, und vor allem half ihr diese Information auch bei der Suche nach dem rätselhaften Ripper kein Stück weiter. Also versuchte sie vorsichtig, das Thema in eine andere Richtung zu lenken, und sagte: »Es tut mir leid, falls ich zu indiskret war, bitte entschuldigen Sie. Es sind einfach schlimme Zeiten, in denen wir im Moment leben. All diese Armut, der Hunger und das Leid um uns herum – und dann geht auch noch dieser Verrückte in Whitechapel um und ermordet wehrlose Frauen.«

Lizzie Williams schnaubte. »Unschuldige Frauen? Entschuldigen Sie meine Ausdrucksweise, aber das waren doch alles vier dreckige Dirnen! Anständige Frauen treiben sich nicht nachts auf der Straße herum und öffnen ihre Schenkel für ein paar Pence oder ein Glas Schnaps!«

Charlotte war abermals überrascht über die Wut, die da hinter Lizzie Willams blassblauen Augen tobte, und sagte: »Aber auch diese Frauen hatten Familie, Ehemänner und zum Teil sogar Kinder.«

Jetzt hatte die Frau des Doktors ihre Höflichkeit endgültig vergessen: »Ich weiß, dass ist ja das Schlimme daran! Diese Polly Nichols hat gleich fünf davon in die Welt gesetzt, und das sind nur die Kinder, von denen man weiß. Und was hat sie mit diesem Gottesgeschenk gemacht? Sie hat sie sitzengelassen, weil ihr die Sauferei wichtiger war. Ihre eigenen Kinder! Und glauben Sie mir, die anderen Frauen waren auch keinen Deut besser. Warum dürfen solche Menschen ohne Bildung, ohne Einkommen und mit so einem liederlichen Charakter überhaupt Kinder in die Welt setzen? Vor allem wenn man bedenkt, dass es Frauen wie uns gibt, die ihren Kindern alles bieten könnten, wenn wir nur könnten! So was sollte verboten werden!« Lizzie Williams atmete tief durch, scheinbar erschrocken über ihren eigenen Wutausbruch. Mittlerweile hatten sich auch einige der anderen Frauen im Raum umgedreht und schauten verstohlen zu den beiden herüber. Hastig fingerte die Arztgattin in ihrer Handtasche herum und förderte ein kleines Döschen hervor, das sie Charlotte anbot: »Saure Kräuterbonbons. Ich bin geradezu süchtig danach, möchten Sie auch eins?« Charlotte lehnte dankend ab, und Lizzie Williams fügte hinzu: »Wo waren wir stehen geblieben?«

Gerade als die Reporterin Luft holte, um noch mehr Fragen zu stellen, rauschte von hinten Mrs Paddington heran und rief: »Da bin ich wieder! Sie hatten wirklich recht, Miss Foster, die Gurkensandwiches waren ausgezeichnet. Ich muss die Countess wirklich mal fragen, wie ihre Köchin die immer so wunderbar hinbekommt. Und haben Sie eigentlich schon diese entzückenden kleinen Porzellanfiguren gesehen? Die sind aus Deutschland, können Sie sich das vorstellen? Ich habe neulich noch zu meiner Cousine gesagt, wenn die Deutschen eine Sache können, dann Porzellan …«

Alle Fragen, die Charlotte noch an Lizzie Williams gehabt hätte, gingen in dem Schwall von Worten unter, der aus dem Mund von Berta Paddington sprudelte. Nach etwa einer halben Stunde verabschiedete sich Lizzie Williams höflich, ohne dass Charlotte die

Chance gehabt hätte, mehr über sie und vor allem über ihren Mann zu erfahren.

Nach einer weiteren, quälend langen Stunde, voller Smalltalk und leerer Komplimente für die Hüte und Handschuhe der anwesenden Damen, traten Charlotte und ihre Vermieterin den Heimweg an. Zum Glück wartete vor der Tür der Stadtvilla Paddys Zwillingsbruder Ken mit seiner Droschke auf die beiden. Während der gesamten Rückfahrt schwärmte Mrs Paddington von den Meissener Porzellanfiguren, doch Charlotte hörte ihr gar nicht richtig zu. Sie hatte das Gefühl, bei ihren Überlegungen irgendetwas übersehen zu haben, aber sie kam einfach nicht darauf, was es war.

Droschken

Droschken sind Ende des 19. Jahrhunderts eines der wichtigsten Fortbewegungsmittel für die Mittelschicht. Auch wenn der erste pferdebetriebene Bus in London schon seit 1829 fährt und rund 30 Jahre später die erste U-Bahnlinie der Stadt eröffnet wird, nutzen 1888 immer noch viele Menschen von Pferden gezogene Droschken. Diese sind sozusagen die Vorläufer der heutigen Taxis. Besonders populär sind damals die sogenannten »Hansom Cabs«: Leichte und wendige Zweisitzer mit nur einer Achse, die von einem einzelnen Pferd gezogen werden und damit deutlich günstiger sind als Kutschen mit vier Rädern. Die Passagiere (meistens zwei, selten auch drei) sitzen dabei in der nach vorne offenen Droschke nebeneinander auf gepolsterten Sitzen unter einem Überdach. Ein kleiner, aufklappbarer Vorbau schützt ihre Füße und Beine vor Schlamm und Regen. Der Droschkenkutscher steht hinter den Passagieren auf seinem Kutschbock, während der Fahrt kann man über ein kleines aufklappbares Fenster mit ihm sprechen. Die Fahrtpreise sollen eigentlich an der Droschke stehen, viele Fahrer schlagen damals gerne noch ein bisschen Geld obendrauf, vor allem zu den Hochzeiten spätabends und am Wochenende.

Montag, der 15. Oktober 1888 – Mary Jane

Mary Jane hatte die Hand schon an der Wohnungstür, als sie hinter sich eine laute Stimme hörte: »Miss Kelly – einen Moment bitte!«

Sie zuckte in der Bewegung zusammen und drehte sich langsam um. Eine Sekunde später, und sie hätte es in die Wohnung geschafft und sich einfach totstellen können.

Ihr Vermieter John McCarthy war ein eher zierlicher Mann mit einem stattlichen Schnurrbart, dessen Wangen schon deutlich nach unten hingen, obwohl er noch nicht mal 40 war. Jetzt stand er direkt vor Mary Jane und blitzte sie mit seinen kleinen Augen böse an. »Sie wissen, warum ich hier bin, oder?«

Sie versuchte sich an einem Lächeln, das freundlich und harmlos aussehen sollte, aber eher gequält wirkte: »Ach, Mr McCarthy, ist es etwa schon wieder so weit? Ist unsere Miete fällig? Ich hatte diese Woche so viel zu tun, da habe ich gar nicht daran gedacht!«

Der Vermieter schnaubte: »So wie sie die letzten drei Wochen nicht daran gedacht haben? Sie schulden mir mittlerweile 14 Shilling, was glauben Sie, wer ich bin – die Wohlfahrt?«

»Aber natürlich nicht!«, rief Mary Jane schnell und warf McCarthy einen tiefen Blick zu. »Wir müssen uns doch deshalb nicht streiten, Sir, ich bin mir sicher, dass wir für dieses kleine … Problem auch eine andere Lösung finden werden. Vielleicht wollen Sie kurz mit reinkommen, und wir beide regeln das … privat, wenn Sie verstehen, was ich meine …«

Die Gesichtsfarbe des Vermieters wechselte von leicht gerötet zu knallrot. »Was glauben Sie, wer ich bin? Das hier ist ein anständiges Haus! Ich bin ein angesehener Geschäftsmann, habe eine Frau und vier Kinder! Das Einzige, was mich an Ihnen interessiert, ist die Miete, die mir zusteht!«

Mary Jane versuchte, schnell das Thema zu wechseln. »Aber Sir, so war das natürlich nicht gemeint. Mein Freund Mr Barnett hat gerade erst einen gut bezahlten Job draußen in Hackney angetreten, Sie brauchen sich also überhaupt keine Sorgen zu machen. Sobald er seinen ersten Lohn bekommen hat, werden wir unsere Schulden bei Ihnen sofort bezahlen!«

McCarthy musterte sie mit einem Blick, den Mary Jane nicht richtig einschätzen konnte, dann sagte er: »Gut bezahlt? Soweit ich weiß, ist Ihr Freund dort als Tagelöhner angestellt. Aber das ist nicht mein Problem. Sie haben zwei Wochen. Wenn ich dann nicht die komplette Monatsmiete von Ihnen bekommen habe, fliegen Sie hier hochkant raus!«

Mary Jane versuchte, irgendwie ihr Lächeln im Gesicht zu behalten, auch wenn sie am liebsten laut geschrien hätte. »Aber natürlich, Mr McCarthy! Vertrauen Sie mir, spätestens in zwei Wochen werden wir unsere Schulden bezahlen. Ich wünsche Ihnen noch einen angenehmen Tag.«

»Zwei Wochen, oder Sie sitzen auf der Straße!«, schnaubte der Vermieter, drehte sich auf dem Absatz um und ging, ohne sich von ihr zu verabschieden.

Sofort schlüpfte Mary Jane in ihre Wohnung, verschloss die Tür von innen und ließ sich auf den Fußboden fallen. Als sie spürte, wie ihr die Tränen herunterliefen, konnte sie nicht einmal sagen, ob es die Wut oder die Verzweiflung war, die sie weinen ließ.

Sonntag, der 21. Oktober 1888 – Charlotte

Sie hatte es so satt. Charlotte rieb sich die Hände, die trotz der kratzigen Handschuhe aus Wolle eiskalt waren. Auch heute hatte sie bei ihrer nächtlichen Tour durch Whitechapel absolut nichts herausgefunden, so wie in der Nacht davor und all den vorangegangenen Nächten. Drei Wochen waren die Morde an Elizabeth Stride und Catherine Eddowes mittlerweile her, und sie war in ihren Nachforschungen kein Stückchen weitergekommen. Es war, als habe der Erdboden den Frauenmörder von Whitechapel verschluckt und in der Stadt nichts als Panik und Wut zurückgelassen. Gerade erst hatten mehr als 200 Händler und Handwerker aus Whitechapel einen offenen Brief an das Innenministerium geschrieben und gefordert, dass der Killer endlich gefasst werden sollte, damit das Leben in das Viertel zurückkehren konnte.

Besonders schwer hatte es die vielen hundert Frauen im East End getroffen, die ihr Geld bisher mit Prostitution auf der Straße verdient hatten. Kaum eine von ihnen traute sich noch nachts nach draußen, und die paar wenigen, die es doch taten, trafen oft stundenlang auf keinen einzigen Kunden, weil die aus Angst ebenfalls zu Hause blieben. Aber ohne die paar Pence, die die Prostituierten durch ihre Arbeit in der Nacht verdienten, konnten sich die meisten von ihnen kein Bett mehr in einem der Wohnheime oder billigen Pensionen leisten. Und so drängten sich in diesen Nächten unzählige obdachlose Frauen in Hauseingänge oder Höfe, zitternd vor Kälte und der Angst, dass sie das nächste Opfer des Rippers werden zu können.

Und auch die Polizei war machtlos. Vorgestern hatte Charlotte Inspector Abberline in seinem Büro besucht und gehofft, irgendetwas Neues zu erfahren. Aber auch bei Scotland Yard schien die Suche nach »Jack the Ripper« einfach festzustecken, und die Augenringe des Inspectors waren seit ihrem letzten Besuch noch tiefer geworden. Zwar hatten er und seine Kollegen immer wieder Verdächtige festgenommen, sie aber schon nach kurzer Zeit wieder laufen lassen müssen – Jack war und blieb ein Phantom.

Charlotte hatte deshalb versucht, ihren eigenen Spuren nachzugehen, war aber jedes Mal wieder in einer Sackgasse gelandet. Gestern zum Beispiel hatte sie Aaron Kosminski einen zweiten Besuch abstatten wollen, aber der war nicht da gewesen. Wie ihr Kosminskis Schwester Matilda eher genervt als besorgt erzählt hatte, war ihr Bruder bereits seit zwei Tagen verschwunden. »Das passiert immer wieder, wenn er seine Phasen hat«, hatte sie Charlotte erklärt, »dann verschwindet er für eine Woche oder zwei und taucht irgendwann wieder hier bei uns auf.« Und auch was die illegale Abtreibungs-praxis von Dr. Williams anging, traten ihre Nachforschungen auf der Stelle. Sie hatte keinen einzigen Zeugen auftreiben können, der Williams mit der Praxis in Verbindung bringen konnte oder wollte. Außerdem fehlte ihr nach wie vor der Nachweis, dass die letzten beiden Opfer Elizabeth Stride und Catherine Eddowes wirklich bei Williams in Behandlung gewesen waren, und die Patientenunterlagen der Praxis waren nach wie vor verschwunden.

Also war Charlotte nichts anderes übrig geblieben, als Nacht um Nacht gemeinsam mit Thommie durch die Gassen von Whitechapel zu streifen, in der Hoffnung, den Mörder vielleicht bei seinem nächsten Mord auf frischer Tat zu überraschen. Allerdings war sie nicht die Einzige, die auf diesen Gedanken gekommen war. Abberline hatte die Polizeipräsenz in dem Viertel noch mal verstärken lassen und dabei sogar Beamte eingesetzt, die als Frauen verkleidet den Köder für Jack spielen sollten – bisher ohne Erfolg. Und auch Charlotte und Thommie hatten in dieser Nacht nichts Neues herausgefunden. Als ihre Uhr kurz nach vier anzeigte, wurde es für die beiden Zeit, den Heimweg anzutreten.

An der Droschke angekommen, stutzte sie. Paddy saß auf dem Kutschbock. »Hat uns nicht vorhin dein Bruder hierhergefahren?«, fragte sie. »Seit wann tauscht ihr mitten in der Nacht die Schicht?«

Paddy grinste breit über sein sommersprossiges Gesicht. »Kenny musste nach Hause, seine Frau ist krank. Also schiebe ich heute eine Doppelschicht. Soll ich Sie nach Hause bringen, Miss Charlotte und Mr Thommie?«

Grinsend bemerkte Charlotte, wie Thommie bei der Erwähnung seines Namens stolz den Rücken durchdrückte und »Ja, bitte« antwortete.

Als die beiden auf der Sitzbank der Droschke Platz nahmen, war Charlotte bereits wieder in ihren Gedanken versunken. Seit Tagen hatte sie das Gefühl, bei ihren Überlegungen irgendetwas übersehen zu haben, und ihr war klar, dass ihr nicht mehr viel Zeit blieb herauszufinden, was genau das war.

Sie waren bereits ein paar Minuten unterwegs, als Thommie sie anstupste und unsanft ins Hier und Jetzt zurückholte. »Miss Charlotte, ich glaube, wir haben ein Problem. Die schwarze Kutsche hinter uns war eben schon da, als wir losgefahren sind. Ich glaube, die verfolgt uns.«

Charlotte öffnete das Seitenfenster auf ihrer Seite und streckte ihren Kopf nach draußen. Verdammt, Thommie hatte recht. Direkt hinter ihrer Droschke, im Abstand von vielleicht 400 Yards, folgte ihnen ein schwarzer Vierspänner, der von vier ebenfalls schwarzen Pferden gezogen wurde. Soweit Charlotte erkennen konnte, waren die Wappen an der Kutsche abgehängt, und der Kutscher hatte sich seine Mütze so tief in die Stirn gezogen, dass man sein Gesicht in der Dunkelheit nicht erkennen konnte.

»Holy shit«, entfuhr es ihr, »das könnte die Kutsche sein, die an den Tatorten gesehen wurde!«

»Und ich glaube, die sind nicht gekommen, um mit uns zu quatschen«, fügte Thommie hinzu.

Die Reporterin merkte, wie ihr Hals ganz trocken wurde. Sie mussten so schnell wie möglich von hier verschwinden. Ein weiterer Blick aus dem Seitenfenster nach hinten zeigte ihr, dass die schwarze Kutsche auf der einsamen Straße bereits ein gutes Stück näher gekommen war. Nervös nestelte Charlotte an dem kleinen Klappfenster an der Decke der Droschke herum, durch das sie mit dem Kutscher sprechen konnte. Sie merkte, dass ihre Hände schweißnass waren. Erst beim dritten Versuch bekam sie das Fenster auf. »Paddy, wir werden verfolgt! Direkt hinter uns ist ein schwarzer Vierspänner, ich glaube, die wollen uns stoppen. Um Gottes willen, beeilen Sie sich!«

Ohne sich nach hinten umzudrehen, nickte der Ire über ihr auf dem Kutschbock. »Allright, Miss Foster. Halten Sie sich besser fest, das könnte jetzt ungemütlich werden.« Paddy ließ seine Peitsche knallen, und sofort wechselte sein gescheckte Pferd vorne von einem leichten Trab in den Galopp. Hätten Charlotte und Thommie sich nicht festgehalten, wären sie wahrscheinlich von der Sitzbank gerutscht. Mit hoher Geschwindigkeit ruckelte die Droschke über das Kopfsteinpflaster, bog scharf nach rechts ab und schoss über eine Kreuzung.

Charlotte streckte den Kopf aus dem Seitenfenster, und der Fahrtwind ließ ihre Augen tränen. Trotzdem konnte sie erkennen, dass sie es nicht geschafft hatten, den schwarzen Vierspänner abzuhängen. Im Gegenteil: Ihre Verfolger hatten aufgeholt, der Abstand betrug nur noch höchstens 100 Yards und wurde mit jeder Sekunde kleiner. Auch wenn Paddys Droschke leicht und wendig war, gegen die Kraft von vier Pferden hatte sie keine Chance.

»Schneller!«, brüllte Charlotte den Kutscher an, »die haben uns gleich!«

Mit seiner Peitsche trieb Paddy den braun gescheckten Wallach weiter an, sodass die Droschke fast über das Pflaster flog. Bei einem weiteren Blick aus dem Fenster bemerkte Charlotte, dass sich der Abstand zu ihrem Verfolger zumindest ein wenig vergrößert hatte. Sie wollte gerade durchatmen und den Kopf zurückziehen, als ein ohrenbetäubender Knall sie zusammenzucken ließ. Bevor sie verstand, was da gerade passiert war, spürte sie den Schmerz. Nur wenige Armlängen von ihrem Kopf entfernt war die Frontscheibe eines Geschäfts in einem Regen aus Glassplittern explodiert. Etwas Warmes sickerte an ihrer Schläfe herunter. Schon hörte sie den nächsten Knall, und etwas pfiff an ihrem Ohr vorbei.

Ihre Verfolger in der schwarzen Kutsche schossen auf sie!

Sofort riss Charlotte den Kopf zurück. Ihre Stimme überschlug sich, als sie brüllte: »Paddy, Kopf runter! Die schießen auf uns!«

Doch da peitschte auch schon der nächste Schuss durch die Nacht. Charlotte hörte über sich ein lautes Poltern und schrie den Namen des Kutschers.

Paddy antwortete nicht.

Sie rief ein weiteres Mal seinen Namen, ihre Stimme war nur noch ein Krächzen.

Thommie schaute Charlotte mit großen Augen an: »Ach du Scheiße! Ich glaube, die haben Paddy erwischt!« Sofort versuchte der Junge, durch die offene Dachluke zu erkennen, was passiert war, doch die Klappe war zu klein.

»Sei vorsichtig!«, zischte Charlotte ihm zu, doch Thommie kletterte schon durch die Seitentür auf das Dach der Droschke, um zu dem hinter der Fahrerkabine liegenden Kutschbock zu kommen. In diesem Augenblick knallte ein weiterer Schuss, und Charlotte krümmte sich auf der Sitzbank zusammen. Sie hörte nichts als das Klappern der Hufe und Räder auf dem Pflaster und den Fahrtwind, der durch das offene Fenster stürmte.

Verdammt, warum war es so still? War Thommie etwa auch …?

Charlotte traute sich nicht zu fragen, tat es dann aber doch: »Alles in Ordnung da oben? Sag doch was!«

Die Antwort kam schnell und versetzte ihr einen Schlag in die Magengrube: »Nee, nix is in Ordnung! Paddy hängt hier im Kutschbock und steht nicht mehr auf!«

Sie fluchte. Jetzt saßen Thommie und sie also in einer führerlosen Droschke, die in Höchstgeschwindigkeit durch die Straßen von Whitechapel jagte, mit einem Verfolger im Nacken, der erstens bewaffnet war und zweitens immer näher kam. Irgendwie musste sie die Kontrolle über die Situation zurückgewinnen. »Kommst du an die Zügel ran?«, rief sie nach oben.

»Keine Chance!«, antwortete Thommie. »Die sind gerissen, und die eine Seite hängt längst auf der Straße! Und so panisch wie der Gaul hier ist, wird der sicherlich nicht freiwillig stoppen.«

Stoppen wäre jetzt sowieso eine schlechte Idee, dachte Charlotte. Ihr Verfolger in der schwarzen Kutsche hatte gerade einen Menschen getötet und würde sicherlich keine Sekunde zögern, auch Thommie und sie zu erschießen, sobald er die beiden irgendwie angehalten hatte. Fieberhaft suchte sie nach einer Möglichkeit, dieses Rennen gegen den Tod zu gewinnen, aber ihr fiel einfach nichts ein. Durch das offene Seitenfenster sah sie Häuserfassaden an sich vorbeirauschen und hörte die klappernden Hufe von vier Pferden, die immer näher kamen. Vor sich blickte sie auf ein großes, beinahe quadratisches Gebäude mit vier Türmen: der Tower of London. Als ihr klarwurde, was das bedeutete, presste sie sich noch tiefer in ihren Sitz. Ihre Droschke raste ungebremst auf die Themse zu.

Und das war noch nicht einmal das Schlimmste. Die schwarze Kutsche hatte aufgeholt und war jetzt rechts neben ihnen fast auf gleicher Höhe. Nur noch wenige Augenblicke, und sie würde sich vor ihre Droschke setzen und sie ausbremsen. Oder von der Straße drängen.

Vorsichtig versuchte Charlotte, durch das rechte Seitenfenster einen Blick auf ihren Verfolger zu werfen. Vom Kutscher konnte sie nichts erkennen, außer dass er komplett schwarz gekleidet war. Doch dann entdeckte sie den Arm, der sich aus dem offenen Fenster des Vierspänners streckte, mit einem Revolver in der Hand. Schon knallte der nächste Schuss, das rechte Seitenfenster ihrer Droschke zerplatzte, und Scherben regneten auf die Reporterin, die sich in ihr Polster drückte. Zum ersten Mal in ihrem Leben hatte Charlotte Foster Todesangst. Sie war unfähig, sich auch nur zu bewegen, bis Thommies Stimme sie aus ihrer Panik riss.

»Ich hab ne Idee!«, flüsterte er ihr durch die geöffnete Dachklappe zu. »Öffnen Sie die linke Tür und halten Sie sie von innen fest. Wenn ich *jetzt* sage, dann springen Sie, so weit Sie können!«

Hatte der Junge den Verstand verloren? »Wenn wir bei dieser Geschwindigkeit aus der Kutsche zu springen, brechen wir uns auf dem harten Kopfsteinpflaster alle Knochen!«, wollte Charlotte sagen, aber ihr Hals war wie zugeschnürt.

Als ob Thommie sie trotzdem verstanden hatte, hörte sie seine helle Stimme über sich rufen: »Vertrauen Sie mir!«

Charlotte versuchte, sich zu orientieren, und traute sich sogar, ihren Kopf ganz kurz nach oben zu recken und sich mit einem Blick nach vorne einen Überblick zu verschaffen: Sie hatten den Tower mittlerweile passiert, und das Ufer der Themse lag jetzt einige hundert Yards zu ihrer linken Seite. Rechts von ihnen hatte der schwarze Vierspänner sie endgültig eingeholt und fuhr direkt neben ihnen – so nahe, dass Charlotte glaubte, das Keuchen der vier Rappen zu hören, die die Kutsche zogen.

Plötzlich wurde sie nach vorne geschleudert und wäre fast durch die zersplitterte Seitenscheibe geflogen. In letzter Sekunde krallten sich ihre Finger in das Leder des Sitzes, und sie konnte sich wieder ins Innere retten. Ihre Droschke war völlig unvermittelt scharf nach links ausgeschert. Offenbar hatte Thommie es oben auf dem Kutschbock geschafft, zumindest einen Teil der Zügel zu greifen, um die Kutsche nach links herumzureißen. Der Vierspänner hinter ihnen war bei Weitem nicht so wendig, und sie konnte sehen, dass die schwarze Kutsche abbremsen musste, um beim Abbiegen nicht umzukippen. Ihre Droschke dagegen schien zu fliegen, allerdings nicht mehr auf der Straße, wie Charlotte mit Entsetzen feststellte: Direkt vor ihnen lag die riesige Baustelle am Ufer, die einmal die Tower Bridge werden sollte. Doch zu diesem Zeitpunkt gab es an dieser Stelle noch keine Brücke, sondern nur eine gewaltige Lücke zwischen den Pfeilern und das eiskalte Wasser der Themse.

»Machen Sie sich bereit, Miss Charlotte, das wird jetzt rumpelig!«, hörte sie von oben. Panisch wiehernd riss der Wallach vor ihr die Droschke eine hölzerne Rampe hinauf, die seitlich zu einem der Brückenpfeiler führte und wohl zum Baugerüst der Brücke gehörte. Keine zehn Yards entfernt vor ihr endete die Rampe mit einer dünnen Absperrung aus Holz, und dahinter sah sie den schwarzen Fluss auf sich zurasen. Charlotte schloss die Augen. »Jetzt!«, brüllte Thommie, und seine Stimme überschlug sich.

Mit aller Kraft stieß Charlotte mit der Schulter die linke Seitentür auf und drückte sich aus dem Sitz. Genau in diesem Moment durchbrach die Kutsche krachend die hölzerne Absperrung.

Es war zu spät: Charlotte war in der Luft.

Und sie fiel.

Die Tower Bridge

Die Tower Bridge, die heute zu Londons bekanntesten Wahrzeichen gehört, wird zwischen Juni 1886 und Juni 1894 gebaut. Jahrelang tüfteln verschiedene Architekten und Ingenieure an einem Weg, östlich der bereits bestehenden London Bridge eine weitere Brücke zu bauen, die den Schiffsverkehr an den damals stark frequentierten Docks im East End nicht stört. Am Ende entscheidet man sich für eine 800 Fuß (244 Meter) lange Klappbrücke aus mehr als 11.000 Tonnen Stahl. Schon kurz nach der Eröffnung wird der obere Teil der Brücke, der für Fußgänger gedacht war, wieder gesperrt, weil sie aus Sicht der Behörden zu einem Anziehungspunkt für Taschendiebe und Prostituierte geworden ist. Erst 70 Jahre später wird der Fußgängerüberweg an der Tower Bridge wieder geöffnet und verfügt mittlerweile über einen Glasboden. Noch bis ins Jahr 1976 wird die Hydraulik, mit der man den unteren Teil der Brücke nach oben klappen kann, mit Dampf betrieben.

Kapitel 9

SPITAL-FIELDS
Brick Lane
Christ Church Spitalfields
St
Whitechapel High Street
Braham Street
St Botolph's
Aldgate High Street
Alie S.
Alie S.
Leman Street
Gower's Walk
Mansel Street
Minor Street
English Martyrs Church
Docks
Roy Mint Street
Tower of London

Sonntag, der 21. Oktober 1888 – Mary Jane

Nachdem sie sich stundenlang in ihrem Bett hin und her gewälzt hatte, gab Mary Jane auf. Sie schob die kratzige Wolldecke an die Seite und wärmte sich über den halb abgebrannten Holzscheiten in dem kleinen Kamin einen Rest Tee auf, der immer noch in dem verrußten Kessel schwappte. Joseph war bei der Nachtschicht und würde frühestens in zwei Stunden wieder nach Hause kommen. Vielleicht würde sie ihm dann die Wahrheit sagen. Wahrscheinlich würde sie sich aber auch dieses Mal nicht trauen, das, was die beiden sich aufgebaut hatten, ein für alle Mal zu zerstören. Irgendwann würde er es sowieso herausfinden – spätestens, wenn ihr Bauch noch größer wurde. Und dann war ihre gemeinsame Zeit vorbei, da war Mary Jane sich sicher. Joseph würde niemals akzeptieren, dass sie ein Kind von einem anderen Mann bekam. Schon die Tatsache, dass sie vor ihrer Beziehung zu ihm gegen Geld mit anderen Männern geschlafen hatte, machte ihn rasend. Wie würde er dann erst reagieren, wenn er erfuhr, dass sie ihm untreu gewesen war? Und doch war es weniger Josephs Wut oder seine Enttäuschung, vor denen Mary Jane Angst hatte, sondern was daraus folgen würde. Wenn er sie verließ, würde sie ihr Zimmer nicht mehr bezahlen können. Ihr Vermieter Mr McCarthy hatte deutlich gemacht, dass er sie, ohne zu zögern, auf die Straße setzen würde, und sie glaubte nicht, dass das Kind in ihrem Bauch ihn vom Gegenteil überzeugen konnte. Und als werdende Mutter waren ihre Chancen, in ihren alten Job zurückzukehren, ziemlich begrenzt. Dieses kleine, zugige Zimmer, das Mary Jane seit einigen Monaten ihr Zuhause nannte, war das, was in ihrem 25-jährigen Leben am nächsten an so etwas wie Glück herankam. Und sie würde um dieses Glück kämpfen.

Also setzte sie sich an einen Brief.

Dieses Mal brauchte sie wesentlich mehr Versuche als bei ihrem Schreiben an den Prinzen. Diese Zeilen waren für sie die Möglichkeit, aus ihrem Leben als werdende Mutter doch noch etwas Gutes zu machen. Und Mary Jane wusste, dass sie nur diese eine Chance hatte.

Wenn alles so klappte, wie sie es sich vorgestellt hatte, würde sie Joseph und seine finanzielle Unterstützung bald nicht mehr brauchen. Sollte er sich doch von ihr trennen, wenn er wollte. Nach etwa zwei Stunden schaute Mary Jane zufrieden auf den Brief:

Hallo mein Großer,

ich weiß, ich habe versprochen, mich niemals direkt bei dir zu melden. Aber es gibt einen sehr dringenden, ja lebenswichtigen Grund für diesen Brief:

Ich bekomme ein Baby, und du bist der Vater.

Gerne hätte ich dir das persönlich gesagt, aber wir haben uns seit Wochen nicht gesehen, und ich kann nicht länger warten. Dieses Mal soll alles anders werden als damals in Wales, deshalb habe ich mich entschieden, das Kind zu behalten. Nichts und niemand auf der Welt wird mich davon abbringen. Noch ahnt Joseph nichts von uns oder dem Kind, aber er wird es sicher bald herausfinden.

Ich verlange gar nicht, dass du mich verstehst oder dass du das Kind als deins anerkennst. Aber sobald Joseph erfährt, was mit mir los ist, wird er sich von mir trennen, und dann lande ich auf der Straße – mit deinem Kind.

Du weißt, ich habe dich nie um etwas gebeten, aber jetzt brauche ich deine Unterstützung. Zehn Shilling in der Woche würden schon reichen. Du würdest so eine Summe gar nicht merken, aber ich könnte damit mein Zimmer bezahlen und anständig für mich und unser Baby sorgen.

Das ist für uns beide die beste Lösung. Du weißt, wie du mich erreichen kannst.

MJ

Sie faltete den Brief, packte ihn in einen Umschlag und versteckte ihn dann in dem Versteck unter den Bodendielen. Gerade rechtzeitig, denn in diesem Moment hörte sie schon die schweren Schritte von Josephs Arbeitsstiefeln auf dem Flur. Hastig setzte sich Mary Jane zurück an den Tisch. Joseph durfte sie auf keinen Fall mit dem Brief erwischen, das war gerade ihre größte Angst. Sie konnte ja nicht ahnen, dass es in ihrem Leben längst etwas gab, vor dem sie viel mehr Angst haben sollte.

Sonntag, der 21. Oktober 1888 – Charlotte

»Miss Charlotte? Alles gut bei Ihnen?« Die Stimme klang, als würde sie durch eine dicke Schicht Watte an ihr Ohr dringen. Langsam drückte Charlotte sich aus dem Schlamm hoch, in dem sie gelandet war. Direkt neben ihr platschte das dunkle Wasser der Themse ans Ufer, während sie versuchte, ihre Arme und Beine zu bewegen. Es schien nichts gebrochen zu sein.

Aus einem Gestrüpp aus Schilf schob sich Thommie in ihr Blickfeld. Schlammverkrustet und mit einer blutigen Nase und verkündete er fröhlich grinsend: »Nix passiert!«

Nach »nix passiert« fühlten sich ihre Kopfschmerzen nicht an, aber sie hatten überlebt, das war die Hauptsache. »Was ist mit der Droschke?«, fragte sie Thommie und erschrak, wie heiser ihre Stimme war.

»Die is untergegangen. Aber wenigstens hat das Pferd überlebt, das ist eben dahinten ans Ufer geschwommen.«

»Und was ist mit …«, versuchte Charlotte zu fragen, bevor der Rest des Satzes in einem heftigen Hustenanfall unterging.

»Mit Paddy, meinen Sie? Der war schon tot, bevor wir den Abflug gemacht haben, die Arschlöcher haben ihm den halben Kopf weggeschossen. Wollte ich Ihnen eben in der Droschke nur nich sagen, weil Sie eh schon so ne Panik geschoben haben. Jetzt ist er bei den Fischen, Gott hab ihn selig!«

Der Gedanke, dass jetzt irgendwer Ken beibringen musste, dass sein Zwillingsbruder tot war und er ab sofort ohne Droschke und wahrscheinlich auch ohne Pferd dastand, ließ Charlottes Kopfschmerzen noch stärker werden.

»Was ist mit unseren Verfolgern?«, fragte sie Thommie, und diese fünf Worte kosteten sie unendlich viel Kraft.

»Weg«, antwortete der Junge kurz und knapp, »hab mich grad vorsichtig die Böschung hochgeschlichen und geschaut – die Kutsche is verschwunden.«

Charlotte fluchte innerlich, sie hätte zu gerne gewusst, wer da gerade versucht hatte, sie umzubringen. Aber sie kannte jemanden, der ihr vielleicht helfen könnte, die Antwort auf diese Frage zu finden. Und dieses Mal musste er ihr zuhören.

Montag, der 22. Oktober 1888 – Charlotte

Es hatte mehrere Stunden und unzählige Flüche von Mrs Paddington gedauert, den Themseschlamm von Charlottes und Thommies Körpern zu waschen. Die beiden hatten nach mehr als einer Stunde Fußmarsch und bibbernd vor Kälte versucht, sich möglichst leise ins Haus zu schleichen, und waren Mrs Paddington direkt in die Arme gelaufen. Ihre Vermieterin war in ihrem weißen Nachthemd und ihrer gleichfarbigen Haube plötzlich im Flur aufgetaucht wie ein ziemlich dickes Gespenst. Bevor Charlotte oder Thommie protestieren konnten, hatte Berta Paddington die beiden in Richtung Badezimmer geschoben. Während Charlotte mit drei Decken übereinander und noch mehr Gläsern Bourbon versucht hatte, wieder Leben in ihren Körper zu bekommen, durfte Thommie als Erster in die Badewanne.

In der Zwischenzeit hatte Mrs Paddington die Polizei informiert. Abberline war an diesem Sonntag nicht im Büro gewesen, aber er hatte sie für heute in den Yard bestellt. Und so standen Charlotte und Thommie jetzt vor dem breiten Holzschreibtisch des Inspectors, der die beiden lange ansah. »Gott sei Dank ist Ihnen beiden nichts passiert«, stieg er ins Gespräch ein, »das hätte auch ganz anders ausgehen können. Glücklicherweise haben meine Männer das Pferd der Brüder O'Ryan einfangen und zu seinem Besitzer zurückbringen können. Vielleicht ist ihm das zumindest ein kleiner Trost, obwohl den furchtbaren Verlust seines Zwillingsbruders natürlich nichts aufwiegen kann. Dessen Leiche haben wir übrigens bedauernswerterweise immer noch nicht bergen können.«

Charlotte musste schlucken bei dem Gedanken, wie schrecklich sich der Verlust von Paddy für Ken anfühlen müsste. Sie nahm sich fest vor, dem irischen Droschkenkutscher einen Besuch abzustatten, wenn das Chaos sich ein wenig gelichtet hatte. Jetzt aber gab es Wichtigeres zu tun: Sie mussten diejenigen finden, die versucht hatten, sie und Thommie zu ermorden, und vor allem mussten sie endlich diesen irren Jack stoppen.

Inspector Abberline riss sie aus ihren dunklen Gedanken, als er sagte: »Meine Männer haben bereits gestern vor Ort alle Spuren gesichert und mit möglichen Zeugen gesprochen, um herauszufinden, wer hinter diesem feigen Anschlag auf Sie beide stecken könnte. Und was das angeht, habe ich eine gute und eine schlechte Nachricht für Sie. Mit welcher soll ich anfangen?«

»Mit der schlechten, dann haben wir's hinter uns«, grätschte Thommie dazwischen, bevor Charlotte antworten konnte.

Falls Abberline überrascht war, dass Charlottes gerade mal zwölfjähriger Begleiter das Reden übernommen hatte, ließ er es sich zumindest nicht anmerken. »Well, dann also zuerst die schlechte Nachricht: Trotz intensiver Polizeiarbeit ist es uns nicht gelungen, jemanden zu finden, der diese schwarze Kutsche in der Nähe der Tower-Bridge-Baustelle gesehen hat. Das heißt, wir haben keine Ahnung, wohin Ihre Verfolger geflüchtet sind, nachdem Sie und Ihr … ähm … Fotograf fast in die Themse gestürzt wären.«

»Verdammter Drecksmist!«, entfuhr es Thommie, aber passender hätte Charlotte es auch nicht ausdrücken können. Schon wieder eine Spur, die am Ende in einer Sackgasse endete.

Doch Abberline war noch nicht fertig. »Warten Sie mal ab, jetzt kommt nämlich die gute Nachricht: Wenn ich die Polizeimeldung von gestern richtig im Kopf habe, sind Sie beide um kurz nach vier Uhr morgens direkt neben der St.-Botolph's-Aldgate-Kirche zu Mr O'Ryan in die Droschke gestiegen, richtig?«

Charlotte und Thommie nickten. Abberline zog einen Stadtplan von Whitechapel und der Umgebung aus einer Schublade, rollte ihn aus, tippte mit dem Finger auf einen Punkt ziemlich in der Mitte der Karte und sagte: »Irgendwo dort in der Nähe der Kirche muss sich die schwarze Kutsche an ihre Fersen geheftet haben. Und

St. Botolph's liegt mitten in Whitechapel, manche nennen sie deshalb sogar die Kirche der Huren …«

»Das weiß ich«, unterbrach ihn Charlotte. »Und wie soll das helfen herauszufinden, wer versucht hat, uns umzubringen?«

Abberline konnte sich ein Lächeln nicht verkneifen. »Geduld ist nicht gerade Ihre Stärke, oder, Miss Foster? Dass bei Ihnen in den Staaten immer alles so schnell gehen muss … Aber egal, ich war ja noch nicht fertig. Wie Sie wahrscheinlich ebenfalls schon wissen, haben wir von Scotland Yard vor allem an den Wochenenden Dutzende von Beamten in Zivil an festen Punkten auf den Straßen postiert. Und seit gestern habe ich die alle befragen lassen, ob sie eine schwarze Kutsche gesehen haben, und wenn ja, wann.« Mit diesen Worten holte der Inspector einen weiteren Stapel Dokumente hervor, der die Aussagen der befragten Polizisten enthielt, und legte ihn neben die Stadtkarte. »Mit Hilfe der Zeugenaussagen meiner Männer und dieses Stadtplans können wir vielleicht den Weg der Kutsche nachvollziehen. Das könnte uns weiterbringen.«

Sofort war Charlottes Jagdeifer geweckt. Mit Thommie und Abberline beugte sie sich über den Stadtplan und die Aussagen der Polizisten. Nach einiger Zeit hatten sie ihren möglichen Weg rekonstruiert und die Route mit einem Bleistift auf der Karte eingetragen. »Etwas ist seltsam«, sagte Charlotte. »Ja«, stimmte Abberline zu. »Es gibt eine Lücke. Sehen Sie mal, hier wurde sie am Abend zuletzt gesehen. Und hier taucht sie nachts wieder auf. In welcher Straße war sie dazwischen? Ist dort ihr Stellplatz? Vielleicht finden wir dort den Besitzer der Kutsche!«

»Genau«, sagte Charlotte. »Und ich weiß auch schon, in welcher Straße wir suchen müssen!«

Abberline sah den Stadtplan noch einmal an und blickte anerkennend zu Charlotte. »Ich glaube wir haben denselben Gedanken …«

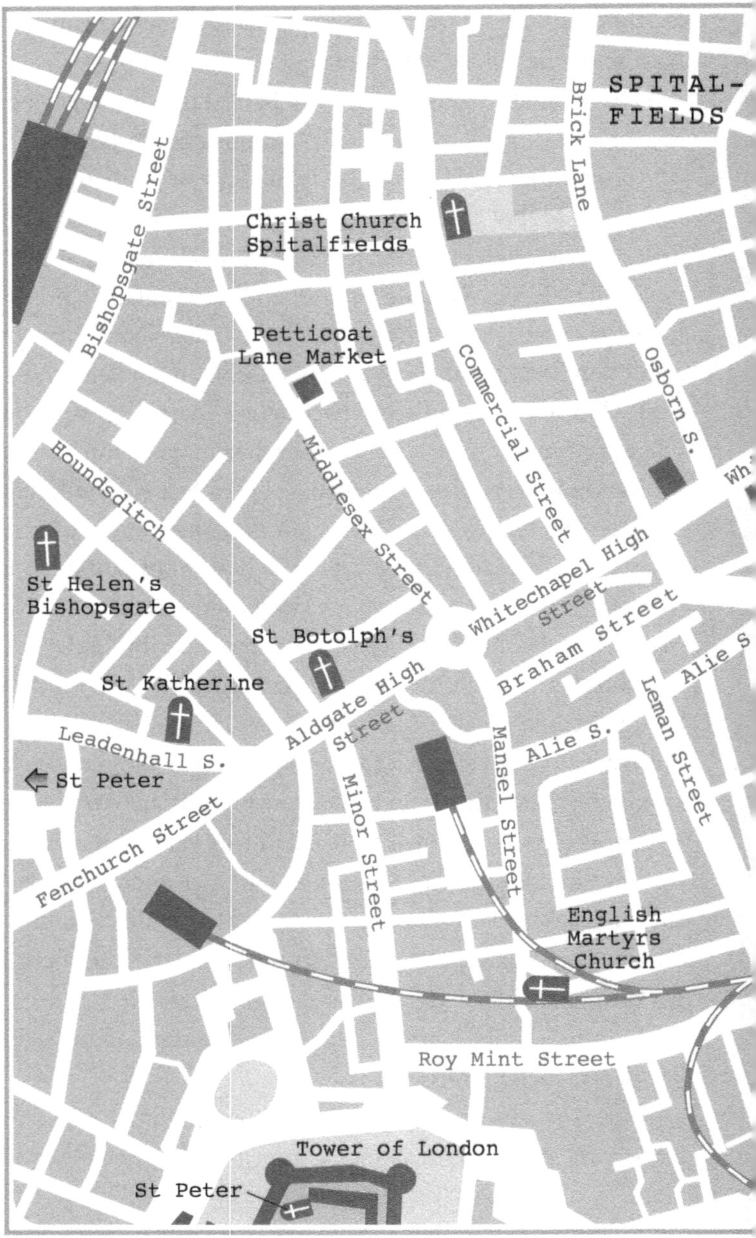
SPITAL-
FIELDS
Brick Lane
Christ Church
Spitalfields
Bishopsgate Street
Petticoat
Lane Market
Commercial Street
Osborn S.
Houndsditch
Middlesex Street
St Helen's
Bishopsgate
Whitechapel High
Street
St Botolph's
Braham Street
Alie S
St Katherine
Aldgate High
Street
Leman Street
Leadenhall S.
Mansel Street
Alie S.
St Peter
Minor Street
Fenchurch Street
English
Martyrs
Church
Roy Mint Street
Tower of London
St Peter

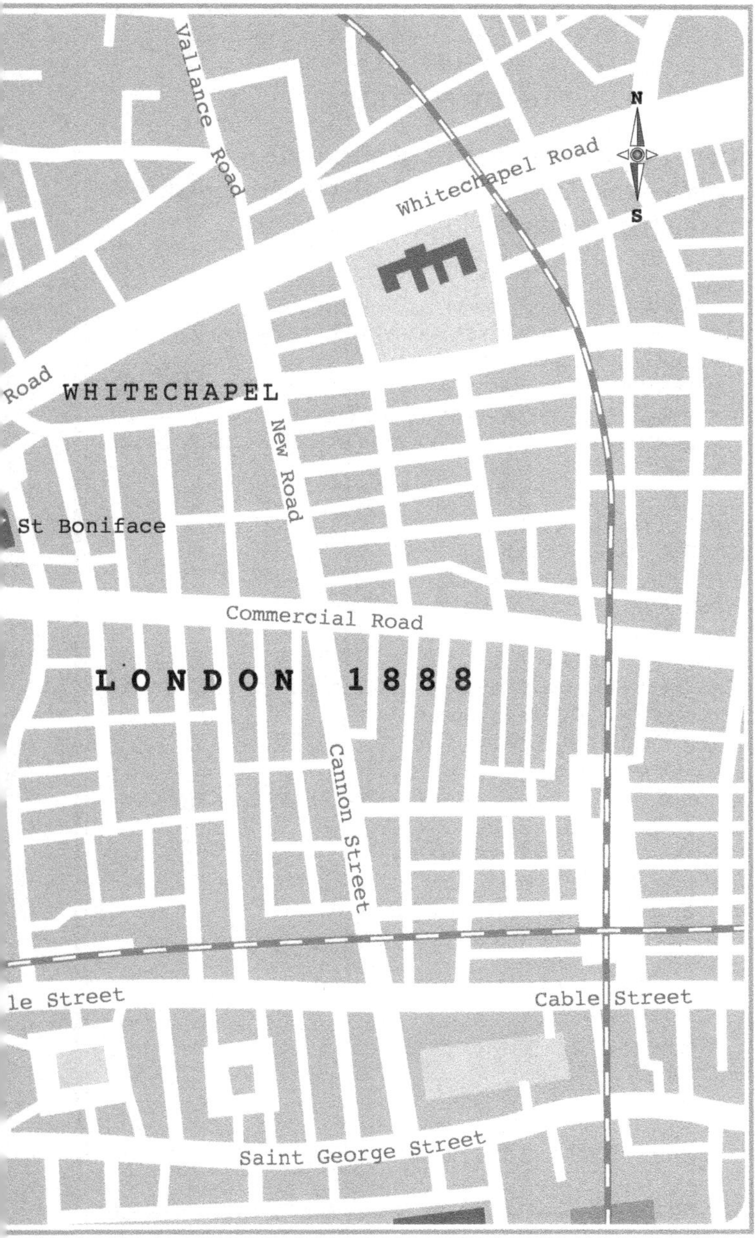
Vallance Road
Whitechapel Road
N
S
Road
WHITECHAPEL
New Road
St Boniface
Commercial Road
LONDON 1888
Cannon Street
le Street
Cable Street
Saint George Street

Rätsel 9:
Die Kutschfahrt

Welchen Weg hat die Kutsche genommen?
Und von welcher Straße reden Charlotte und Abberline?
Wo vermuten sie den Stellplatz der Kutsche?

Jeder Polizist hat eine Straße im Viertel, auf der er patrouilliert und die Augen offen hält. Einige von ihnen haben die schwarze Kutsche gesehen. Nur die in der Liste genannten Straßen wurden überwacht.
Die Polizisten haben ihre Straßen gut im Auge. Wenn eine Kutsche über eine überwachte Straße fährt, und sei es auch nur ein kurzes Stückchen, dann wird sie auch gesehen. Das gilt allerdings nicht, wenn eine überwachte Straße nur überquert wird.

Commercial Street – Keine Sichtung
Cannon Street – Keine Sichtung
Middlesex Street – Keine Sichtung
Whitechapel Road – »Ich sah die Kutsche am Abend.«
Alie Street – Keine Sichtung
Leadenhall Street – Keine Sichtung
Fenchurch Street – »Ich sah die Kutsche in der Nacht. Ich sah, wie sie die Verfolgung einer anderen Kutsche aufnahm.«
Bishopsgate Street – Keine Sichtung
New Road – Keine Sichtung
Vallance Road – »Ich sah die Kutsche am Abend, sie kam aus dem Norden ins Viertel.«
Whitechapel High Street – Keine Sichtung
Leman Street – Keine Sichtung
Aldgate High Street – »Ich sah die Kutsche in der Nacht.«
Brick Lane – Keine Sichtung
Osborne Street – Keine Sichtung
Minor Street – Keine Sichtung
Houndsditch – Keine Sichtung
Cable Street – Keine Sichtung
Gower's Walk – Keine Sichtung

Die Lösung findest du auf Seite 357.

Charlotte sagte aufgeregt: »Es muss einen Grund dafür geben, dass die schwarze Kutsche nicht den direkten Weg über die Whitechapel High Street gefahren ist.«

Abberline strich sich über seinen Bart und murmelte: »Richtig. Dort muss sie eine Weile gestanden haben zwischen ihrer Ankunft im Viertel am Abend und ihrem nächtlichen Ausflug, bei dem sie sich an Ihre Fersen heftete. Und ... Moment mal ... ich glaube sogar, dass ihr Besitzer in dieser Straße wohnt.« Plötzlich war auch er sehr aufgeregt. »Diese Straße taucht in unseren Ermittlungen nämlich nicht zum ersten Mal auf. Einen Augenblick bitte!« Mit diesen Worten drehte sich der Inspector um und wühlte in den Schubladen des Aktenschranks links hinter seinem Schreibtisch, bis er die richtige Akte gefunden hatte und hektisch darin blätterte: »Ha! Ich wusste doch, dass mir der Straßenname bekannt vorkam! Miss Foster, Sie werden es nicht glauben, aber in der Braham Street wohnt ein alter Bekannter von Ihnen!«

Montag, der 22. Oktober 1888 – Abberline

Als die Polizeikutsche am Anfang Braham Street hielt, klopfte Abberline sich aus alter Gewohnheit nicht vorhandenen Staub von seiner Hose und wandte sich an seine beiden Begleiter: »Miss Foster, Mr Thommie, ab hier übernehme ich! Sie beide bleiben hier in der Kutsche und behalten schön den Kopf unten! Diese Befragung ist äußerst heikel, und ich möchte auf keinen Fall, dass Sie irgendwer hier sieht, das gibt nur wieder Ärger!«

Er hoffte, dass seine Ansage deutlich genug gewesen war. Charlotte schien etwas sagen zu wollen, begnügte sich dann aber doch mit einem Nicken. Er hatte ihr den Gefallen nicht abschlagen können, sie und den Jungen mitzunehmen, schließlich ging es hier um einen Anschlag auf ihr Leben. Andererseits benötigte die jetzt folgende Befragung eine gehörige Menge Fingerspitzengefühl, was nicht gerade zu Charlotte Fosters ausgeprägtesten Eigenschaften gehörte. Wenn jemand die Reporterin hier in der Kutsche entdeckte, könnte das seine Ermittlungen gefährden, also überprüfte er noch mal, ob die Vorhänge wirklich so weit wie möglich zugezogen waren. Perfekt. So war es von außen fast unmöglich, einen Blick in das Innere der Kutsche zu werfen, und Charlotte und Thommie hatten durch einen Spalt in den Vorhängen trotzdem einen guten Blick auf den Eingang des Hauses, das er jetzt ansteuern würde.

Abberline tippte zum Abschied kurz an seinen Hut, dann stieg er aus der Kutsche und ging auf die Haustür zu. Sie befand sich neben einem großen Tor, hinter dem wahrscheinlich der Innenhof des Gebäudes und die Stallungen lagen. Die Tür öffnete sich, bevor er auch nur klopfen konnte, so als habe der Bewohner des Hauses nur auf den Besuch gewartet.

John Netley sah genauso aus, wie Charlotte den Kutscher beschrieben hatte: Sein blasses Gesicht wurde zur Hälfte von einem struppigen Vollbart verdeckt, darüber starrten den Inspector zwei dunkle, kalte Augen an. Abberline hatte im Laufe seines Berufslebens gelernt, dass man Kriminellen ihren Charakter nur selten von außen ansehen konnte, aber diese Augen hatten tatsächlich etwas abgrundtief Böses.

Der Inspector schüttelte Netley höflich die Hand und stellte sich vor, doch mit der Reaktion des Kutschers hatte er nicht gerechnet: »Na endlich, die Polizei. Ich hatte gedacht, Sie kommen gar nicht mehr!«

Abberline versuchte, sich seine Überraschung nicht anmerken zu lassen. »Es freut mich, Sie kennenzulernen, Mr Netley. Wahrscheinlich liegt hier ein Missverständnis vor, ich bin nämlich hier, um Sie als möglichen Zeugen einer Straftat zu befragen.«

»Genau darum geht es doch! Ich wurde bestohlen, und Scotland Yard lässt sich einen ganzen Tag Zeit, um hier aufzukreuzen!«

Der Inspector musste irgendwie die Oberhand in diesem Gespräch gewinnen, also fragte er sanft: »Wollen wir das nicht vielleicht lieber drinnen besprechen? Ihre Nachbarn müssen ja nicht alles mitbekommen.«

John Netley schüttelte energisch den Kopf. »Nein! Die Nachbarschaft darf ruhig wissen, dass hier feige Diebe unterwegs sind und Scotland Yard anscheinend Wichtigeres zu tun hat, als uns einfachen Bürgern zu helfen! Am Samstagabend hat man mir meinen Vierspänner geklaut, ich habe den Diebstahl direkt angezeigt, und erst anderthalb Tage später taucht endlich mal ein Polizist auf? Wenn Sie bei der Verbrecherjagd immer so langsam sind, wundert es mich kein Stück, dass Sie diesen Jack immer noch nicht geschnappt haben!«

Mittwoch, der 24. Oktober 1888 – Charlotte

Wütend stapfte Charlotte in ihrem Zimmer auf und ab. Schon wieder hatte eine ihrer Spuren in einer Sackgasse geendet. John Netley hatte angegeben, dass ihm seine schwarze Kutsche mitsamt der vier Pferde in der Nacht zum Sonntag gestohlen worden war. Abberline glaubte dem Kutscher, so hatte er es Charlotte direkt nach seiner Befragung gesagt, kein Wort, konnte aber auch nicht das Gegenteil beweisen. Zumindest wussten sie jetzt, dass es höchstwahrscheinlich wirklich die schwarze Kutsche von Netley gewesen war, die Thommie und sie verfolgt und fast getötet hatte. Aber jetzt war die Kutsche verschwunden und mit ihr alle möglichen Spuren. Charlotte war sich sicher, dass die Kutsche nie wieder auftauchen würde, wahrscheinlich war sie noch in der Nacht in Einzelteile zerlegt und diese entweder verbrannt oder irgendwo versenkt worden. Und durch seine Anzeige am Sonntagmorgen hatte sich Netley selbst das perfekte Alibi kreiert. Bei einer anderen Person hätte Scotland Yard wahrscheinlich eine Hausdurchsuchung durchgeführt, aber John Netley arbeitete schließlich für den Thronfolger, also waren selbst Abberline die Hände gebunden. Natürlich konnte die Geschichte mit der gestohlenen Kutsche auch stimmen und Netley damit wirklich nichts mit der Verfolgungsjagd zu tun haben, aber im Moment sah Charlotte keine Möglichkeit, die Wahrheit herauszufinden.

»Wir könnten nachts bei dem Kutscher einbrechen und schauen, ob wir nicht doch irgendwas finden«, schlug Thommie vor, der mit baumelnden Beinen auf der Lehne von Charlottes Sofa saß.

»Das bringt doch nichts«, erwiderte die Reporterin. »Wenn Netley wirklich unser Verfolger war, hatte er genug Zeit, um alles, was ihn belasten könnte, verschwinden zu lassen. Er ist ja nicht dumm. Außerdem: Wenn wir dabei erwischt werden, reißt der Inspector uns höchstpersönlich den Hintern auf, vielleicht schmeißen die mich sogar aus dem Land! Nein, wir können nichts weiter tun als zu warten, bis der Mörder noch mal aus der Deckung kommt – wenn es denn Jack war, der uns um die Ecke bringen wollte. Irgendwann muss er einen Fehler machen, und dann schnappen wir ihn!« Noch während sie den letzten Satz aussprach, merkte sie, wie verzweifelt sie klang.

Sonntag, der 28. Oktober 1888 – Mary Jane

»Du dreckige Hure!« Joseph brüllte wie ein Tier, sein Gesicht war eine Fratze, und seine Spucke flog quer durch den Raum. Er hatte seine Hände zu Fäusten geballt und kam schwankend auf Mary Jane zu.

Wahrscheinlich wäre es klüger gewesen, ihm die schlechte Nachricht zu überbringen, wenn er einigermaßen nüchtern war, aber sie hatte das Schweigen nicht mehr ausgehalten. Es war einfach aus ihr herausgeplatzt, ohne Vorwarnung.

»Joseph, ich bekomme ein Kind. Und es ist nicht von dir.«

Zwei Sätze wie Schläge mitten ins Gesicht.

Zuerst hatte Joseph geschwiegen, wahrscheinlich brauchte sein schnapsgepolsterter Verstand einfach einen Moment, um diese Aussage zu verarbeiten. Doch dann war er aufgesprungen, hatte den wackeligen Holzstuhl umgeworfen und war auf sie zugewankt. Mary Jane drückte sich an die Wand und spürte das kalte Glas des Fensters, das nach draußen auf den Hof führte, in ihrem Rücken. Rechts von sich sah sie die Tür des Zimmers, nur einen Sprung entfernt. Aber sie wollte nicht weglaufen, sie gehörte hierher, und niemand würde ihr mehr ihr Zuhause wegnehmen.

Der Schlag kam unerwartet, aber auch mindestens genauso unkoordiniert.

Josephs Faust verfehlte Mary Janes Gesicht knapp und krachte mit voller Wucht in das Fenster. Glas splitterte. Joseph jaulte.

»Das ist alles deine Schuld, du Miststück!« Er taumelte zurück und hielt sich seine blutende rechte Hand.

»Joe-Schätzchen, dass muss nicht so enden«, versuchte sie es mit sanfter Stimme. »Ich wollte dir niemals wehtun, und ich habe nie einen anderen Mann so sehr geliebt wie dich!« Mary Jane hoffte, dass er ihr die Lüge nicht ansehen konnte, aber wahrscheinlich war sein Blick dafür sowieso viel zu sehr von billigem Gin und Wut vernebelt.

Joseph hob den Stuhl auf und setzte sich. Auf seine blutende Hand glotzend murmelte er vor sich hin: »Ich hätte es wissen müssen, ihr Frauen seid alle gleich. Ihr macht uns abhängig, nehmt euch was ihr wollt, und werft uns dann weg, genau wie meine Mutter es damals gemacht hat! Weißt du eigentlich, wie hart ich für diese Scheiße hier gearbeitet habe?« Seine Worte wurden wieder lauter, sein Selbstmitleid zu Wut. Er griff sich mit der unverletzten linken Hand eine Ginger-Beer-Flasche vom Tisch, umklammerte sie wie eine Waffe und schrie: »Du wirst leiden, genau wie ich leiden muss!«

Noch bevor er wieder aufspringen konnte, schrie Mary Jane zurück: »Joseph Barnett! Wenn du nicht auf deinem Arsch sitzen bleibst, werde ich so laut brüllen, dass hier in ein paar Sekunden alle Nachbarn vor der Tür stehen, inklusive unseres Vermieters!«

Und tatsächlich blieb Joseph auf dem Stuhl sitzen und starrte sie einfach nur an, also legte Mary Jane nach, etwas leiser, aber immer noch sehr bestimmt. »Ich wollte bestimmt nicht, dass es zwischen uns beiden so endet, aber du lässt mir keine Wahl! Wenn du dich trennen willst, fein! Aber dieses Zimmer hier bleibt meins, das werde ich sicher nicht hergeben. Am besten, du gehst jetzt erst mal zu deinem Kumpel.«

Joseph schien ein paar Augenblicke zu brauchen, um zu realisieren, was sie ihm da gerade gesagt hatte, dann stellte er die Bierflasche wieder zurück und erhob sich schwankend. »Und wie willst du das alles bezahlen, ohne Job und mit dem kleinen Bastard in deinem Bauch?«, fragte er sie und klang dabei nicht mehr aggressiv, sondern einfach nur bitter. »Willst du wieder die Beine breitmachen?«

Mary Jane verschränkte die Arme vor der Brust und funkelte ihren Exfreund wütend an. »Das lass mal schön meine Sorge sein, da fällt mir schon was ein!« In Wirklichkeit hatte sie in den letzten Tagen kaum über etwas anderes nachgedacht, ohne dass ihr etwas eingefallen war. Sie hatte nicht die geringste Ahnung, wie sie die Miete für diese Woche bezahlen, geschweige denn ihre Schulden bei Mr McCarthy abstottern sollte. Ihre gesamte Hoffnung lag auf dem Brief an den Vater ihres Kindes, den sie vor einer Woche abgeschickt hatte. Eine Antwort hatte sie allerdings bis heute nicht bekommen. Vielleicht konnte sie ihr Zimmer in der Zwischenzeit an eine ihrer ehemaligen Kolleginnen untervermieten, aber sie wusste natürlich, dass die Geschäfte der Huren in London nicht mehr besonders gut liefen, seit dieser Ripper umging. Trotzig schluckte sie ihre Wut und ihre Angst vor der Zukunft herunter und sagte: »Ich möchte, dass du jetzt gehst. Sofort. Übermorgen kannst du nachmittags vorbeikommen und den Rest von deinen Sachen abholen, ich werde dann nicht zu Hause sein.«

Er glotzte, er stolperte, aber Joseph Barnett steuerte tatsächlich die Tür des Zimmers an. Mit der Klinke in der Hand drehte er sich noch mal um und brüllte: »Das wirst du bereuen, Mary Jane Kelly!«

Dann riss er die Tür krachend hinter sich zu und ließ Mary Jane allein.

Erst dann kamen die Tränen. Sie fühlte sich, als hätte mit Joseph auch ihre gesamte Kraft den Raum verlassen. Für eine kurze Zeit hatte sie geglaubt, nein, eher gehofft, durch ihr Leben als anständige Frau zusammen mit Joseph in ihrem kleinen Zuhause auch ein winziges Stück vom Glück in der Hand zu haben. Doch diese Hoffnung war gerade in Tausende Teile zersplittert, und Mary Jane war wieder allein, wie schon so oft in ihrem Leben.

Dienstag, der 6. November 1888 – Charlotte

Eigentlich war es zu früh für einen Schluck Whiskey, aber ein bisschen Wärme konnte Charlotte gut gebrauchen, auch wenn es nur in der Kehle war. Sie saß an ihrem Schreibtisch, Thommie war zusammen mit Mrs Paddington einkaufen gegangen. Mittlerweile war das Attentat auf sie beide über zwei Wochen her, und weder sie noch Abberline hatten herausfinden können, wer dahintersteckte.

Natürlich hatte Charlotte einen Verdacht, und sie hatte das Gefühl, dass der Inspector ähnlich dachte, auch wenn er es nie offen ausgesprochen hatte. Trotzdem hatte Abberline sie gestern darüber informiert, dass der Fall fürs Erste zu den Akten gelegt worden war. Scotland Yard erstickte im Moment in Arbeit, und es gab einfach keine neuen Spuren.

Sie zündete sich eine Zigarette an und pustete den blauen Rauch langsam durch die Nase aus, während sie an die Beerdigung des Kutschers Paddy O'Ryan dachte. Es war furchtbar gewesen. Paddys Leiche war erst nach fünf Tagen ans Ufer der Themse gespült worden, die Fische hatten von seinem Körper kaum etwas übriggelassen. Seine Witwe hatte am Grab von Paddys Zwillingsbruder Ken gestützt werden müssen, der selbst so aussah, als würde er jeden Moment zusammenklappen. Ken konnte nicht vergessen, dass er in dieser Nacht die Schicht mit seinem Bruder getauscht hatte. Eigentlich hätte er auf dem Kutschbock der Droschke sitzen müssen. Hätte das etwas geändert? Wahrscheinlich nicht, aber der Schmerz nimmt meist keine Rücksicht auf den Verstand.

Mrs Paddington hatte Charlotte und Thommie zu der Beerdigung begleitet und dabei gleich zwei riesige geblümte Taschentücher vollgeheult. Netterweise hatte sie im Kreis ihrer reichen Freundinnen Spenden gesammelt, damit Paddys Familie zumindest in den nächsten Monaten über die Runden kam, vielleicht reichte es sogar für eine neue Droschke.

Der Tod des Kutschers war in den Zeitungen der Stadt nur eine kleine Meldung gewesen, die Suche nach Jack the Ripper war immer noch das Thema, das alles andere überstrahlte. Und auch wenn die Meldungen und Verdächtigungen sich immer weiter überschlugen, konnte das nicht darüber hinwegtäuschen, dass es in dem Fall mehr als einen Monat nach den Morden an Elizabeth Stride und Catherine Eddowes nichts Neues gab. Absolut nichts.

Charlotte hatte das Gefühl, als würde das Leben einfach weiterlaufen. Natürlich, die Angst vor dem Killer von Whitechapel saß den Menschen weiter auf der Schulter, aber so langsam füllten sich die Bars und Kneipen von Whitechapel wieder mit den üblichen Säufern, und auch die Frauen unter den Straßenlaternen gingen ihrer Arbeit wieder nach. Eine Art neue Normalität hatte sich über London gelegt. Was war das Leben eines einzelnen Opfers schon wert, wenn jeden Tag Dutzende in Hunger, Suff und Dreck elend verreckten? Für jemanden wie Charlotte, die fast schon zu gut behütet in einer Welt aus Wochenendhäusern am Meer und sonntäglichen Besuchen in der Kirche aufgewachsen war, fühlte sich diese Machtlosigkeit bitter an.

Aber das war nicht der Grund dafür, dass sie sich um elf Uhr vormittags ein Glas Whiskey einschenkte, zumindest nicht der einzige. Vor ihr lag ein Telegramm ihres Chefs, das sie heute Morgen erhalten hatte:

```
Wenn es nichts Neues gibt,
ist die Ripper-Story tot
Bitte ab sofort andere Themen bearbeiten
Schreiben Sie stattdessen ein Porträt des
Bürgermeisters
William Raymond,
Chefredakteur
```

Die Zeilen schmerzten, doch Raymond hatte recht: Journalistisch war die Geschichte über den Ripper tot, seit dieser sich nach dem Doppelmord in Luft aufgelöst hatte. Und solange es keine neuen Spuren oder ernsthafte Verdächtige gab, musste sie ihrem Arbeitgeber andere Themen liefern. Das war Teil ihres Berufs als Journalistin, aber selten hatte sie so wenig Lust auf diesen Job gehabt wie jetzt. Gelangweilt blätterte sie sich durch ihr Archiv, um sich einen Überblick zu den Informationen zu verschaffen, die sie bisher über den scheidenden Londoner Bürgermeister de Keyser hatte: Der 55-Jährige kam ursprünglich aus Belgien und hatte innerhalb von kurzer Zeit eine steile Karriere hingelegt. Doch je länger Charlotte in den alten Berichten wühlte, desto sinnloser fand sie diese Arbeit. Vielleicht habe ich mir doch nicht den richtigen Job ausgesucht, überlegte sie und erschrak sofort über diesen Gedanken.

Londoner Bürgermeister

Erstmals wird im Jahr 1189 ein »Lord Mayor« für London erwähnt, damals noch vom König ernannt. Seit 1215 wählt die Stadt ihr Oberhaupt selbst, damit ist der Lord Mayor of London eines der ältesten wählbaren Ämter der Welt. Die Amtszeit ist auf ein Jahr begrenzt, wahlberechtigt sind Vertreter der verschiedenen Zünfte der Stadt. Zuständig ist der Lord Mayor nur für das Stadtzentrum Londons, nicht aber für die Außenbezirke. Zum Zeitpunkt der Ripper-Morde bekleidet der Hotelier Polydore de Keyser (1832–1898) das Amt des Lord Mayors. Einen Bürgermeister nach heutigem Verständnis, also einen Verwaltungschef, der direkt von den Bürgern gewählt wird, gibt es in London erst seit dem Jahr 2000. Das Amt des Lord Mayor gibt es aber parallel weiterhin, wenn auch eher zu repräsentativen Zwecken. Einmal im Jahr, wenn der neue Lord Mayor von London vereidigt wird, feiert die gesamte Stadt diesen Tag mit einer großen Parade.

Donnerstag, der 8. November 1888 – Mary Jane

Hätte Mary Jane Kelly gewusst, dass ihr Leben in wenigen Stunden zu Ende sein würde, hätte sie ihren letzten Tag wahrscheinlich anders verbracht. Nachmittags hatte sie Besuch von einer ehemaligen Kollegin gehabt, die in der letzten Woche für zwei Nächte bei ihr untergeschlüpft war. Die Miete dafür war ihre Bekannte ihr aber schuldig geblieben, deshalb hatte sie sie rausschmeißen müssen. Und auch mit ihrem Brief an den Vater ihres ungeborenen Kindes hatte sie bisher nichts erreicht. Weil sie immer noch keine Antwort bekommen hatte, hatte sie gestern einen weiteren Brief hinterhergeschickt, dieses Mal weniger höflich. Hoffentlich kam so endlich Bewegung in die Sache. Mit eiskalten Fingern zog Mary Jane sich das rote Tuch, das sie heute trug, enger um den Hals. Sie fror. Zwar hatte sie das Loch im Fenster, das Josephs Faustschlag hinterlassen hatte, notdürftig mit einem Lumpen gestopft, aber der kalte Novemberwind pfiff weiter so kalt durch das Zimmer, dass auch der kleine Kamin nicht dagegen ankam.

Draußen war es schon dunkel, als es an ihrer Tür klopfte. Sie öffnete und trat direkt einen Schritt zurück. »Was willst du denn hier?«

Joseph stand mit hinter dem Rücken verschränkten Armen wie ein Schuljunge vor ihr und sagte so leise, dass es fast ein Flüstern war: »Ich will dich zurück, Mary Jane. Gib uns beiden noch eine Chance!«

Damit hatte sie nicht gerechnet. Überrascht öffnete sie die Tür und bat Joseph herein. Als er sich umständlich den Stuhl zurechtrückte und sich setzte, fiel ihr zum ersten Mal auf, wie klein ihr Exfreund war. Jetzt, wo sie ihre Stiefel trug, reichte Joseph ihr gerade bis zur Stirn.

Er senkte den Kopf und stützte sein Kinn auf seine Hände. »Mary Jane, es tut mir leid. Ich hab das alles, was ich dir an den Kopf geworfen habe, nicht so gemeint.«

Das lief besser, als sie erwartet hatte. Vielleicht gab es also doch noch eine Chance, ihr Leben so weiterzuleben wie bisher. Sie versuchte sich an einem Lächeln. »Das ist doch schon mal was. Ich finde, dass wir beide eigentlich immer ein gutes Team waren. Und der alte McCarthy würde sich wahrscheinlich auch freuen, wenn er endlich seine Miete bekommt. Ich hab es in den letzten Tagen geschafft, ihm aus dem Weg zu gehen. Aber sobald der mich hier erwischt, schmeißt er mich raus.«

Joseph sah sie lange an. »Ich liebe dich, Mary Jane – das tue ich wirklich. Und ich weiß, dass zwischen uns nicht immer alles rundgelaufen ist. Aber zusammen bekommen wir das doch irgendwie wieder hin.«

Mary Jane nickte, aber Joseph war noch nicht fertig. »Da wäre aber noch eine Sache …«

Ihr Lächeln fror ein.

»Ich kann vergessen, dass du einen anderen Mann hattest, so was passiert. Aber ich kann kein Kind aufziehen, das nicht von mir ist. Wenn du wirklich mit mir zusammen sein willst, dann lass es dir wegmachen. Ich kenne da einen Arzt, der dir helfen kann. Und danach gründen wir eine richtige Familie!«

Das hatte Mary Jane befürchtet. Aber sie war nicht enttäuscht, sondern einfach nur wütend. »Eine richtige Familie? Dieses Baby in meinem Bauch IST meine Familie! Ich habe schon mal ein Kind verloren, das werde ich nie wieder zulassen. Und wenn du damit nicht klarkommst, ist das dein Problem!«

Joseph sah sie an, als hätte sie ihm eine schallende Ohrfeige verpasst. »Du kannst doch nicht … Wie willst du denn ohne mich durchkommen? Und wer soll die Miete bezahlen? Sei doch mal vernünftig, Mary Jane!«

Ihre Augen wurden zu Schlitzen, und sie ballte die Fäuste. »Du wirst schon sehen, was ich alles kann! Und jetzt verpiss dich!«

Damit hatte Joseph ganz offensichtlich nicht gerechnet. Er schaute sie mit offenem Mund an und blieb ein paar Augenblicke lang stocksteif auf dem Stuhl sitzen. Erst dann kam ihr Exfreund langsam in Bewegung, drehte sich um und ging, ohne auch nur ein weiteres Wort zu sagen.

Mary Jane sah Joseph durch die halb geöffnete Zimmertür nach, wie er mit gesenktem Kopf durch den überdachten Gang in Richtung Dorset Street davonging. Irgendwie tat er ihr leid. Aber neben der Traurigkeit war in seinen blauen Augen auch etwas anderes gewesen, das ihr Angst machte: Hass.

Als sie die Zimmertür von innen schloss, hatte sie unglaublichen Durst. Schon seit Wochen hatte Mary Jane keinen Alkohol mehr getrunken, aber jetzt brauchte sie unbedingt ein Bier. Oder zwei oder drei.

Als die Uhr Mitternacht schlug, war Mary Jane so besoffen wie lange nicht mehr. Zwischen den leeren Flaschen auf dem kleinen Tisch hatte sie einen Rest getrockneten Fisch und ein paar übrig gebliebene Kartoffeln gefunden und gierig heruntergeschlungen, aber das hatte die Wirkung des Alkohols nur wenig gedämpft. Eigentlich war das jetzt auch egal.

Sie hatte ihren Rock und ihr Mieder abgestreift, ordentlich gefaltet in die Ecke gelegt und war in ein weißes Leinen-Nachthemd geschlüpft. Zumindest fror sie jetzt nicht mehr. Mary Jane saß auf ihrem Bett und dachte an ihre Kindheit in Wales, an ihre Mutter, die mittlerweile wieder in Irland lebte, und natürlich auch an Violet, die Tochter, die sie nie haben durfte. Irgendwo aus den Tiefen ihrer Erinnerungen tauchte plötzlich ein altes Lied wieder auf, das ihre Mutter früher immer für sie gesungen hatte, wenn sie nicht einschlafen konnte. Zuerst summte sie die Melodie nur leise vor sich hin, aber dann kamen die Worte von ganz allein aus ihrem Mund, während ihr Tränen die Wangen hinunterliefen:

»Bilder der Kindheit seh ich vor meinen Augen,
Voll mit Erinnerungen an glückliche Tage,
Als ich auf den Wiesen der Kindheit spielte.
Niemand lebt noch in dem alten Haus, der mich erfreuen könnt.
Vater und Mutter, sie sind tot,
Auch Schwester und Bruder liegen im kalten Grab.
Aber solange ich am Leben bin, bewahre ich
Dies Veilchen, das ich auf Mutters Grab gepflückt.«

Durch das notdürftig gestopfte Loch im Fenster drang Mary Janes Gesang nach draußen in den Innenhof. Und dort in der Dunkelheit stand jemand und hörte ihr zu. Die Gestalt im Schatten wartete. Noch war es nicht so weit.

Aber bald.

Freitag, der 9. November 1888 – Charlotte

Seufzend rückte Charlotte sich zum wahrscheinlich zehnten Mal in dieser Nacht ihr Kissen zurecht. Schon wieder war es weit nach Mitternacht, und sie bekam seit Stunden kein Auge zu. In den letzten Tagen hatte sie sich, wie von ihrem Chefredakteur verlangt, in die Arbeit gestürzt, und ihr Porträt über den amtierenden Bürgermeister Polydore de Keyser war fast fertig. Am Vormittag würde sie die Zeremonie begleiten, mit der de Keyser sein Amt an seinen Nachfolger übergeben würde, eine jahrhundertealte Tradition aus Blattgold und rotem Samt.

Charlotte konnte sich nichts Langweiligeres vorstellen.

Als Amerikanerin hatte sie schon oft über die Faszination der Briten für ihre eigene Vergangenheit schmunzeln müssen, aber jetzt, wo in der Stadt ein Killer wehrlose Frauen niedermetzelte, kam ihr dieser Pomp einfach nur falsch vor. Immer wieder kehrten ihre Gedanken zurück zu den Morden von Whitechapel. Wer steckte dahinter? Warum hatte das Töten einfach aufgehört? Jack konnte sich doch nicht einfach in Luft aufgelöst haben!

»Sie müssen auch mal an was anderes denken, Miss Charlotte!«, hatte Thommie heute zu ihr gesagt. Und auch Abberline hatte ihr bei ihrem letzten Besuch in seinem Büro vorgestern versichert, dass es in dem Fall absolut nichts Neues gab. Die Polizei stand noch immer unter immensem Druck, den Fall irgendwie zu lösen, doch in der Zwischenzeit hatte das Verbrechen natürlich nicht geschlafen. Es gab neue Fälle zu lösen, andere Verbrechen aufzuklären, das Leben in London ging weiter.

Charlotte wollte nicht weitergehen, sie war es Dark Annie, Polly und den anderen Frauen schuldig, dass ihr sinnloser Tod endlich aufgeklärt wurde. Aber so schwer es ihr fiel, sich das einzugestehen: Im Moment hatte sie nicht den geringsten Ansatzpunkt. Solange der Mörder sich weiter versteckt hielt, hatte sie keine Chance, seine Spur aufzunehmen. Diese Geschichte war noch lange nicht vorbei, da war sich Charlotte Foster sicher. Und mit diesem Gedanken schlief sie dann doch irgendwann ein.

Freitag, der 9. November 1888 – Mary Jane

Ein lautes Klopfen ließ Mary Jane aus ihrem Bett hochschrecken. Es war dunkel in ihrem Zimmer, die kleine Kerze, die sie auf dem Tisch in einem alten Weinglas befestigt hatte, war komplett niedergebrannt, und die Holzreste im Kamin gaben nur noch ein schwaches Glimmen ab. Wie spät mochte es sein? Wie lang war es her, dass sie in einen betrunkenen Schlaf voller wilder Träume gefallen war? Minuten? Stunden?

Es klopfte noch mal. Mühsam schälte Mary Jane sich aus ihrer kratzigen Decke, die Dielen unter ihren nackten Füßen waren kalt. Der Wind pfiff weiter durch das kaputte Fenster, und sie fröstelte.

»Jaja, ich komm ja schon«, murmelte sie in die Dunkelheit und tastete sich in Richtung der Tür. Verzweifelt kramte sie auf dem Kaminsims nach dem Schlüssel, bis ihr einfiel, dass die Tür nicht abgeschlossen war, weil der Schlüssel für ihr Zimmer schon seit einiger Zeit verschwunden war. Seitdem musste sie immer von außen durch das Loch im Fenster greifen, um die Tür zu öffnen, wenn sie nach Hause kam. Langsam drückte sie die Klinke herunter und zog die Zimmertür vorsichtig auf. Es dauerte einen Moment, bis sich ihre Augen an das schwache Licht der Gaslaterne im Innenhof gewöhnt hatten und sie den Schatten im Türrahmen erkannte.

»Das ist jetzt aber eine Überraschung.«

Die Stimme klang sanft, fast wie ein Schnurren: »Willst du mich denn nicht hereinlassen, Mary Jane?«

Sie nickte still und bat ihren Besuch herein. Weil es in dem Zimmer nur noch einen einzigen Stuhl gab, wollte Mary Jane sich aufs Bett setzen. Das Blitzen des Messers sah sie erst, als es zu spät war. Sie spürte keinen Schmerz, nur ein Brennen an ihrem Hals. Überrascht drehte sie sich um und blickte in ein Gesicht, das nichts Menschliches mehr hatte. Erst dann spürte sie die warme, klebrige Flüssigkeit, die aus ihrem Hals kam und sich überall auf ihren Händen, ihrem Nachthemd, ihrem Bett und dem Fußboden verteilte.

Sie wollte etwas sagen, aber aus ihrer durchgeschnittenen Kehle kam nur noch ein Röcheln. Ihr wurde schwindelig, ihre Beine sackten unter ihr weg, und sie fiel rückwärts auf das Bett. In ihren letzten Augenblicken konnte Mary Jane Kelly fühlen, wie das Leben blutrot aus ihr herausspritzte.

Kapitel 10

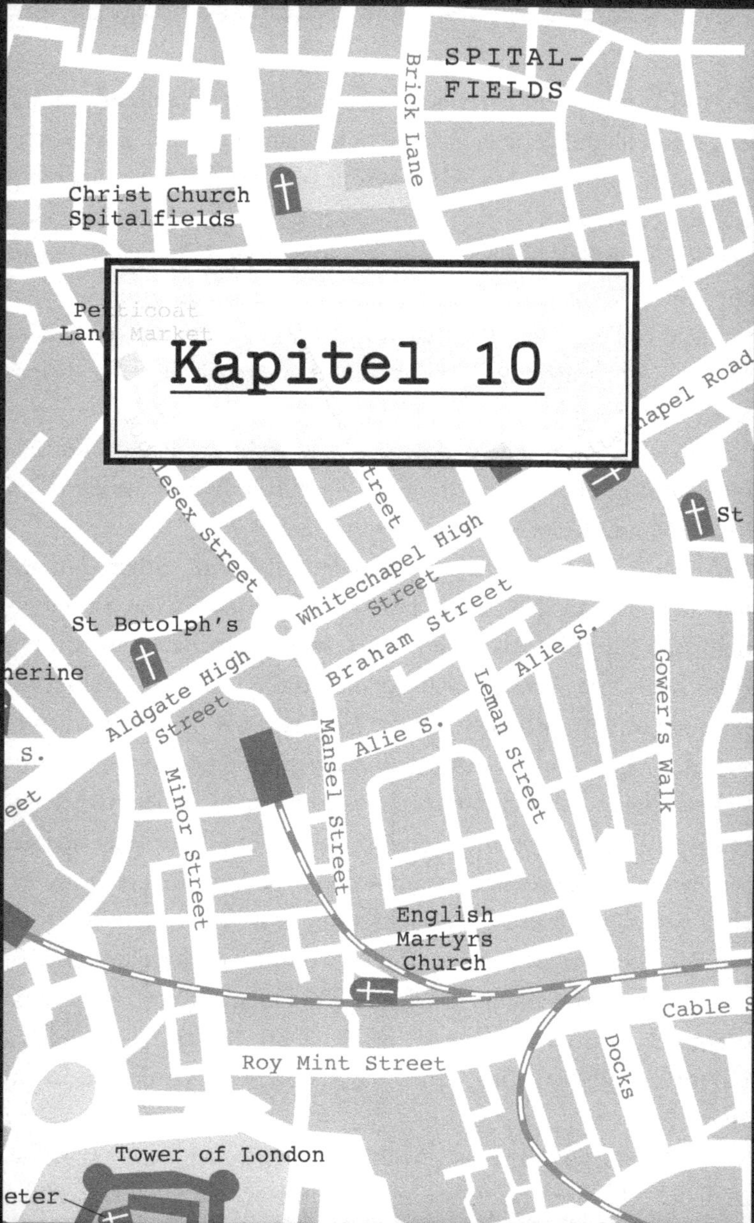

SPITAL-
FIELDS
Brick Lane
Christ Church
Spitalfields
Whitechapel Road
St
Whitechapel High
Street
Braham Street
Alie S.
St Botolph's
Aldgate High
Street
Minor Street
Mansel Street
Alie S.
Leman Street
Gower's Walk
English
Martyrs
Church
Cable S
Roy Mint Street
Docks
Tower of London

Freitag, der 9. November 1888 – Abberline

Frederick Abberline hatte gedacht, dass dieser Tag nicht schlimmer werden könnte, aber er hatte sich getäuscht. Nach einer weiteren Nacht mit zu wenig Schlaf war am Morgen eine Besprechung mit seinen engsten Mitarbeitern angesetzt. Die Luft in dem kleinen Raum in Whitehall Place 4 war stickig, und das lag nicht nur am Rauch der Zigarren und Pfeifen. Immer wieder unterbrachen sich die Kollegen gegenseitig, es wurde geschrien und auf Tische gehauen, doch die eine, zündende Idee, wie man Jack the Ripper endlich stoppen konnte, war nicht dabei.

Also war der Inspector fast schon erleichtert, als ein Constable den Raum betrat und ihm ins Ort flüsterte: »Wir haben einen neuen Mord, dieses Mal in der Dorset Street.«

Abberline stand auf, verabschiedete sich mit einem Nicken und ließ sich an den Tatort fahren. Die Dorset Street in Spitalfields sah immer noch genauso aus, wie Abberline sie in Erinnerung hatte. Sie war eher Kloake als Straße. Das Kopfsteinpflaster bestand fast ausschließlich aus Löchern, auf der Straße türmte sich der Müll, und im Rinnstein schwappte eine stinkende Flüssigkeit, deren genaue Zusammensetzung man lieber nicht wissen wollte. Die meisten Gebäude waren vom Schimmel zerfressen, überall blätterte der Putz von den Wänden. Am schlimmsten aber war der Geruch: Eine Mischung aus verfaultem Gemüse, menschlichen Exkrementen und Erbrochenem, der einen mitten ins Gesicht traf wie eine Ohrfeige. Die Dorset Street galt als eine der gefährlichsten Straßen der Stadt, selbst die Polizei wagte sich nur selten hierher, und wenn, dann höchstens zu dritt oder zu viert.

Der Vermieter des Hauses Millers Court gab sich sichtlich Mühe, in dieser schlimmen Umgebung das Bild eines ehrbaren Geschäftsmannes abzugeben. John McCarthy hatte offenbar seinen feinsten Gehrock übergeworfen und stand so kerzengerade vor ihm, dass Abberline nicht überrascht gewesen wäre, wenn der Mann vor ihm salutiert hätte. Doch stattdessen nickte der schmale Mann mit dem großen Schnurrbart und sagte: »Inspector, gut, dass Sie hier sind! So was Furchtbares habe ich in meinem ganzen Leben noch nicht erlebt. Wenn sich das herumspricht, werde ich hier doch nie wieder ein Zimmer vermieten!«

Abberline runzelte die Stirn. Seine Kopfschmerzen wurden durch das Geplapper des Mannes nicht gerade besser, und er wollte so schnell wie möglich zum Wesentlichen kommen. »Mr McCarthy, ich bin in erster Linie hier, um diesen Fall aufzuklären, das sollte doch auch in Ihrem Interesse sein. Zunächst mal: Wer ist der Mieter dieses Zimmers?«

»Eine Mary Jane Kelly, ein junges Ding. Aus Wales oder Schottland, glaube ich. Sie hatte das Zimmer in Millers Court 13 vor etwa acht Monaten zusammen mit ihrem Freund, einem Joseph Barnett, gemietet, aber der ist vor ein paar Tagen ausgezogen. Leider ist Miss Kelly in letzter Zeit ihren Mietzahlungen nicht mehr nachgekommen, mittlerweile schuldet sie mir 27 Shilling! Wer ersetzt mir denn jetzt diesen Schaden?«

Genervt unterbrach Abberline den Vermieter. »Sorry, Sir, aber das ist nun wirklich nicht mein Problem. Wer hat den Mord entdeckt? Und wann?«

John McCarthy plauderte einfach weiter: »Nun ja, wie ich gerade schon sagte, war Miss Kelly mit der Miete sechs Wochen im Rückstand. Deshalb habe ich heute Morgen einen meiner Mitarbeiter geschickt, um sie an ihre Schulden zu erinnern und sie gegebenenfalls vor die Tür zu setzen – das war so gegen Viertel vor elf. Wissen Sie, ich bin ein ehrbarer Geschäftsmann, ich kann mir so was nicht leisten, stellen Sie sich mal vor, das würden alle meine Mieter machen!

Jedenfalls hat mein Mitarbeiter an die Tür des Zimmers geklopft, aber niemand hat geöffnet. Und weil er durchs Schlüsselloch nichts erkennen konnte, ist er zum Innenhof gelaufen und hat versucht, durch die Fenster in das Innere des Zimmers zu schauen. Eines der Fenster ist kaputt, und ich hatte noch keine Zeit, mich darum zu kümmern, deshalb konnte mein Mitarbeiter durch das Loch greifen und den Vorhang an die Seite schieben. Und dann hat er gesehen, warum niemand die Tür aufgemacht hat. In dem Zimmer liegt eine Leiche! Ich habe auch einen Blick riskiert, und glauben Sie mir, man kann sich kaum vorstellen, dass das mal ein Mensch war. Überall ist Blut, so was habe ich noch nie gesehen! Ich habe meinen Mitarbeiter dann direkt zur nächsten Polizeistation geschickt und das Ganze gemeldet, so wie man das als anständiger Bürger tun sollte. Wissen Sie, ich ...«

»Vielen Dank«, schnitt Abberline ihm das Wort ab, »ich werde mir jetzt selbst ein Bild machen. Verstehe ich das richtig, dass Sie keinen Schlüssel für das Zimmer haben?«

John McCarthy schüttelte den Kopf und wollte schon zu einem neuen Wortschwall ansetzen, doch der Inspector ließ ihn mit einem »Dankeschön« einfach stehen und machte sich auf die Suche nach einer Axt. Erst dann ging er zurück zu McCarthy und bat den Vermieter, die Tür zu dem Zimmer mit Gewalt zu öffnen. Zwei gezielte Schläge später hing die dünne Holztür schief in ihren Angeln, und Abberline trat vorsichtig in das Zimmer. Er hatte das Gefühl, direkt in der Hölle gelandet zu sein.

Freitag, der 9. November 1888 – Charlotte

Die Verabschiedung von Bürgermeister de Keyser war genauso langweilig, wie Charlotte sie sich vorgestellt hatte. Nein, eigentlich war sie sogar noch langweiliger. Der Mann mit dem präzise getrimmten Backenbart trug einen schweren Brokatumhang, Strumpfhosen und Schuhe mit goldenen Schnallen und war mit Orden und einer goldenen Kette behängt wie ein Weihnachtsbaum. De Keysers Abschiedsrede war dann aber weit weniger beeindruckend als sein Party-Outfit, fast zwei Stunden lang referierte der Hotelier mit dem leichten belgischen Akzent über die Zukunft von London und seinen unermüdlichen Einsatz für die Krankenhäuser der Stadt. Danach übergab er das Amt an seinen Nachfolger Sir James Whitehead, den stinkreichen Besitzer eines Nobelkaufhauses in Kensington. Jetzt folgte die Parade zu Ehren des neuen Bürgermeisters, ein Spektakel wie aus dem Märchenbuch: Whitehead winkte aus seiner goldenen Kutsche, vor ihm liefen äußerst ernst schauende Männer in weißen Strumpfhosen und mit gestärkten Uniformen, die auf dem Kopf seltsame dreieckige Hüte mit Federn trugen, bei deren Anblick sich Charlotte ein Lächeln kaum verkneifen konnte. Hunderte Polizisten waren an diesem wolkigen Novembertag im Einsatz, um die Straßen abzusperren und die Menge an Schaulustigen zurückzuhalten, damit die Parade ungestört durch die Stadt ziehen konnte. Nach dem Umzug hatte der neue Bürgermeister 2000 mittellose Männer und Frauen aus dem East End zu einem kostenlosen Imbiss in einer Armen-Mission in Tower Hamlets geladen, um zu seinem Amtsantritt direkt seine Großzügigkeit zu zeigen. Ein weiterer Termin, über den Charlotte im Auftrag ihres Chefs berichten sollte und auf den sie so gar keine Lust hatte.

In diesem Moment bemerkte sie aus dem Augenwinkel, dass unter den uniformierten Polizisten am Straßenrand helle Aufregung herrschte. Offenbar wurden gerade Beamte von der Parade abgezogen. Charlotte sah einen der Beamten hektische Befehle bellen, dann setze sich ein halbes Dutzend Beamte hektisch in Bewegung. Sofort meldete sich Charlottes Instinkt, aber vielleicht war es auch einfach nur der starke Wunsch, nicht mehr über diese Zirkus-Show berichten zu müssen. Sie schlenderte in Richtung des Polizisten, der gerade die Kommandos gegeben hatte, stellte sich als Reporterin vor und fragte so unverfänglich wie möglich: »Wie ich gerade gesehen habe, ziehen Sie aktuell Einsatzkräfte von der Parade ab. Ist irgendetwas passiert?«

Ihr Gegenüber schnaubte: »Ich wüsste zwar nicht, was Sie das angeht, aber drüben an der Dorset Street gab es einen Mord. Scheint wieder dieser irre Ripper gewesen zu sein. Jedenfalls rennen den Kollegen vor Ort die Schaulustigen die Bude ein, deshalb habe ich eben die Order bekommen, einige Männer dorthin abzustellen.«

Sofort flutete ein Gefühl der Aufregung Charlottes Körper. Mehr als einen Monat nach dem Doppelmord an Elizabeth Stride und Catherine Eddowes hatte der Ripper sich ein neues Opfer geholt. Sie musste so schnell wie möglich zur Dorset Street und schauen, was sie herausfinden konnte.

Hoffentlich schaffte sie es noch rechtzeitig.

Freitag, der 9. November 1888 – Abberline

In seinen 25 Jahren als Polizist hatte Abberline schon jede Grausamkeit gesehen, zumindest hatte er das bis zu diesem Augenblick gedacht.

Bevor sich seine Augen an das schummerige Licht in dem kleinen Zimmer gewöhnt hatten, stieg dem Inspector der metallische Geruch von Blut in die Nase. Hier roch es wie im Schlachthaus, schlimmer noch: Es sah auch genauso aus.

Abberlines Blick landete zuerst auf zwei großen Fleischbrocken, die auf dem Tisch am Fenster lagen, und wanderte dann zu dem Bett, das schräg im Raum stand. Was da auf dem Bett lag, war kaum noch als menschliches Wesen zu erkennen: In den blutigen Laken lagen die Überreste einer nackten Frau mit gespreizten Beinen. Von ihrem Gesicht war kaum noch etwas übrig geblieben, der Mörder hatte ihr die Nase, die Wangen und Teile der Ohren abgeschnitten. Die Augen der Toten waren wie in Panik weit aufgerissen, so als hätte die Frau kurz vor ihrem Tod etwas unvorstellbar Schreckliches gesehen. Die Todesursache, das sah Abberline trotz dieser grausigen Verletzungen auf den ersten Blick, war ein tiefer Schnitt durch den Hals, der bis auf die Knochen reichte. Damit endeten die Gemeinsamkeiten mit den vorherigen Opfern des Rippers aber auch schon. Dieses Mal hatte der Mörder offenbar genug Zeit und Ruhe gehabt, seine kranken Fantasien auszuleben. Er hatte seinem Opfer mehrere Körperteile abgeschnitten, unter anderem die Brüste, und überall in dem Raum und auf dem Bett verteilt. Abberline fiel auf, dass der Killer auch dieses Mal besonders schlimm am Unterleib des Opfers gewütet hatte, von dem unter all dem blutigen Fleisch kaum noch etwas zu erkennen war. Der Anblick der toten Frau auf dem Bett würde sich für immer in sein Gedächtnis einbrennen, da war sich der Inspector sicher.

Abberline wandte sich an einen jungen Kollegen, der im Türrahmen stehen geblieben war und dessen Gesichtsfarbe so langsam ins Grünliche wechselte. »Constable, soweit ich das sehe, ist dieser Mord hier erst ein paar Stunden her. Schauen Sie bitte, wo der Arzt bleibt, damit die Leiche medizinisch untersucht werden kann. Und bringen Sie mir sofort diese beiden Bluthunde hierher, vielleicht können die die Spur des Mörders aufnehmen!«

Während Abberline auf das Eintreffen der Hunde und des Arztes wartete, sah er sich weiter in dem Zimmer um und entdeckte dabei ein interessantes Detail: In dem kleinen Kamin am anderen Ende des Zimmers musste vor Kurzem ein Feuer gebrannt haben, das so stark gewesen war, dass sogar der Ausgießer des Kessels auf dem Rost geschmolzen war. Vorsichtig tastete Abberline durch die Asche. Tatsächlich fand er dabei Reste, die das Feuer verschont hatte: Mehrere Stücke Stoff mit Spitzenbesatz und ein weiteres Stück, das aussah wie die Krempe eines Hutes. Hatte der Mörder hier die Kleidung des Opfers verbrannt, um mehr Licht für sein blutiges Werk zu haben? Oder hatte sich Mary Jane Kelly selbst kurz vor dem Mord ihrer Garderobe entledigt?

In der Zwischenzeit war ein Arzt am Tatort eingetroffen, der die Leiche einer ersten medizinischen Untersuchung unterzog. Der Doktor bestätigte die Theorie des Inspectors mit der durchtrennten Halsschlagader als Todesursache. Und er entdeckte noch ein weiteres Detail, das selbst einem so kontrollierten Mann wie Abberline einen kalten Schauer über den Rücken jagte. Schon wieder hatte sich der Ripper von seinem Opfer ein blutiges Souvenir mitgenommen:

Das Herz der Frau fehlte.

Hunde auf der Jagd nach Jack the Ripper

Die Ermittlungen im Ripper-Fall bringen einige Premieren in der Polizeiarbeit mit sich: Eine davon ist der Einsatz von Hunden, um die Spur eines Verdächtigen aufzunehmen. Durch einen Leserbrief in der Times kommt die Polizei auf die Idee, bei ihrer Suche nach dem Ripper Spürhunde einzusetzen, und wendet sich an den Bluthund-Züchter Edwin Brough. Der beginnt sofort mit dem Training seiner beiden besten Hunde Burgho und Barnaby. Als die Idee bekannt wird, übergießen die Zeitungen die Polizei mit Spott und streuen das Gerücht, die Hunde hätten bei einer Übung statt der für sie vorgesehenen »Beute« die

Spur von Polizeichef Charles Warren verfolgt. Nach dem Mord an Mary Jane Kelly sollen die Hunde dann zum ersten Mal zum Einsatz kommen, deshalb darf der Tatort zunächst nicht betreten werden. Dann aber stellt sich heraus, dass Burgho und Barnaby zu diesem Zeitpunkt gar nicht in der Stadt sind. Deshalb werden die Hunde in dem Fall am Ende nicht eingesetzt. Wahrscheinlich ist die Idee damals ihrer Zeit einfach voraus: Erst 40 Jahre nach den Ripper-Morden, im Jahr 1930, beginnt die britische Polizei, Spürhunde zu trainieren und einzusetzen.

Freitag, der 9. November 1888 – Charlotte

Charlotte schnaufte. Für die knapp zwei Meilen zur Dorset Street hatte sie fast drei Stunden gebraucht. Anscheinend war heute wirklich die gesamte Stadt auf den Beinen. Zahlreiche Straßen waren für die Parade gesperrt, die Nebenstraßen durch die Schaulustigen verstopft, und an eine freie Droschke war gar nicht erst zu denken. Also hatte sie sich zu Fuß durch die Menschenmassen gekämpft und stand jetzt in einer Straße, in der sich das Gold und der Pomp der Bürgermeister-Parade anfühlte wie eine ganz andere Welt.

Mittlerweile hatten Scotland-Yard-Beamte den gesamten Tatort weiträumig abgesperrt und drängten die wütende Menschenmenge zurück, aus der immer wieder Beleidigungen in Richtung der Polizei geflogen kamen, die es schon wieder nicht geschafft hatte, die Bevölkerung vor dem irren Killer zu schützen. Charlotte wurde schnell klar, dass sie keine Chance hatte, bis zum Millers Court vorzudringen. An der Absperrung vor ihr stand ein junger Polizist, der so aussah, als habe er die Pubertät gerade erst hinter sich gebracht, und schickte sie mit ernster Miene weg. »Mir ist egal, wie gut Sie Inspector Abberline kennen, der ist sowieso nicht mehr hier, sondern im Präsidium!«

In diesem Moment wurden sie von einem blonden Mann mit Schnurrbart und buschigen Augenbrauen unterbrochen, der auf die Absperrung zustürmte und von dem jungen Constable erst in letzter Sekunde gestoppt werden konnte. »Lassen Sie mich durch, Sie Arschloch! Die Frau, die da ermordet wurde, ist meine Freundin … war meine Freundin!«

Der Constable schien wenig beeindruckt. »Das ist ja alles gut und schön, aber das hier ist ein Tatort, und ich kann Sie nicht durchlassen. Außerdem ist die Leiche der Ermordeten bereits abtransportiert worden, da gibt es also nichts zu sehen. Ich würde Sie bitten, sich bei der nächsten Polizeiwache zu melden, wenn Sie eine Aussage machen wollen.«

Der Mann mit den buschigen Brauen brüllte vor Wut, und für einen kurzen Moment dachte Charlotte, er würde auf den Polizisten losgehen, aber im letzten Moment überlegte er es sich doch anders und schlurfte mit hängenden Schultern davon.

Die Reporterin folgte ihm und sprach ihn an. »Bitte entschuldigen Sie, Charlotte Foster mein Name. Das war wirklich nicht die feine Art, wie der Polizist Sie da gerade weggeschickt hat. Wissen Sie, ich bin Reporterin bei der New York Tribune, und ich unterstütze die Polizei bei ihren Ermittlungen in der Ripper-Mordserie. Vielleicht kann ich helfen.«

»Sie sind was?« Ihr Gegenüber starrte sie mit glasigen Augen an, und Charlotte fürchtete schon, er habe ihre kleine Notlüge durchschaut, dann murmelte er: »Is ja auch egal. Ich bin Joseph Barnett, und die Tote war meine Exfreundin Mary Jane. Wenn Sie wollen, können Sie mich begleiten, ich hab ein Zimmer hier direkt um die Ecke, an der Bishopsgate. Ich glaub, ich brauch jetzt erst mal einen Drink …«

»Den könnte ich auch vertragen«, antwortete Charlotte.

Wenige Minuten später saßen sich die beiden in einem spärlich möblierten Raum an einem verkratzen Holztisch gegenüber, tranken irgendeinen schwer identifizierbaren Fusel aus zwei verkratzen Gläsern und schwiegen sich an.

Entgegen ihrer Gewohnheit war es Charlotte, die es irgendwann nicht mehr aushielt und das Schweigen brach. »Was war Mary Jane für ein Mensch?«

Joseph Barnett lehnte sich zurück und starrte an die Zimmerdecke, bevor er zu reden anfing. »Auf jeden Fall ein Mensch mit vielen Geheimnissen. Wir kennen … wir kannten uns jetzt seit anderthalb Jahren, aber ich hatte trotzdem das Gefühl, sie irgendwie gar nicht zu kennen, verstehen Sie, was ich meine? Sie kam aus Wales … obwohl sie manchmal auch von Irland erzählt hat. Aber eigentlich hat sie nie wirklich über ihre Familie geredet oder über ihre Vergangenheit. Aber sie wusste so einiges über guten Wein und feines Essen. Manchmal hat sie von Paris erzählt, da hatte sie wohl auch für ein paar Wochen einen Job. Und bevor wir uns getroffen haben, hat sie im Maison D'Amour im West End gearbeitet …«

Den Namen hatte Charlotte schon mal gehört, Gerüchten zufolge verkehrten in diesem Etablissement die wichtigsten Männer der Londoner Gesellschaft: »Das ist doch ein Freudenhaus, oder?«

»Ja«, antwortete Joseph Barnett zögernd, »aber Mary Jane war nicht so eine, falls Sie das glauben. Sie hatte Klasse, kannte sich aus mit Büchern, Kunst und so nem Kram. Auf jeden Fall war sie klüger als die meisten hier im East End, sie konnte lesen und richtig ordentlich schreiben, wie so eine feine Dame. Ich war direkt in sie verknallt, als ich sie zum ersten Mal gesehen hab. Einen Tag später sind wir dann zusammengekommen, und ich hab zu ihr gesagt, dass sie ab jetzt nie wieder auf den Strich gehen muss, weil ich mich um sie kümmern werde. Das war eigentlich die schönste Zeit für uns beide. Wir hatten erst ein Zimmer in der George Street, später dann in der Brick Lane. Und im März sind wir dann in Millers Court gelandet. Mary Jane hat aus der Bude ein richtiges Zuhause gemacht …«

Charlotte sah, dass Barnetts blassblaue Augen feucht waren, als er sich laut in ein fleckiges Taschentuch schnäuzte. Noch vor einem halben Jahr hätte sie sich kaum vorstellen können, dass jemand ein Zimmer in diesem Rattenloch namens Dorset Street ein Zuhause nennen könnte, aber mittlerweile kannte sie das East End gut genug, um zu wissen, dass manchmal schon ein Bett reichte, das nicht von Wanzen und Flöhen verseucht war, um sich glücklich zu fühlen.

Sie wartete, bis Barnett sich wieder einigermaßen beruhigt hatte, und fragte dann: »Wann haben Sie Mary Jane zuletzt gesehen?«

»Gestern«, antwortete er, »ich war abends noch mal für ein paar Minuten bei ihr, wollte noch mal über alles reden. Unsere Trennung und so. Ich wollte es noch mal versuchen, aber sie war anderer Meinung. Also bin ich so um kurz vor acht abends wieder gegangen. Keine Ahnung, was danach passiert ist.«

Nachdenklich nickte Charlotte, dann hakte sie vorsichtig nach: »Darf ich fragen, warum Miss Kelly und Sie sich getrennt haben?«

Barnett rutschte auf dem Stuhl hin und her und knetete seine groben Hände. »Ich habe keine Ahnung! Wissen Sie, ich habe einen guten Job als Fischträger in Billingsgate, habe immer genug Geld mit nach Hause gebracht und Mary Jane auf Händen getragen! Gut, wir hatten mal ein bisschen Ärger mit dem Vermieter, aber sonst gab es nie Streit zwischen uns. Und vom einen auf den anderen Tag wirft sie das alles weg und will die Trennung. Ich verstehe es bis heute nicht …«

Er arbeitet also als Fischträger, dachte Charlotte und erinnerte sich an ihren ersten Gedanken, als sie vor einer gefühlten Ewigkeit vor der Leiche des ersten Opfers Polly Nichols gestanden hatte: Als hätte ein routinierter Angler einen Karpfen ausgenommen.

»Na ja, und dann haben wir uns dauernd gestritten, wegen Geld und so«, fuhr Barnett fort und strich sich dabei immer wieder durch seinen blonden Schnurrbart.

Charlotte konnte ihm ansehen, dass er ihr nicht die ganze Wahrheit erzählte, also beschloss sie, ihn direkt darauf anzusprechen. »Mr Barnett, wenn ich Ihnen helfen soll, dann müssen Sie mir die Wahrheit sagen. Also, was war wirklich der Grund für Ihre Trennung von Miss Kelly?«

Sofort änderte sich der Ausdruck in den Augen ihres Gegenübers: Die Traurigkeit war verschwunden und hatte Platz gemacht für Wut. »Wollen Sie das wirklich wissen? Die Schlampe hat mich betrogen, das ist der Grund! Während ich mich für sie abgerackert hab, is sie mit nem anderen Typen in die Kiste gestiegen. Das hätte ich ihr vielleicht noch verzeihen können, aber dann hat sie sich von dem Kerl ein Kind machen lassen! Und wissen Sie, was das Schlimmste ist? Sie wollte diesen kleinen Bastard von Kind unbedingt behalten! Was glaubt die denn, wer ich bin? Dass ich hier für das Kind eines anderen bezahle? Ich hab immer geglaubt, Mary Jane wäre anders als die anderen Frauen, aber sie ist genauso eine Schlampe wie alle anderen auch!«

Die letzten Worte spuckte Barnett aus wie ein Stück verdorbenes Essen, und Charlotte war überrascht, wie schnell seine Trauer in Hass umgeschlagen war. Aber sie hatte gelernt, dass die meisten Menschen in emotionalen Ausnahmesituationen mehr erzählten, als sie eigentlich wollten. Also ließ sie Barnett einfach weiter vor sich hin wüten.

»Ihr Frauen seid doch alle gleich! Erst macht ihr uns verrückt, und wenn ihr dann alles habt, was ihr wollt, dann lasst ihr uns fallen! Und die Huren sind die allerschlimmsten! Machen für ein paar Pence die Beine breit und spielen dir die große Liebe vor, damit du ihnen Schnaps kaufst! Da muss man sich doch nicht wundern, wenn denen was passiert. Wenn Sie mich fragen, sind die selbst schuld! Ich hab Mary Jane immer davor gewarnt, wieder auf den Strich zu gehen. Wir wissen alle, dass dieser Jack the Ripper reihenweise Huren absticht. Aber sie wollte ja nicht auf mich hören, dieses dumme Ding! Sie hätte es so schön haben können mit mir, aber nein, sie musste ja unbedingt alles alleine entscheiden! Und jetzt hat sie die Quittung dafür bekommen.« Offenbar war Barnetts Wutanfall schon wieder vorbei, denn er schnäuzte sich ein weiteres Mal in sein Taschentuch und sagte danach gar nichts mehr.

Charlotte lehnte sich über den Tisch. »Ich kann mir vorstellen, dass das alles gerade sehr emotional ist, und ich will Ihnen auf keinen Fall zu nahe treten, aber haben Sie eine Ahnung, wer der Mann sein könnte, von dem Mary Jane schwanger war?«

Barnett starrte sie mit glasigen Augen an. Der Schnaps und das Ginger Beer, das er während ihres Gespräches in sich reingeschüttet hatte, zeigten ihre Wirkung. »Ich habe keine Ahnung. Sie wollte nicht mit mir darüber sprechen. Aber wer auch immer es war, die beiden haben sich wahrscheinlich heimlich getroffen, während ich mir den Arsch abgearbeitet hab …«

»Haben Sie denn einen Verdacht, eine Vermutung, irgendwas?«, versuchte Charlotte es weiter.

Barnetts Antwort kam prompt: »Nee. Obwohl, vielleicht doch: Als ich gestern Mary Jane besucht habe, hab ich unsere Nachbarin von gegenüber getroffen, Julia Venturney, die arbeitet als Waschweib und redet auch genauso. Und die meinte, Mary Jane hätte ihr vor einigen Wochen von einem Typen namens Joe vorgeschwärmt, irgend so ein stinkreicher Pinkel, den sie von früher kannte. Aber keine Ahnung, wer dieser Joe ist …«

»Ein mysteriöser Mann namens Joe also«, dachte sich Charlotte. Ihr Gespräch mit Joseph Barnett war ziemlich ergiebig gewesen, aber jetzt wurde es Zeit für sie zu gehen, also verabschiedete sie sich. »Mr Barnett, ich danke Ihnen für Ihre Offenheit! Die Kollegen von der Polizei werden sich sicherlich bald bei Ihnen melden und Ihre offizielle Aussage aufnehmen, aber für den Moment haben Sie mir schon sehr geholfen.« Mit diesen Worten war sie schon fast aus der Tür.

Sie musste dringend mit Inspector Abberline sprechen.

Joseph Barnett

Joseph Barnett wird am 25.5.1858 in Whitechapel als viertes Kind irischer Einwanderer geboren. Als Joseph sechs Jahre alt ist, stirbt Josephs Vater, kurz darauf verlässt seine Mutter die Familie, und er wird von seinem älteren Bruder großgezogen. Im April 1887 lernen sich Barnett und Mary Jane Kelly kennen und ziehen kurz darauf zusammen. Wenig später verliert Joseph seinen Job als Fischträger auf dem Billingsgate Fischmarkt, in dem er vorher zehn Jahre gearbeitet hatte. Über Barnetts Leben nach dem Mord an Mary Jane Kelly ist nur wenig bekannt, außer dass er weiter in London lebt und dort am 29.11.1926 an einer Bronchitis stirbt. In den 1970ern taucht Joseph Barnett dann zum ersten Mal als möglicher Verdächtiger der Ripper-Morde auf.

Freitag, der 9. November 1888 – Abberline

Die Faust von Frederick Abberline donnerte auf den Schreibtisch, und seine Mitarbeiter starrten ihn erschrocken an. Solche Gefühlsausbrüche waren sie von ihrem Chef nicht gewohnt, und Abberline bereute es sofort, so aus der Haut gefahren zu sein. »Es ist doch nicht zu glauben«, fing er an, »seit Wochen sprechen wir über diese Wunder-Hunde, die angeblich die Spur des Mörders aufnehmen können, wenn die Tat noch nicht lange her ist. Und jetzt haben wir wieder einen Mord, und diese bescheuerten Köter sind nicht in London? Wie kann so was passieren?«

Der Inspector schaute in große Augen, aber niemand sagte ein Wort. Ein altgedienter Polizeibeamter, dem die Jahrzehnte beim Yard tiefe Furchen ins Gesicht gegraben hatten, durchbrach das Schweigen als Erster. »Das ist noch nicht alles, Sir. Wie ich soeben erfahren habe, wird Commissioner Warren noch heute seinen Rücktritt einreichen.«

Abberline fühlte sich, als hätte ihm jemand einen eiskalten Eimer Wasser über den Kopf gekippt. Erst nach einigen Augenblicken bemerkte er, dass sein Mund offen stand und alle Kollegen ihn anstarrten. Er räusperte sich. »Ist das bestätigt?«

Der ältere Beamte nickte schweigend. Abberline straffte die Schultern und fegte mit den Fingern einen nicht vorhandenen Fussel vom Tisch. »Auch wenn diese Entscheidung irgendwann zu erwarten war, bin ich doch überrascht. Die Presse hat sich in den letzten Wochen auf uns und vor allem auf Commissioner Warren als Kopf der Londoner Polizei eingeschossen, weil es uns immer noch nicht gelungen ist, den Ripper zu fassen und an den Galgen zu bringen.« Der Inspector räusperte sich ein weiteres Mal und fuhr dann fort: »Für uns kann das nur bedeuten, dass wir auch unter diesem immensen Druck unsere Arbeit fortsetzen und alles in unserer Macht Stehende tun müssen, um diesen Irren endlich zu stoppen! Gentlemen, Sie wissen, was das heißt: Zurück an die Arbeit!«

Damit erhoben sich die anderen Männer, offenbar froh, diesen Raum voller Frustration und kaltem Rauch zu verlassen. Als auch der letzte Kollege in sein Büro gegangen war, holte Abberline aus und schleuderte den vollen Messingaschenbecher auf seinem Schreibtisch mit voller Wucht gegen die Wand. Dabei schrie er aus vollem Hals. Nur Sekunden später hatte er sich wieder unter Kontrolle und sackte in seinen Schreibtischstuhl zurück. Er war müde, so unglaublich müde. Normalerweise trank der Inspector nie im Dienst, aber jetzt gerade spürte er eine unbändige Lust auf einen möglichst starken Drink.

Sir Charles Warren

Charles Warren wird am 7. Februar 1840 in der Stadt Bangor in Wales geboren und stammt aus einer Militärfamilie. Nach seiner Ausbildung auf der Militärakademie Sandhurst arbeitet er unter anderem als Archäologe in Palästina und als Kommandant im Sudan. 1887 wird er zum Bevollmächtigten der Londoner Polizei ernannt. Schon damals steht er in der Kritik, unter anderem wegen der gewaltsamen Niederschlagung einer politischen Demonstration auf dem Trafalgar Square (»Bloody Sunday«). Als es der Londoner Polizei unter seiner Führung nicht gelingt, den Ripper zu fassen, wächst die Kritik der Presse an Warren, worauf der öffentlich seine Unterstützung für Bürgerwehren bekundet. Am 9. November 1888 gibt er schließlich seinen Rücktritt bekannt. Danach dient er weiter in verschiedenen Positionen dem britischen Militär. Charles Warren stirbt am 21. Januar 1927 an einer Lungenentzündung.

Ein Klopfen an seiner Bürotür riss Abberline aus seinen Gedanken. In der Tür stand ein schüchterner junger Beamter. »Inspector Abberline? Bitte entschuldigen Sie die Störung, aber Miss Foster ist hier und möchte Sie kurz sprechen. Ich habe ihr gesagt, dass Sie beschäftigt sind, aber sie hat nicht lockergelassen.«

Freitag, der 9. November 1888 – Charlotte

So schlecht war die Luft im Büro des Inspectors noch nie gewesen, das fiel Charlotte sofort auf. Sie sah Abberline zusammengesunken hinter seinem Schreibtisch hängen und bemerkte den am Boden liegenden Aschenbecher, der einen tiefen Kratzer in der Holzvertäfelung der Wand hinterlassen hatte.

»Was wollen Sie?«, blaffte der Inspector sie an.

»Entschuldigen Sie, wenn ich ungelegen komme. Aber wie Sie vielleicht wissen, läuft hier in der Stadt immer noch ein Mörder herum, der heute wieder zugeschlagen hat …«

Abberline starrte sie an, und Charlotte entdeckte einen Ausdruck in seinen dunklen Augen, den sie so noch nie gesehen hatte.

»Was glauben Sie eigentlich, womit ich mich die letzten zwei Monate beschäftigt habe? Mit nichts anderem als diesem verdammten Killer! Ich habe es so satt, dass mir irgendwelche Außenstehenden meine Arbeit erklären wollen!«

Ohne dass der Inspector sie dazu aufgefordert hätte, ließ Charlotte sich auf einen der Besucherstühle vor seinem Schreibtisch fallen und sagte: »So war das nicht gemeint. Ich will Jack genauso schnappen wie Sie. Es bringt doch nichts, wenn wir einander zerfleischen, wir können uns gegenseitig helfen.«

Ihr Gegenüber antwortete nicht, sondern schien in seiner ganz eigenen Welt zu sein, also fuhr Charlotte einfach fort: »Ich habe mittlerweile auch einige Informationen über das Opfer sammeln können, vielleicht sollten wir uns austauschen? Sie geben mir, was Sie haben, und ich erzähle Ihnen, was ich eben herausgefunden habe?«

Ohne etwas zu sagen, schob Abberline Charlotte eine dünne Akte über den Tisch, die die wichtigsten Daten des Opfers und einen kurzen, vorläufigen Bericht des Arztes enthielt, der ihre Leiche untersucht hatte. Die Reporterin überflog die Zeilen: Wie bei den vorherigen Opfern war die Todesursache ein tiefer Schnitt durch den Hals, und wieder hatte der Mörder den Körper seines Opfers mit unzähligen Schnitten verstümmelt, vor allem den Unterleib. Je mehr Details Charlotte las, desto mehr stieg die Übelkeit in ihr hoch. Der Mord an Mary Jane Kelly war mit Abstand das grausamste Verbrechen der bisherigen Serie. Offenbar hatte Jack sich dieses Mal Zeit gelassen. Und er wurde mit jedem Mord brutaler. Charlotte schluckte.

»Jetzt bin ich aber auf Ihre sensationellen Erkenntnisse gespannt, die wir von der Polizei bisher nicht haben …«, unterbrach Abberline ihre Gedanken.

Charlotte lächelte kalt. »Sarkasmus steht Ihnen nicht, Herr Inspector. Also, ich habe am Tatort Joseph Barnett getroffen, den Exfreund des Opfers. Er und Miss Kelly waren etwa anderthalb Jahre zusammen und haben sich erst vor Kurzem getrennt. Und wissen Sie, warum? Weil Mary Jane Kelly schwanger war, und zwar nicht von ihrem Exfreund, sondern von einem anderen Mann!«

»Ja und?«, brummte Abberline.

Mittlerweile gelang es Charlotte kaum noch, ihren Ärger zu verbergen. »Wie, ja und? Das ist doch ein mögliches Motiv! Entweder Joseph Barnett hat seine Exfreundin aus Eifersucht umgebracht, oder der unbekannte Vater wollte das Kind nicht. Ich tendiere zu Letzterem. Der Vater des Kindes könnte ein Mann namens Joe sein, so hat es zumindest eine Nachbarin von Miss Kelly ihrem Exfreund erzählt.«

Abberlines Antwort kam ohne ein Zögern: »Wir hier bei der Polizei haben Wichtigeres zu tun, als uns mit irgendwelchem Hausfrauentratsch zu beschäftigen! Selbst wenn das Opfer schwanger war, was soll das ändern? Dieser Jack tötet wahllos irgendwelche Frauen, glauben Sie, den interessiert es, was seine Opfer im Schlafzimmer treiben?«

Charlotte spürte, wie ihr die Röte ins Gesicht schoss. »Und genau das ist das Problem, Herr Inspector! Ich habe in den letzten Wochen so viele Informationen über die getöteten Frauen zusammengetragen, und was haben Sie damit gemacht? Nichts! Sie stehen mit Ihren Ermittlungen immer noch völlig am Anfang, obwohl ich Ihnen schon mehrere mögliche Täter präsentiert habe. Was ist mit dem Prinzen und seinem Kutscher John Netley? Ich meine, der steckt ja wohl ziemlich sicher hinter dem Tod von Paddy O'Ryan und hätte Thommie und mich auch fast erwischt. Was machen Sie bei der Polizei? Sie gehen dieser Spur nicht mal nach! Oder nehmen wir Aaron Kosminski! Der Mann ist ganz offensichtlich psychisch krank und hat sogar seine Schwester angegriffen. Jetzt ist er wie vom Erdboden verschluckt, und das Morden geht weiter! Und was ist mit der Spur zu Dr. John Williams und seiner illegalen Abtreibungsklinik, in der mindestens zwei der Opfer Kundinnen waren? Das ist Scotland Yard zu heiß, weil der gute Doktor so viele wichtige Menschen kennt. Heute komme ich dann zu Ihnen und bringe Ihnen Informationen über einen weiteren Mann, der ein starkes Motiv hatte, das letzte Opfer zu ermorden, und Sie tun das alles als Tratsch ab? Sie sitzen hier an Ihrem Schreibtisch und haben schlechte Laune, während Jack the Ripper da draußen weiter ungestört Frauen aufschlitzt! Kein Wunder, dass die Menschen in dieser Stadt sich nicht mehr sicher fühlen!« Mit den letzten Worten ihres

Ausbruchs schrie Charlotte dem Inspector ihren gesamten Frust der vergangenen Wochen mitten ins Gesicht.

Dessen Stimme war ganz leise, als er ihr antwortete: »Miss Foster, das reicht jetzt.«

»Nein, das reicht noch lange nicht! Wenn Sie und Ihre Kollegen Ihre Arbeit anständig gemacht hätten, dann bräuchten wir jetzt nicht hier zu sitzen, und Mary Jane Kelly könnte noch leben!«

Sie konnte sehen, wie der letzte Satz den Inspector traf, Abberline klammerte sich so fest an seinen Schreibtisch, dass seine Fingerknöchel ganz weiß waren. Seine Worte waren ein Zischen: »Miss Foster, Sie verlassen jetzt sofort mein Büro. Ich will Sie hier bei Scotland Yard nicht mehr sehen, unsere Zusammenarbeit, sofern es jemals eine gab, ist hiermit beendet. Wenn ich herausfinde, dass Sie sich weiter in Ermittlungen einmischen oder auf eigene Faust irgendwelche Verdächtigen befragen, dann wird das Konsequenzen für Sie haben!«

Charlotte stand schwungvoll auf, drehte sich auf dem Absatz um und zog die Bürotür mit einem lauten Knall hinter sich zu.

Es war kein weiteres Wort mehr nötig.

Montag, der 12. November 1888 – Charlotte

Charlotte stand mitten im Chaos: Die Wände ihres Zimmers waren vom Boden bis zur Decke voll mit Notizen, und auch der große Schreibtisch mit der Schreibmaschine und das Sofa waren unter den Bergen von Zetteln und Zeitungen kaum noch zu sehen. Mit einem spitzen Blick hatte Mrs Paddington am Mittag den Teller mit dem mittlerweile eiskalten Rührei und dem Toast aus den Papierstapeln gezogen und seufzend wieder zurück in die Küche getragen. Charlotte bekam schon seit zwei Tagen keinen einzigen Bissen mehr herunter. Es fühlte sich einfach falsch an, sich ein frischgekochtes Frühstück in den Mund zu schieben, während Jack the Ripper da draußen weiter sein Unwesen trieb. Stattdessen zündete sich die Reporterin die nächste Zigarette an, während ihre letzte Kippe noch in dem übervollen Aschenbecher glühte. Der Kaffee, den ihre Vermieterin ihr serviert hatte, war mittlerweile auch kalt geworden, also streckte Charlotte ihn mit einem ziemlich guten Schluck Bourbon.

Wo war eigentlich Thommie abgeblieben? Ihr fiel ein, dass sie ihn schon seit gestern Morgen nicht mehr gesehen hatte, aber wahrscheinlich trieb sich der Junge wieder irgendwo auf den Straßen herum. Auch von Inspector Abberline hatte sie seit ihrem Streit am Freitag nichts mehr gehört, und sie war zu stolz und zu wütend, um sich bei ihm zu melden. Dafür hatte sie ein Telegramm von ihrem Chefredakteur William Raymond aus New York bekommen, der seine Meinung zu den Ripper-Morden wenig überraschend geändert hatte. Charlotte sollte ihm so viel zu dem Thema liefern, wie nur möglich. Allerdings gab es aktuell mal wieder kaum Neuigkeiten zu berichten. Soweit sie das ohne die Informationen von Abberline beurteilen konnte, tappte Scotland Yard bei der Mordserie weiter völlig im Dunkeln. Wahrscheinlich hatten die Spitzen der Polizei und der Politik gehofft, dass durch den Rücktritt von Commissioner Charles Warren zumindest etwas Ruhe einkehren würde, aber im Gegenteil: Die Angst und die Wut der Menschen in London entluden sich nach dem Mord an Mary Jane Kelly in einer Raserei, wie Charlotte sie in ihrer Karriere als Reporterin noch nie erlebt hatte. Die Menschen in London hatten das Gefühl, dass Polizei und Politik die Lage nicht mehr im Griff hatten. Der Ripper-Fall war längst zum Politikum geworden. Nachdem die Opposition noch heute Morgen den Rücktritt von Polizeipräsident Warren bejubelt hatte, forderte sie jetzt den Rücktritt des Innenministers.

Selbst Queen Victoria hatte sich mittlerweile eingeschaltet und den Premierminister beauftragt, sich persönlich um den Fall zu kümmern. Und doch fehlte von dem Mörder von Polly Nichols, Annie Chapman, Liz Stride, Catherine Eddowes und Mary Jane Kelly weiter jede Spur.

Damit konnte sich Charlotte nicht abfinden. Mit in die Hüften gestemmten Armen stand sie in der Mitte des Zimmers und versuchte, aus der Unordnung heraus einen Blick auf das große Ganze des Falles zu bekommen. Neben den Informationen über die inzwischen fünf Opfer des Rippers hatte sie auch Profile der verschiedenen Verdächtigen an die Tapete geheftet und sie durch Fotos oder Zeichnungen aus ihrem Zeitungsarchiv ergänzt. Langsam wanderte ihr Blick über ihre Notizen und Bilder ihrer Verdächtigen: Links hing ein offizielles Foto von Prinz Albert Victor. Der war erst heute Morgen, so hatte sie im Star gelesen, vom Landsitz der königlichen Familie in Sandringham zurück nach London gekommen. Charlotte war sich sicher, dass der Thronfolger etwas zu verbergen hatte. Wahrscheinlich hatte er seinen Kutscher John Netley losgeschickt, um Charlotte und Thommie zu beseitigen und hinterher die Spuren durch einen fingierten Kutschen-Diebstahl zu verwischen. Und warum war Aaron Kosminski plötzlich verschwunden, kurz bevor Mary Jane Kelly ermordet wurde? Wer konnte schon sagen, was in einem Mann vorging, der Stimmen hörte, die ihm befahlen, anderen Menschen Schmerzen zuzufügen? Aber auch Dr. John Williams und seine Ehefrau Lizzie hatten sie angelogen. Jemand, der wie der Doktor heimlich illegale Abtreibungen durchführte, hatte ein starkes Motiv, sich nicht erwischen zu lassen. Vielleicht hatte ja eines der späteren Opfer versucht, ihn zu erpressen? Und dann war da ja noch Joseph Barnett. Ein Mann, der von der einen auf die andere Sekunde von tiefer Traurigkeit in rasende Wut wechselte, ganz offensichtlich einen Hass auf Frauen in sich trug und außerdem einen sehr guten Grund für den letzten Mord hatte.

So viele Verdächtige, so viele Möglichkeiten, so viele Details. Und doch war da diese eine Sache, die ihr Unterbewusstsein schon so lange beschäftigte: Dieses eine Detail, winzig wie ein Sandkorn im Auge, das sie schon seit Tagen gespürt hatte. Plötzlich ergab alles einen Sinn.

Aber konnte diese Person wirklich hinter all den Morden stecken? Oder hatte sie sich wieder verrannt? Irgendwie musste sie ihre Gedanken ordnen: Also setzte sich die Reporterin an ihre Schreibmaschine und tippte den ersten Satz: *Wer ist Jack wirklich?*

Das Klopfen an ihrer Tür, das sie aus ihrer Arbeit riss, war mehr ein Hämmern. Ohne eine Antwort abzuwarten, stürmte ihre Vermieterin Berta Paddington mit hochrotem Gesicht in ihr Zimmer. Ihre Stimme überschlug sich, als sie brüllte: »Miss Foster, es ist etwas Schreckliches passiert! Thommie ist verschwunden! Er hat mir heute Morgen gesagt, dass er irgendetwas überprüfen will und spätestens bis zum Mittagessen wieder da sein will. Und jetzt ist es schon dunkel, und er ist immer noch nicht hier! Und dann hat gerade jemand diesen Brief für Sie abgegeben. Ich glaube, Thommie ist dem Ripper auf die Spur gekommen, und der hat ihn sich geholt!«

Erschrocken öffnete Charlotte den Brief, den ihre Vermieterin ihr vor die Nase hielt.

Liebe Miss Foster,

erkennen Sie diese Handschrift? Dies ist mein dritter Brief, und es wird gleichzeitig auch mein letzter sein. Meine Mission ist erfüllt.

Niemand hat mich stoppen können, aber Sie waren ganz nah dran.
Sind Sie wirklich so schlau, wie alle sagen?
Dann beweisen Sie es mir. Meine Worte führen Sie direkt zu mir, wenn Sie es schaffen, mein Rätsel zu lösen.
Ein lustiger kleiner Wettstreit, finden Sie nicht?
Aber lachen Sie nicht zu laut, mein Messer ist immer noch schön scharf.
Stoppen Sie mich, wenn Sie können.
Ihr ergebener
Jack the Ripper

1;10;1 - 2;1;1 - 3;10;1 - 3;12;5 - 1;8;2 - 2;5;7 - 3;4;1-1;3;3

Charlotte spürte Schweißtropfen auf ihrer eiskalten Stirn. Hektisch wühlte sie sich durch die riesigen Papierstapel, die sich im Laufe ihrer Recherche auf und um ihren Schreibtisch aufgetürmt hatten, bis sie fand, was sie gesucht hatte: die Abschriften der ersten beiden Botschaften, die Jack an die Central News Agency geschickt hatte.

Ihre Augen rasten über die Zeilen, suchten nach der versteckten Botschaft, während die Panik ihr mehr und mehr den Hals zuschnürte.

Rätsel 10:
Der letzte Brief des Rippers

Kannst du das letzte Rätsel lösen?
Von wem stammt der Brief?

Du findest den Brief »Dear Boss« auf Seite 127
und die Postkarte »Saucy Jack« auf Seite 191.
Die Lösung findest du auf Seite 358.

Hallo lieber Mensch, der das hier gerade liest,

jetzt bist du an der Reihe: Die Ermittlungen in diesem Fall sind so gut wie abgeschlossen, nun gilt es, die wahre Identität von »Jack the Ripper« zu enthüllen. Du hast alle Informationen, um auf die richtige Spur zu kommen und den Mörder zu überführen. Das Ende dieser Geschichte liegt also in deiner Hand. Was glaubst du, wohin Charlotte sich jetzt aufmacht, um den Ripper zu stoppen und Thommies Leben zu retten?

Du entscheidest, wie es weitergeht und ob das alles hier ein gutes Ende nimmt.

Wenn du glaubst, dass Charlotte sich auf den Weg zu Joseph Barnett, dem Exfreund von Mary Jane Kelly macht, dann lies weiter auf Seite 306.

Falls du denkst, Charlotte eilt zu dem Arzt Dr. John Williams und seiner Ehefrau Lizzie, dann blättere weiter auf Seite 315.

Hast du Aaron Kosminski in Verdacht, die Morde begangen und Thommie entführt zu haben? Dann wirf einen Blick auf Seite 333.

Oder bist du der Meinung, der Thronfolger Prinz Albert Victor und sein Kutscher John Netley stecken hinter den Ripper-Morden? Dann schau auf Seite 344 nach.

Viel Spaß beim Rätseln!
Dein Philipp

Wer ist Jack?

Joseph Barnett

Montag, der 12. November 1888 – Charlotte

Das Klopfen an der Zimmertür in Bishopsgate war so laut, dass Charlotte für einen Moment zusammenzuckte. Aber sofort hatte sie sich wieder gefangen, sie hatte keine Zeit zu verlieren, wenn sie Thommie retten wollte.

»Miss Foster, was wollen Sie denn hier?« Joseph Barnett wirkte ehrlich überrascht, als er öffnete.

Bevor er überhaupt reagieren konnte, drängte sich Charlotte an ihm vorbei in das spärlich eingerichtete Zimmer, in dem sie noch vor drei Tagen mit ihm am Tisch gesessen hatte. »Wo haben Sie Thommie versteckt? Sagen Sie schon, sonst rufe ich sofort die Polizei!«

Barnett starrte sie mit großen, glasigen Augen an. »Wer bitte ist Thommie? Und was wollen Sie von mir?«

Charlotte umklammerte das Klappmesser mit dem Horngriff in ihrer Tasche, das sie sicherheitshalber mitgenommen hatte. »Thommie ist mein Assistent. Zwölf Jahre alt, graue Augen, Zahnlücke. Wahrscheinlich ist er Ihnen auf die Schliche gekommen, und Sie haben ihn deshalb entführt!«

Barnett ging taumelnd ein paar Schritte rückwärts, ließ sich dann auf den Stuhl fallen und glotzte sie schweigend an. Er war offensichtlich ziemlich betrunken. Charlotte nahm sich ebenfalls einen Stuhl und setzte sich ihm direkt gegenüber. »Tun Sie nicht so, als ob Sie keine Ahnung hätten, was los ist. Ich weiß genau, was hier läuft, Sie haben sich verraten! Aber gut, wenn Sie nicht reden wollen, dann rede ich.«

Ihr Gegenüber nickte schweigend und öffnete eine Flasche Ginger Beer.

»Sie wollten mit allen Mitteln verhindern, dass Ihre Freundin Mary Jane wieder auf den Strich geht, habe ich recht?«, schleuderte Charlotte ihm entgegen. Barnett wiegte den Kopf hin und her, als müsse er sich an etwas erinnern, das weit in der Vergangenheit lag. »Stimmt. Ist das ein Verbrechen? Kein Mann würde wollen, dass seine Freundin ihren Körper an fremde Typen verkauft! Außerdem hatten wir doch alles, ich hätte für Mary Jane sorgen können …«

»Eben nicht!«, unterbrach ihn Charlotte. »Ich habe mit Ihrem Vermieter Mr McCarthy gesprochen. Ein bisschen Ärger mit dem Vermieter ist ziemlich untertrieben: Mr McCarthy hat mir gesagt, dass Sie ihm die Miete der letzten sechs Wochen schulden – insgesamt 27 Shilling, fast anderthalb Pfund. Und dann habe ich mich natürlich gefragt, wie das sein kann, wenn Sie doch so einen gut bezahlten Job haben. Deshalb habe ich mich am Billingsgate Fischmarkt nach Ihnen erkundigt, und siehe da, Sie arbeiten schon lange nicht mehr als Fischträger. Ihr Chef hat Sie rausgeschmissen, weil Sie geklaut haben. Nur leider haben Sie irgendwie vergessen, mir das zu erzählen!«

Joseph Barnett senkte den Kopf wie ein Kind, das gerade mit der Hand im Bonbonglas erwischt wurde. »Sie haben ja recht. Das war dumm von mir. Aber glauben Sie, ich bin stolz darauf, dass ich mich nach zehn Jahren im Beruf jetzt als Tagelöhner irgendwo draußen in Hackney durchschlagen muss? Und warum interessiert Sie das überhaupt so? Was hat das mit dem Mord an Mary Jane zu tun?«

Charlotte zögerte kurz. Sollte sie ihren Verdacht wirklich so einfach rausposaunen? Andererseits zählte jede Sekunde, wenn sie Thommie retten wollte. Also verschränkte sie die Arme und sagte: »Das alles hat sehr viel mit dem Mord an Ihrer Exfreundin zu tun. Vielleicht fasse ich das mal kurz für Sie zusammen: Vor einiger Zeit haben Sie, wie wir ja gerade besprochen haben, Ihren Job als Fischträger verloren, in dem Sie zehn Jahre lang gutes Geld verdient haben. Sie sind also ziemlich frustriert – nein, Sie sind richtig wütend!«

»Da können Sie Gift drauf nehmen!«, grummelte Barnett.

Doch Charlotte war noch nicht fertig, noch lange nicht. »Sie wissen gar nicht, wohin mit Ihrer Wut. Aber es gibt eine Sache, die Sie besonders wütend macht: Frauen. In Ihren Augen sind wir alle Schlampen, so hatten Sie sich doch ausgedrückt, oder?«

Barnetts Augen wurden zu Schlitzen, und seine Stimme klang plötzlich ganz kalt. »Ja.«

Die Finger von Charlottes rechter Hand umklammerten den Horngriff des Klappmessers in ihrer Rocktasche jetzt noch fester. Sie spürte, dass unter dem betrunkenen Selbstmitleid von Joseph Barnett etwas Gefährliches lauerte. »Und am allermeisten hassen Sie die Frauen, die auf der Straße ihren Körper verkaufen. Frauen, wie Mary Jane eine war. Sie wollten auf keinen Fall, dass Ihre damalige Freundin wieder auf den Strich geht, wieder so eine Frau wird. Sie wollten derjenige sein, der das Geld nach Hause bringt, damit Mary Jane sich nie wieder von anderen Männern anfassen lassen muss. Aber dann verlieren Sie Ihren Job und Ihre Freundin überlegt, wieder anschaffen zu gehen. Das hat Sie noch wütender gemacht, das konnten Sie auf keinen Fall zulassen. Also haben Sie Ihre Wut an den armen Frauen rausgelassen, die Sie für Huren gehalten haben. Sie haben sie mit Ihrem Messer aufgeschlitzt, so wie Sie das sonst jeden Tag mit den Fischen auf dem Markt gemacht haben!«

Joseph Barnett starrte Charlotte an. »Wollen Sie damit sagen, dass ich …?«

»… dass Sie Jack the Ripper sind, ganz genau! Der Jack the Ripper, der in seinem ersten Brief geschrieben hat, dass er ›das rote Zeug‹ von seinem Opfer in einer Flasche Ginger Beer aufbewahrt hat, also in genau so einer Flasche, wie Sie sie gerade in den Händen halten! Aber nichts von dem, was Sie Ihren Opfern angetan haben, konnte Mary Jane davon abhalten, sich anderen Männern zuzuwenden. Das hat Sie rasend gemacht, also sind Sie nach dem letzten Gespräch mit ihr nachts noch mal zurück zu ihr. Mary Jane hat Ihnen sogar die Tür aufgemacht, schließlich kannte sie Sie ja. Aber Sie wollten nicht mit ihr reden, Sie wollten sie töten! Und dann haben Sie Mary Jane abgeschlachtet wie ein Tier. Von allen fünf Opfern war sie diejenige, die am schlimmsten zugerichtet war. Und zwar, weil der Hass ihres Mörders dieses Mal persönlich war. Weil Sie hinter dem Mord an Mary Jane Kelly und den anderen vier Frauen stecken. Weil Sie Jack the Ripper sind!«

Ohne zu zögern, griff sich Joseph Barnett die leere Bierflasche und zerschlug sie auf der Tischkante, während er sich vor Charlotte aufbaute. »Wie kannst du es wagen, so was zu behaupten? Mary Jane war mein Ein und Alles, der hätte ich niemals auch nur ein Haar gekrümmt. Sehe ich für dich vielleicht aus wie einer, der Frauen umbringt? Für diese Lüge stopfe ich dir dein dreckiges Maul!« Mit diesen Worten sprang Barnett auf und kam schwankend um den Tisch herum auf Charlotte zu, die abgebrochene Bierflasche fest umklammert.

Charlotte wich zurück und zog das Messer aus ihrer Tasche. »Das würde ich an Ihrer Stelle schön bleiben lassen! Selbst wenn Sie es in Ihrem Zustand schaffen, mich mit der abgebrochenen Flasche zu treffen, jage ich Ihnen direkt dieses Schätzchen hier in die Leber, und glauben Sie mir, das ist ein sehr schmerzhafter Tod!« Sie hoffte, dass ihre Stimme nicht zu sehr zitterte, während sie rückwärts in Richtung Tür ging.

Joseph Barnett schnaubte und fuchtelte weiter mit der Flasche in der Hand herum, aber immerhin war er stehen geblieben. »Du verpisst dich jetzt aus meiner Wohnung! Wenn ich dich noch einmal hier sehe oder mitbekomme, dass du weiter Dreck über mich erzählst, dann hast du ein Problem, haben wir uns verstanden?«

Zeit für den Rückzug. Schnell, aber nicht hastig öffnete Charlotte die Tür hinter sich, während sie Barnett die ganze Zeit im Blick behielt. Sobald sie draußen stand, atmete sie tief durch und machte sich wieder mal auf den Weg zu Scotland Yard am Whitehall Place.

Abberline hatte sich zunächst geweigert, sie zu empfangen – was Charlotte ihm nach ihrem letzten Treffen nicht mal übelnehmen konnte. Sie hatte allerdings nicht lockergelassen und saß dem Inspector schließlich doch in seinem Büro gegenüber. Schweigend hörte Abberline sich ihre Ausführungen über Joseph Barnett als Ripper an, bis Charlotte ihre Erzählung mit Barnetts Wutausbruch und ihrem überstürzten Abgang beendete. Dann strich er über seinen Bart und sagte: »Ehrlich gesagt, kann ich Ihren Gedankengang sogar nachvollziehen. Ich habe in meinen Jahren bei der Metropolitan Police gelernt, dass die brutalsten Mörder oft aus dem direkten Umfeld der Opfer kommen. Und doch kann Joseph Barnett nicht Jack the Ripper sein.«

Charlotte sah den Inspector fragend an: »Und warum nicht?«

»Weil Barnett für die Nacht, in der seine Exfreundin Mary Jane Kelly ermordet wurde, ein Alibi hat. Er hat sich mit einer Gruppe seiner neuen Nachbarn in Bishopsgate getroffen und bis zum frühen Morgen mit ihnen Karten gespielt. Das haben die drei anderen Männer alle unabhängig voneinander bestätigt. Und auch für den Doppelmord an Elizabeth Stride und Catherine Eddowes kann Barnett nicht verantwortlich sein, in dieser Nacht hat er als Tagelöhner in einer Glasbläserei in Hackney gearbeitet, auch dieses Alibi haben wir überprüft. Glauben Sie mir, wir haben Barnett vier Stunden lang vernommen und seine neue Wohnung auf den Kopf gestellt, ohne auch nur den geringsten Hinweis zu finden, dass er der Mörder sein könnte. Er mag vielleicht aufbrausend sein und ein

Problem mit Prostituierten haben, aber Joseph Barnett ist definitiv nicht Jack the Ripper.«

Damit hatte Charlotte nicht gerechnet. Sie schwieg lange, nachdem Abberline fertig war. Dann sagte sie langsam: »Wahrscheinlich haben Sie recht, Inspector. Barnett hat mit den Morden tatsächlich nichts zu tun. Dann bin ich zu weit gegangen, und dafür entschuldige ich mich. Trotzdem ist Thommie nach wie vor verschwunden, und ich bin mir sicher, dass der Ripper ihn in seiner Gewalt hat!«

Die Mundwinkel des Inspectors zuckten, und Charlotte wunderte sich kurz, wie er in dieser Situation lächeln konnte, bis Abberline sagte: »Da irren Sie sich schon wieder. Dem Jungen geht es gut. Thommie war tatsächlich in Bishopsgate unterwegs, aber nicht bei Joseph Barnett. Die Kollegen der örtlichen Polizeiwache haben ihn dort heute Vormittag bei einem versuchten Taschendiebstahl erwischt und in die Arrestzelle gesteckt. Ich habe nur durch Zufall davon erfahren und ihn hierherbringen lassen. Darüber hätte ich Sie natürlich gerne früher informiert, aber Sie waren ja damit beschäftigt, Detektivin zu spielen und sich unnötig in Gefahr zu bringen.«

Wie aufs Stichwort klopfte es in genau dieser Sekunde an die Tür, und ein Polizeibeamter in Uniform schob einen sichtlich geknickten Thommie in den Raum, der angestrengt auf seine Schuhspitzen starrte. »Sorry, Miss Charlotte und Mr Inspector, das war eine ganz blöde Idee. Ich wollte ein Dankeschön für Mrs Paddington kaufen, weil die mir doch immer beim Lernen helfen tut. Aber ich hatte ja keine Kohle, also habe ich mir gedacht, ich organisiere mir was. Ist aber leider schiefgegangen. War echt doof von mir, das mache ich nie wieder – versprochen! Und sorry, wenn Sie sich Sorgen gemacht haben!«

Am liebsten hätte Charlotte dem Jungen jetzt eine ordentliche Standpauke gehalten, aber in diesem Moment war sie einfach nur froh, ihn wohlbehalten vor sich zu sehen. Also zog sie Thommie an sich und drückte ihn lange und fest an sich, was dieser überraschend klaglos über sich ergehen ließ.

Abberline dagegen hatte etwas zu beklagen: »Vielleicht habe ich mich bei unserem letzten Treffen nicht klar genug ausgedrückt, Miss Foster. Ihre Anwesenheit bei den Ripper-Ermittlungen ist nicht länger erwünscht. Es liegt bereits eine Beschwerde über Sie beim Innenminister, und der wartet nur auf einen Grund, Sie hochkant aus dem Land zu werfen und zurück in die Staaten zu schicken. Ich weiß, es fällt Ihnen schwer, aber hören Sie doch ein einziges Mal auf mich und lassen Sie uns in Ruhe unseren Job machen. Bitte!«

Bei seinen letzten Worten hatte Abberline einen Ausdruck in seinen Augen, den Charlotte noch nie bei ihm gesehen hatte und der dafür sorgte, dass ihr dieses Mal keine schlagfertige Antwort einfiel. Sie bedankte sich bei dem Inspector und verließ mit Thommie das Gebäude.

Als sie auf den Stufen vor Scotland Yard standen, traf Charlotte eine Entscheidung: Auch wenn Joseph Barnett nicht der Ripper war, die Ermittlungen in dem Fall würden für sie an genau dieser Stelle enden. Sie wusste, dass Abberline seine Drohung ernst gemeint hatte, und wollte London auf keinen Fall verlassen. Auch wenn die Stadt ein Moloch aus Rauch, Gestank und Armut war, so war sie doch ihr Zuhause geworden.

Sie holte den mysteriösen Brief aus ihrer Tasche und zerriss ihn in ihrer Hand. Dieses Rätsel hatte sie nicht lösen können, aber der Ripper hatte ja selbst geschrieben, dass seine Mission erfüllt sei.

In hohem Bogen schleuderte Charlotte die Reste der Botschaft in eine Pfütze, wo das schlammige Wasser die Buchstaben sofort verschwimmen ließ.

Ein gutes Gefühl.

Sie hatte Wichtigeres zu tun, als einem Phantom nachzujagen, das war Charlotte in den letzten Stunden klargeworden. Mit diesem

Gedanken hakte sie sich bei Thommie ein und rief eine Droschke herbei, die die beiden zurück nach Hause zu Mrs Paddington bringen sollte. Irgendwie war Charlotte Foster sich sicher, dass auch die Polizei das Rätsel um Jack the Ripper nicht lösen können würde.

Sie sollte recht behalten.

Du hast dich also für Joseph Barnett als Hauptverdächtigen der Ripper-Morde entschieden. Keine schlechte Wahl! Tatsächlich passt Joseph sogar ziemlich gut auf ein Profil des Rippers, das das FBI viele Jahrzehnte später erstellt hat: Er stammt aus Whitechapel, kennt sich in der Gegend also gut aus, kommt aus gestörten Familienverhältnissen, hat eine durch Zeugen belegte Abneigung gegen Prostituierte und passt auf einige der Zeugenbeschreibungen (zum Beispiel auf die von Israel Schwartz). Außerdem wusste Barnett durch seine Arbeit als Fischträger, wie man mit einem Messer umgeht. Der letzte Mord an Mary Jane Kelly ist der mit Abstand grausamste der fünf Morde, die Jack the Ripper zugeschrieben werden – das könnte dafürsprechen, dass der Mörder eine persönliche Beziehung zu seinem letzten Opfer hatte. Hat Joseph Barnett die ersten vier Morde also vielleicht nur begangen, um seine Freundin Mary Jane Kelly davon abzuhalten, wieder anschaffen zu gehen? Und ist er dann in der Nacht auf den 9. November 1888 durchgedreht, weil sein Plan nicht aufging und er hat seine Exfreundin brutal ermordet?

Das glaube ich persönlich nicht – aus mehreren Gründen: Kurz nach dem Mord an seiner Exfreundin Mary Jane Kelly wurde Barnett mehr als vier Stunden von der Polizei verhört. Es wurden keine Blutspuren an ihm oder seiner Kleidung gefunden, auch bei der Durchsuchung seines Zimmers in Bishopsgate wurde nichts entdeckt, das ihn mit dem Mord in Verbindung hätte bringen können. Barnett besaß außerdem ein Alibi für die Tatnacht, das von mehreren Zeugen bestätigt wurde. Für mich gibt es drei weitere Punkte, die gegen Joseph

Barnett als Täter sprechen: Erstens hat der Ripper einigen seiner Opfer Organe herausgeschnitten und mitgenommen. Wo hätte Barnett diese verstecken sollen, ohne dass es seiner Freundin Mary Jane Kelly aufgefallen wäre? Zweitens ist durch Zeugenaussagen belegt, dass Mary Jane die Mordserie des Rippers mit großem Interesse verfolgte. Wäre ihr dann nicht irgendwann aufgefallen, dass ihr Freund immer genau zum Zeitpunkt der Taten nicht zu Hause war? Und dann der dritte Punkt, der für mich am überzeugendsten ist: Joseph Barnett hat nach Ende der Mordserie noch fast 40 Jahre lang ein unauffälliges Leben gelebt. Würde jemand, der so extreme Morde begangen hat, wirklich damit aufhören und nie wieder straffällig werden? Das ist für mich nur schwer vorstellbar.

Deshalb gibt es in diesem Fall für mich mehr Punkte, die GEGEN Joseph Barnett als Jack the Ripper sprechen. Vielleicht gehst du noch mal zurück auf Seite 305 und versuchst dein Glück bei einem der anderen Verdächtigen?

Viel Erfolg!
Dein Philipp

Dr. John Williams und seine Ehefrau Lizzie

Montag, der 12. November 1888 – Charlotte

Die Stadtvilla des Ehepaars Williams lag direkt vor ihr. Manchmal muss man auch Glück haben, dachte Charlotte. Sie hatte am Morgen in der Zeitung gelesen, dass Dr. Williams an diesem Abend einen Vortrag in der Medizinischen Fakultät halten würde, und offenbar begleitete seine Ehefrau Lizzie ihn dabei, zumindest waren alle Fenster des Hauses dunkel. Die Steinmauer, die das parkähnliche Grundstück der Williams begrenzte, war für Charlotte kein besonders großes Hindernis gewesen. Vorsichtig hatte sie sich zur Rückseite des Hauses geschlichen, das direkt an einem großen Gartenteich mit kitschigen Engelsfiguren und Wasserspielen lag. Die Hintertür des Hauses war da schon eine größere Herausforderung, denn die war fest verschlossen.

»Verdammt«, murmelte sie leise und musste sofort an Thommie denken, zu dessen Qualitäten neben Taschendiebstahl auch das Knacken von Schlössern gehörte. Sofort schossen ihr Tränen in die Augen, aber Charlotte wischte sie weg und versuchte sich an das zu erinnern, was Thommie ihr damals stolz grinsend über das Aufbrechen von Schlössern erzählt hatte: »Das ist gar nicht schwer, Miss Charlotte – vor allem nicht bei den alten Schlössern! Da reicht ein gebogener Draht und ein bisschen Geschick.« Natürlich hatte Charlotte in ihrer Handtasche weder einen gebogenen Draht noch einen professionellen Dietrich, und sie ärgerte sich, so komplett unvorbereitet losgezogen zu sein. Wenigstens die letzte Botschaft des Rippers und ihr Klappmesser hatte sie eingepackt, aber das half ihr mit dem alten Messingschloss relativ wenig. Also zupfte sie sich eine Haarnadel aus ihren hochgesteckten braunen Locken. Während sie die Nadel vorsichtig zurechtbog und ins Schloss schob, merkte sie, dass ihr heiß wurde. Falls doch jemand zu Hause war, konnte sie sich auf eine Anzeige wegen Einbruchs gefasst machen, wenn nicht sogar Schlimmeres. Immer wieder hielt sie inne und lauschte, ob sich Schritte näherten, aber es blieb alles ruhig. Nach etwa drei Minuten, die sich für sie wie eine Ewigkeit anfühlten, sprang das Schloss mit einem Klicken auf, und sie konnte die Hintertür zu der Villa vorsichtig aufschieben.

Nachdem sie sich überzeugt hatte, dass das Erdgeschoss tatsächlich leer war, nahm sie sich als Erstes das Arbeitszimmer von Dr. Williams vor. Sie war sich sicher, dass sie dort Beweise finden konnte, die sie direkt zu Thommie führten. Zu ihrem Glück schien genug Mondlicht durch die großen Fenster, um alles genau zu untersuchen. Es dauerte nicht lange, bis sie in dem großen Schrank im Büro fündig wurde: Dort standen die Patientenakten, die sie zuletzt bei ihrem Besuch in der geheimen Hinterhof-Praxis im East End gesehen hatte.

Der gute Doktor scheint seine Buchführung sehr ernst zu nehmen, dachte Charlotte, während sie die Unterlagen für die Jahre 1884 bis 1886 aus dem Regal zog und auf dem großen Mahagoni-Schreibtisch ausbreitete. Den Eintrag, nach dem sie auch schon vor mehr als einem Monat gesucht hatte, fand sie als Erstes: *M.A. Nichols – 13.9.1886.*

Damit hatte sie den Beweis für das entdeckt, was die zahnlose Miranda ihr bereits erzählt hatte: Polly Nichols hatte bei Dr. Williams eine Abtreibung vornehmen lassen und die Praxis später auch an Annie Chapman weiterempfohlen. Aber was war mit den anderen drei Opfern? In den Akten aus dem Jahr 1885 wurde Charlotte fündig: Catherine Eddowes hatte die Praxis im April aufgesucht und Elizabeth Stride nur wenige Monate später, im November 1885.

Am liebsten hätte Charlotte laut gejubelt: Endlich hatte sie die Verbindung zwischen den Opfern gefunden, nach der sie seit Monaten gesucht hatte. Sie freute sich schon darauf, Abberline die Patientenakten unter die Nase zu halten. Allerdings hatte sie bisher weder einen Hinweis auf Mary Jane Kelly noch auf den Verbleib von Thommie finden können. Vorsichtig trennte Charlotte die Seiten mit den Namen der Opfer aus den Akten heraus und wollte die Papiere gerade einstecken, als ihr Blick auf den großen Marmorkamin fiel, der die eine Seite des Arbeitszimmers dominierte und mit zahlreichen Andenken und Diplomen vollgestellt war. In der grauen Asche des Kamins sah sie im Mondlicht etwas Weißes aufblitzen. Vorsichtig griff sie zu und zog zwei zum Teil sehr verkohlte Seiten Papier aus dem Kamin, offenbar Briefe. Beide waren mit derselben Handschrift geschrieben, aber mit unterschiedlichen Daten versehen. Vom ersten Brief, der auf den 21. Oktober datiert war, konnte sie nur den Anfang entziffern:

> *Hallo mein Großer, ich weiß, ich habe versprochen, mich niemals direkt bei dir zu melden. Aber es gibt einen sehr dringenden*

Der Rest des Schreibens war ein Opfer der Flammen geworden, dafür war der zweite Brief vom 7. November deutlich besser erhalten. Als Charlotte die Zeilen überflog, ergab plötzlich alles einen Sinn: Die Verfasserin (der Schrift nach eine Frau) forderte vom Empfänger des Briefes (mit größter Wahrscheinlichkeit Dr. John Williams) einen Betrag von zehn Shilling die Woche, um für sie und ihr bisher ungeborenes Kind aufzukommen. Und bei diesem Brief waren die Initialen der Absenderin vom Feuer verschont worden: MJ.

Das Puzzle in Charlottes Kopf passte endlich zusammen. Sie wollte gerade die Briefreste zusammen mit den Patientenakten in ihre Tasche schieben, als sie über sich ein Geräusch hörte. Es klang wie ein gedämpftes Stöhnen, vielleicht ein unterdrückter Hilferuf? Das musste Thommie sein!

Für eine Sekunde überlegte sie, zur nächstgelegenen Polizeistation zu laufen und Scotland Yard zu verständigen, aber wenn das Geräusch wirklich von Thommie kam, dann zählte jetzt jede Sekunde. Also stand Charlotte auf, ließ die Blätter auf dem Schreibtisch liegen und machte sich über die große, mit schwerem Teppich ausgelegte Treppe auf den Weg nach oben. Dabei musste sie sich zwingen, nicht zu rennen, sondern sich so leise wie möglich zu bewegen. Sie hatte keine Ahnung, was im Obergeschoss auf sie wartete, aber sie hoffte sehr, dass es sich um Thommie handelte und nicht um jemanden – oder etwas – anderes.

Als Charlotte im Obergeschoss der Villa ankam, war alles wieder still. Sie überlegte, ob sie zuerst alle Zimmer im ersten Stock absuchen sollte, aber dann hörte sie vom Ende des langen Flurs wieder ein Geräusch, dieses Mal deutlich lauter. Der Flur endete vor einer holzvertäfelten Wand.

Hatte sie sich vielleicht verhört? Angestrengt lauschte Charlotte in die Dunkelheit, aber es blieb still. Sie war sich so sicher, dass das Stöhnen von hier gekommen war, also klopfte sie vorsichtig gegen die hölzerne Vertäfelung. Und tatsächlich, in der Mitte klang das Klopfen auf dem Holz hohl. Fieberhaft tastete Charlotte die Wand ab, bis sie eher aus Zufall den in der Holzverzierung versteckten Schalter fand. Es klickte, die Holzvertäfelung glitt zur Seite und gab den Blick auf eine Holztreppe frei, die auf den Dachboden des Hauses führte. Die Lautstärke war Charlotte mittlerweile völlig egal, sie stürmte die Stufen hinauf. Oben angekommen, fiel ihr als Erstes der muffige Geruch nach Staub und Mottenkugeln auf, in dem aber auch noch etwas anderes, etwas Metallisches hing. Auf dem Dachboden war es stockdunkel, offenbar gab es hier oben keine Fenster. Nur ein letzter Rest Mondlicht kroch durch die offene Tür über die Holztreppe aus dem Flur herauf, also kramte Charlotte ihr Feuerzeug aus der Tasche, um sich zu orientieren. Die gelbe Flamme drängte die Dunkelheit zumindest ein wenig zurück, sodass sie einige Kisten mit Gerümpel direkt neben sich erkennen konnte. In einer der Kisten sah Charlotte einen achtlos zusammengeknüllten Mantel liegen, der voller dunkler Flecken war. Im Licht des Feuerzeuges konnte sie die rostrote Farbe der Flecken genau erkennen und wusste auf einmal, woher der metallische Geruch auf dem Dachboden kam: Blut.

Aber das war noch nicht alles. Unter dem Mantel lagen ein Paar cognacfarbener Damenstiefel. Charlotte musste gar nicht erst nachschauen, sie wusste, dass bei einem der Stiefel drei Knöpfe fehlen würden. Die Knöpfe, die sie vor mittlerweile anderthalb Monaten im Blut neben der Leiche von Catherine Eddowes gesehen hatte.

Verdammt, dachte die Reporterin, dann hörte sie wieder das Stöhnen. Sie brauchte dringend mehr Licht. An der Wand entdeckte Charlotte zwei Gaslaternen, die sie ohne zu zögern anzündete. Wenn es hier oben keine Fenster gab, konnte von draußen auch niemand den Lichtschein sehen – und wenn, dann war ihr das mittlerweile auch egal. Ihre Augen brauchten einen Moment, bis sie sich an die neue Helligkeit auf dem Dachboden gewöhnt hatte, deshalb zweifelte sie kurz, ob sie richtig sah.

Am anderen Ende des weiträumigen Dachbodens, direkt vor einem großen, sorgfältig mit Zeitungspapier zugeklebten Fenster saß eine dünne Gestalt gefesselt und geknebelt auf einem Stuhl: Thommie. Mit einem Satz war sie bei ihm und versuchte zuerst, die

Fesseln zu lösen, die sich an den Hand- und Fußgelenken bereits in die Haut des Jungen gescheuert hatten. Thommies Haare waren mit einer großen Menge getrocknetem Blut verklebt, und er schien irgendwo zwischen Bewusstsein und Ohnmacht zu schweben. Aber das Wichtigste war: Er lebte. Als sie Thommie von seinen Fesseln befreit hatte, merkte Charlotte, dass er sie mit großen Augen anstarrte und etwas sagen wollte. Doch seine Worte wurden von dem kratzigen Stück Stoff gestoppt, den man ihm in den Mund gestopft und mit einer dreckigen Mullbinde festgebunden hatte.

Sie entfernte den Knebel vorsichtig, und Thommie krächzte heiser: »Hinter Ihnen!«

Ohne darüber nachzudenken, warf Charlotte sich auf den Boden, was ihr wahrscheinlich das Leben rettete. Sie sah noch, wie die Hand mit dem blitzenden Skalpell dorthin stach, wo noch vor einer Sekunde ihr Hals gewesen war. Durch den Schwung der Bewegung taumelte die Gestalt nach vorne, und Charlotte nutzte die Chance, nach ihr zu treten.

Lizzie Williams jaulte auf. Ihre Augen schienen von innen heraus zu glühen, und aus ihrem Mund spritzte die Spucke, als sie kreischte: »Dich kriege ich auch noch, du kleine Hure!«

Sofort hatte sich die Arztgattin wieder gefangen und bewegte sich mit einer Geschwindigkeit, die Charlotte ihr bei ihrer Körpermasse gar nicht zugetraut hätte. Lizzie hob das Skalpell ein zweites Mal über ihren Kopf und wollte zustechen. Die Reporterin holte zu einem gezielten Schlag aus. Das Skalpell flog Lizzie Williams aus der Hand und segelte im hohen Bogen hinter einen Kistenstapel.

»Manchmal ist es doch nützlich, mit älteren Brüdern aufzuwachsen!«, murmelte Charlotte erleichtert, doch schon stürzte ihre Gegnerin sich auf sie und jaulte dabei wie ein wütendes Tier. Die Attacke kam für Charlotte so überraschend, dass sie keine Zeit mehr hatte zu reagieren. Eine Sekunde später lag die Reporterin auf dem

Rücken. Lizzie Williams war über ihr und kniete auf Charlottes Brustkorb. Die Hände der Arztgattin packten den Hals der Reporterin.

Große Hände. Kräftige Hände. Hände, die schon mehrfach getötet hatten.

Charlotte sah, wie vor ihren Augen kleine Sterne tanzten. Verzweifelt gierte ihr Körper nach Luft, doch Lizzies Finger umklammerten ihren Hals wie einen Schraubstock. Sie musste irgendwie versuchen, an das Messer in ihrer Rocktasche zu kommen, aber Lizzie Williams' Gewicht nagelte ihren schlanken Körper auf dem harten Holzfußboden fest. Charlotte kämpfte erbittert gegen die Ohnmacht an, doch sie spürte, dass sie keine Chance hatte.

In diesem Moment krachte es. Die Reporterin sah Lizzie Williams schwanken, dann waren das Gewicht auf ihrem Brustkorb und die Hände um ihren Hals plötzlich weg. Jetzt erst sah Charlotte Thommie über sich stehen, mit einer schweren Holzlatte in der Hand.

»Das wollte ich schon immer mal machen«, sagte er grinsend, bevor sein Lachen in einem lauten Husten unterging.

So schnell sie konnte, rappelte Charlotte sich auf und schaffte es mit Hilfe des immer noch hustenden Thommie, Lizzie Williams an den Stuhl zu fesseln, bevor diese wieder zu Bewusstsein kam.

Als die Arztgattin ihre Augen wieder aufschlug, sah sie zu Charlottes Überraschung weder wütend noch ängstlich aus, sondern eher triumphierend. »Sie haben meine kleine Botschaft also entschlüsselt? Meinen Glückwunsch!« Lizzie Williams lächelte.

»Das auch. Aber eigentlich war ich mir schon vorher ziemlich sicher. Ihr Parfum hat Sie verraten und Ihre Vorliebe für Kräuterbonbons«, antwortete Charlotte.

Lizzie Williams starrte sie verständnislos an, also erklärte Charlotte: »Ich hatte diesen blumigen Geruch zum ersten Mal in der Nase, kurz bevor Sie mich in der Praxis Ihres Mannes im East End niedergeschlagen haben. Und nachdem wir uns dann bei der Teeparty offiziell wiedergetroffen hatten, hatte ich die ganze Zeit das Gefühl, irgendetwas übersehen zu haben. Erst heute fiel mir auf, dass es gleich zwei Sachen waren: Erstens habe ich Ihr Parfum wiedererkannt und zweitens die Cachous, die Sie mir angeboten haben. Genau diese Art von Bonbons hatte auch Elizabeth Stride in der Hand, als ich ihre Leiche gefunden habe. Und außerdem haben Sie bei Ihrem Mord an Catherine Eddowes drei Knöpfe von Ihrem Stiefel verloren. Leider habe ich diese Hinweise erst heute richtig zusammengesetzt, weil ich die ganze Zeit Ihren Mann in Verdacht hatte …«

Wieder tat Lizzie Williams etwas, mit dem weder Charlotte noch Thommie gerechnet hatten: Sie nickte. Und sie lächelte auch schon wieder. »Sehr gut, Miss Foster, dann hätte ich mir den dritten Brief ja sparen können. Aber ich wollte sichergehen, dass wir uns noch ein letztes Mal gegenüberstehen. Eigentlich würde ich Ihnen gerne applaudieren, aber wie Sie sehen, sind mir im wahrsten Sinne des Wortes die Hände gebunden.«

»Warum das alles?«, fragte Charlotte sie ganz direkt. »Warum diese Grausamkeit? Ich habe zwar eine Vermutung, aber ich möchte es von Ihnen selbst hören: Warum mussten diese fünf armen Frauen sterben?«

Lizzie Williams lehnte sich zurück, so gut es ihr an den Stuhl gefesselter Körper zuließ. Da war wieder das böse Flackern in ihren Augen. »Weil diese Huren es verdient haben! Was glauben Sie, wie man sich fühlt, wenn man sich nichts mehr wünscht, als seinem Ehemann ein Kind zu schenken? Wie wütend es einen macht, wenn man sieht, dass diese Weiber es mit jedem treiben wie die Tiere und dann die Frucht ihres Leibes einfach ermorden und wegschmeißen? Es hat mich rasend gemacht, das all die Jahre zu sehen. Und niemand tut etwas gegen diese Sünden! Irgendwann habe ich es nicht mehr ausgehalten. Wenn dir keiner hilft, dann hilf dir selbst, hat mein Vater immer gesagt. Und es war so einfach! Können Sie sich das vorstellen? Die Erste, diese Nichols, habe ich schnarchend vor einer Toreinfahrt gefunden. Sie war so besoffen, dass sie sich nicht mal gewehrt hat, als ich ihr den Hals aufgeschlitzt habe. Mit der Zeit bin ich immer besser geworden, zum Glück habe ich mir bei meinem Mann einiges abschauen können, was den Umgang mit Skalpellen angeht. Am liebsten hätte ich ihnen allen ihre Weiblichkeit aus den Körpern geritzt, aber manchmal fehlte mir leider die Zeit. Und für diese Hure namens Kelly habe ich mir eine ganz besondere Behandlung ausgedacht. Sie hat ein Kind erwartet – von meinem Mann, können Sie sich das vorstellen? Aber sie hat bekommen, was sie verdient hat, ich habe ihr den Bastard aus dem Leib geschnitten. Sie hätten das Gesicht der dummen Kuh sehen sollen, als ich ihr die Kehle aufgeschlitzt habe, nachdem sie so dämlich war, mich in ihr Zimmer zu bitten!«

Charlotte hatte sich zwar bereits gedacht, warum Lizzie Williams die Frauen getötet hatte, aber der Genuss, mit dem die Arztgattin von den Morden erzählte, überraschte sie. Mit jedem blutigen Detail, das sie preisgab, begannen Lizzies Augen mehr zu glänzen, Speichel rann ihr übers Kinn.

Die Reporterin räusperte sich. »Das heißt, all diese Frauen mussten sterben, weil Sie eifersüchtig waren? Das ist so krank … Aber was ist mit den Briefen, mit der Kritzelei in der Goulston Street? Was sollte das alles?«

Lizzie Williams lachte, aber in ihrem Lachen lag keine Fröhlichkeit. »Das nennt man Ablenkungsmanöver, meine Liebe – so klug, wie Sie sind, hätten Sie da auch selbst draufkommen können. Wenn ganz London nach einem blutrünstigen Juden in einer Lederschürze sucht, wer achtet dann noch auf eine arme, schwache Dame, die alleine durch die Straßen eilt? Sie und Ihre Kollegen von der Presse haben mir die Arbeit wirklich leicht gemacht: Alle hatten Angst vor dem bösen Jack, dabei hätten sie Angst vor der netten Frau mit dem Messer in der Tasche haben sollen!«

Charlotte war noch nicht fertig. »Was ist mit der schwarzen Kutsche von John Netley? Mehrere Zeugen haben sie an den ersten Tatorten gesehen, und auch Thommie und ich wurden von ihr verfolgt. Steckt der auch in der Nummer mit drin?«

Lizzie Williams schnaubte. »Eine kleine Spielfigur auf dem Brett, mehr nicht. Mr Netley ist ein sehr netter und vor allem diskreter Mann. Er hat nur leider ein Problem, seine Spielsucht. Deshalb konnte ich ihn ziemlich leicht dazu bewegen, mich bei meinen Touren als Fahrer zu unterstützen. Und als ich Sie bei der Teeparty wiedergetroffen habe, wusste ich gleich, dass Sie mir gefährlich werden könnten. Also habe ich Netley ein letztes Mal gebeten, mir zu helfen. Zu schade, dass wir keinen Erfolg hatten. Eigentlich wollte ich direkt danach einen zweiten Versuch starten, Sie und diesen Straßenbengel loszuwerden, aber dann habe ich in der Schreibtischschublade meines Mannes den Brief von dieser Kelly gefunden und wusste, dass ich vorher noch etwas zu erledigen hatte … Sie müssen zugeben, ich habe an alles gedacht: Niemand wird jemals darauf kommen, dass hinter dem geheimnisvollen Jack the Ripper eine Frau steckt, noch dazu eine wie ich!«

»Niemand außer mir«, unterbrach sie Charlotte, die die Selbstgefälligkeit der Frau nicht mehr aushielt. »Mein Assistent Thommie wird jetzt so freundlich sein, auf Sie aufzupassen, damit Sie nicht auf dumme Gedanken kommen. Ich werde mich währenddessen auf den Weg zur nächsten Polizeistation machen und Verstärkung rufen.«

»Das glaube ich nicht!«

Weder Charlotte noch Thommie hatten John Williams die Treppe zum Dachboden hochkommen hören, sie waren von den irren Ausführungen seiner Frau zu sehr abgelenkt gewesen. Dr. Williams war offenbar gerade erst nach Hause gekommen, er trug noch sein Dinnerjacket – und in seinen Händen ein schweres Jagdgewehr, das er auf sie gerichtet hatte.

»Sie werden sicher verstehen, dass ich verhindern muss, dass Sie den Namen meiner Frau oder gar meinen in den Dreck ziehen, Miss Foster! Als Lizzie Sie vor einem Monat beim Rumschnüffeln in meiner Praxis erwischt hat, dachte ich mir schon, dass wir uns noch mal wiedersehen. Aber doch irgendwie schade, dass dieses Mal auch das letzte Mal sein wird.«

Wütend schaute Charlotte zuerst zu Lizzie Williams, die triumphierend grinste, und dann zu ihrem Mann, der weiter mit dem Gewehr auf sie zielte. »Dr. Williams, Ihre Ehefrau hat fünf Menschenleben ausgelöscht, eigentlich sogar sieben, wenn man Paddy O'Ryan und das ungeborene Kind von Mary Jane Kelly dazu zählt. Wie können Sie so was zulassen?«

Für einen Moment sah es so aus, als müsste der Doktor über die Frage nachdenken, doch dann antwortete er mit fester Stimme: »Ich habe nichts davon gewusst, zumindest bis Freitag! Sie können sich vorstellen, wie groß mein Schock war, als ich Lizzie nachts hier auf dem Dachboden erwischt habe, über und über mit Blut beschmiert. Sie hat mir dann alles gestanden, vom ersten Mord bis zur Tötung von Mary Jane und ihrem … unserem Kind. Glauben Sie mir, ich habe das nicht gewollt! Lizzie ist eine sehr kranke Frau, und sie braucht dringend eine medizinische Behandlung. Leider habe ich davor viel zu lange meine Augen verschlossen, und jetzt ist es zu spät. Was geschehen ist, lässt sich nicht mehr rückgängig machen, aber seien Sie versichert: Die Mordserie von Jack the Ripper endet genau jetzt!«

Charlotte konnte kaum glauben, was sie da gerade gehört hatte, und fragte:

»Soll das etwa heißen, dass Sie Ihre Frau bei der Polizei ausliefern und Thommie und mich gehen lassen?«

John Williams schaute erst zu seiner Frau, dann zu Thommie und Charlotte. »Ich fürchte, das kann ich nicht. Ich kann nicht zulassen, dass der Name Williams und all das, was ich mir über die Jahre aufgebaut habe, durch das irrationale Handeln meiner Frau zerstört wird. Nein, Miss Foster, Sie und Ihr junger Begleiter werden leider keine Gelegenheit mehr haben, der Welt von Ihrer Entdeckung zu erzählen!«

Mit diesen Worten entsicherte der Doktor das Jagdgewehr und trat einen weiteren Schritt auf Charlotte und Thommie zu, die sich in der Zwischenzeit hinter Lizzie Williams gestellt hatten. Panisch schaute Charlotte sich um, aber der Dachboden bot keine Deckungsmöglichkeiten. Und zwischen der Treppe nach unten, ihrem einzigen Fluchtweg, und ihnen stand John Williams mit einem entsicherten Gewehr.

»Es ist schade, dass es so enden muss, Miss Foster«, sagte Williams und legte an, »Sie scheinen eine wirklich kluge Frau zu sein.«

Während der Arzt einen weiteren Schritt auf die beiden zumachte, nahm Charlotte Thommies Hand, nickte mit ihrem Kopf unauffällig nach hinten und zischte: »Vertrau mir! Und wenn ich losrenne, dann rennst du mit!«

Dann trat sie kräftig von hinten gegen den Stuhl mit der gefesselten Lizzie Williams, die kreischend nach vorne fiel. Ihr Ehemann John ließ überrascht sein Gewehr sinken. Diesen Augenblick nutzte Charlotte und rannte los, mit Thommie an der Hand. Es war nur ein kleiner Sprung, denn das mit Papier verklebte Fenster des Dachbodens reichte bis fast zum Boden. Gemeinsam krachten sie durch das Glas und landeten mit einem lauten Platschen in dem Zierteich vor dem Haus.

Zum Glück war das Wasser tief genug, um ihren Sprung aus dem zweiten Stock aufzufangen. Fast zeitgleich tauchten Thommie und Charlotte aus dem eiskalten Wasser auf, um sich gleich wieder zu ducken, weil kurz hintereinander zwei Schüsse durch die Nacht peitschten. Schnell zog Charlotte Thommie zum Rand des Teiches. »Los, wir müssen hier weg!«

Sie kannte diese Art von Gewehren von den Jagdausflügen mit ihrem Vater und wusste, dass Williams nach zwei Schüssen nachladen musste. Das war ihre Chance zur Flucht, und Charlotte war entschlossen, diese kurze Zeitspanne zu nutzen. Die beiden erreichten das Ufer, sprangen aus dem Wasser und rannten im Zickzack über den gepflegten Rasen auf die Mauer des Grundstücks zu. Hinter sich hörte Charlotte ein Jaulen, bei dem sie nicht wusste, ob es aus der Kehle von Dr. Williams oder der seiner Frau stammte.

Als der dritte und vierte Schuss knallten, waren Charlotte und Thommie schon fast über die Mauer. Die Reporterin sah direkt neben sich kleine Gesteinsbrocken hochfliegen. Das war knapp. Nur einen Augenblick später hatten die beiden es über die Mauer geschafft und rannten in die Dunkelheit. Sie rannten und rannten und stoppten erst, als sie sicher waren, dass weder Williams noch seine Frau ihnen gefolgt waren.

Dienstag, der 13. November 1888 – Charlotte

Charlotte hätte nicht gedacht, dass sie so schnell wieder in Abberlines Büro landen würde, aber das Leben ging manchmal seltsame Wege. Noch in der Nacht hatten Thommie und sie die nächste Polizeistation aufgesucht und ihre Aussagen gemacht. Aber egal, wie oft und vehement Charlotte und ihr Begleiter ihre Geschichte wiederholten, die Polizisten schienen ihnen nicht zu glauben. Nach einer sehr kurzen Nacht hatten sie deshalb beschlossen, sich direkt an den Inspector zu wenden. Jetzt saß sie neben Thommie vor Abberlines Schreibtisch und wartete auf eine Standpauke.

Doch der Inspector hörte sich zunächst sehr gefasst an, was die beiden zu erzählen hatten, und schwieg dann lange, bis er sagte: »Zu ihrem Alleingang werde ich mir jetzt jeden Kommentar ersparen, Sie wissen sicherlich, dass ich Ihnen das auf keinen Fall durchgehen lassen kann. Allerdings gibt es da noch ein anderes Problem: Dr. Williams hat uns die Geschichte ganz anders erzählt.«

Charlotte runzelte die Stirn, sie hatte eigentlich fest damit gerechnet, dass der Doktor und seine Frau längst verhaftet worden wären. »Was genau meinen Sie damit, Inspector?«

Abberline lehnte sich in seinem Bürostuhl zurück und seufzte. »Er hat den Kollegen erzählt, dass er gestern spätabends nach seinem Vortrag nach Hause gekommen ist und Sie beide dabei erwischt hat, wie Sie seine Frau auf dem Dachboden gefesselt und bedroht haben. Zu seiner Selbstverteidigung hat er sich dann ein Jagdgewehr aus seiner Bibliothek gegriffen, woraufhin Sie beide durch das Dachfenster geflohen sind.«

Fast hätte Charlotte gelacht. »Wie bitte? Das ist natürlich gelogen! Seine Frau hat UNS bedroht, und sie hat uns gegenüber sogar zugegeben, für die Ripper-Morde verantwortlich zu sein! Lizzie Williams ist komplett verrückt geworden, hat fünf Frauen ermordet, und ihr Ehemann tut alles, um das zu verschleiern! Herr Inspector, Sie haben das Haus doch sicherlich durchsuchen lassen, da lagen überall Beweise! Die Akten aus der Abtreibungsklinik, der blutige Mantel, die Stiefel mit den fehlenden Knöpfen – damit kriegen wir Lizzie Williams dran!«

Der Inspector schüttelte den Kopf. »WIR tun da überhaupt nichts – das ist eine polizeiliche Ermittlung. Und wie Sie sich vorstellen können, kann ich nicht einfach mit ein paar Männern in das Privathaus eines der angesehensten Männer der Londoner Gesellschaft stürmen. Dafür muss ich mir die Erlaubnis von ganz oben holen, und das dauert seine Zeit. Allerdings kann ich sagen, dass wir vor einer Stunde die Erlaubnis für eine Durchsuchung bekommen und diese mit einem kleinen Team möglichst diskret durchgeführt haben …«

Charlotte wusste schon, was der Inspector sagen würde. »Lassen Sie mich raten, Sie haben absolut nichts gefunden, das Dr. John Williams oder seine Ehefrau mit den Morden in Verbindung bringt?«

Abberline nickte. »Korrekt. Mrs Williams haben wir bisher noch nicht befragen können. Laut ihrem Ehemann leidet sie schon länger unter einer Nervenkrankheit, und die Ereignisse des gestrigen Abends haben ihr so zugesetzt, dass sich ihr Zustand rapide verschlechtert hat. Nach Angaben von Dr. Williams ist seine Frau aktuell nicht mehr ansprechbar, er hat sie deshalb in ein Sanatorium einweisen lassen. Dort wird sie bis auf Weiteres verbleiben, wahrscheinlich wird sie nie wieder richtig gesund.«

»Na, das ist aber ein Zufall!«, schnaubte Charlotte. »Der feine Herr Doktor hat die Zeit genutzt, um alle Beweise verschwinden zu lassen und die Täterin aus der Schusslinie zu nehmen. Aber er hat vergessen, dass seine Frau mir einen Brief geschickt hat, in dem sie selbst verschlüsselt zugegeben hat, dass sie hinter den Morden steckt!«

Der Inspector knetete nervös seine Hände und verzog das Gesicht. »Sie sprechen sicherlich von dem Zettel, den Sie heute Nacht bei meinen Kollegen in der Polizeistation abgegeben haben? Der ist leider komplett wertlos für uns. Er ist so nass geworden, dass man keinen einzigen Buchstaben mehr erkennen kann, auch das Papier hat sich mehr oder weniger aufgelöst und ist eigentlich nur noch ein Haufen Matsch.«

Charlotte holte tief Luft, doch bevor sie etwas sagen konnte, sprach Abberline weiter: »Miss Foster, mehr können wir leider wirklich nicht tun. Gerade eben ist ein Schreiben aus dem Palast eingetroffen, Ihre Majestät persönlich wünscht, dass wir weitere Nachforschungen über ihren Leibarzt Dr. Williams mit sofortiger Wirkung einstellen und dass die haltlosen Anschuldigungen gegen ihn und seine Frau unverzüglich aufhören. Und wenn Sie mir die Bemerkung erlauben: Die Vorstellung, dass Jack the Ripper eine Frau sein soll, klingt für die meisten Menschen ziemlich lächerlich. Vor allem, wenn es wie in diesem Fall keinerlei handfeste Beweise dafür gibt.«

»Aber wir waren doch dabei, Herr Inspector!«, warf Thommie ein. »Wir haben doch selber gesehen, dass die Alte völlig durchgeknallt is! Ich wollte mich gestern Morgen nur mal bei den Williams umgucken, und diese Lizzie hat mir von hinten eine verpasst, gucken Sie doch mal meine Beule!«

Abberline räusperte sich, dann flüsterte er fast: »Ich werde das niemals öffentlich sagen, aber ich glaube Ihnen! Leider sind wir hier machtlos. Da sind Leute am Werk, die deutlich mehr Macht und Einfluss haben als wir drei zusammen. Soweit ich weiß, hat Dr. Williams sich bereits mit Ihrem Arbeitgeber in Verbindung gesetzt und mit einer saftigen Klage gedroht, sollte die New York Tribune ihn oder seine Ehefrau beschuldigen, irgendetwas mit den Morden zu tun zu haben. Dieser Mann hat wirklich an alles gedacht.«

Am liebsten wäre Charlotte aufgesprungen und hätte das gesamte Büro des Inspectors zu Kleinholz verarbeitet, so wütend war sie. »Holy Crap, das darf doch nicht wahr sein! Also kommt Lizzie Williams einfach so davon, obwohl sie sieben Leben ausgelöscht hat?«

Der Inspector ignorierte ihren wenig damenhaften Fluch, nickte und sagte: »Ich fürchte, genau so ist es. Aber falls es Sie tröstet: Lizzie Williams wird das Sanatorium mit ziemlich großer Wahrscheinlichkeit für den Rest ihres Lebens nicht mehr verlassen, damit dürfte die Mordserie von Jack the Ripper gestoppt sein. Dafür sind alle Bewohner dieser Stadt und natürlich auch ich Ihnen beiden zu großem Dank verpflichtet. Aber erwarten Sie jetzt bitte keinen Orden der Queen dafür.«

Charlotte stand auf und schüttelte Abberline die Hand. »Ich denke, dann sind wir hier fertig. Es tut mir leid, dass ich Ihnen so viel Ärger bereitet habe, Inspector Abberline. Hoffentlich sehen wir uns das nächste Mal unter etwas freundlicheren Umständen wieder.«

Sie verabschiedeten sich von dem Inspector, und als Thommie und Charlotte draußen auf den Stufen vor der Polizeizentrale standen, schaute er sie mit großen Augen an. »Das war's jetzt also, Miss Charlotte? Wir geben auf?«

Die Reporterin nickte langsam. »Ja, wir geben auf. Wahrscheinlich wird uns sowieso niemand glauben. Aber wir haben den Ripper gestoppt, und darauf kommt es an.« Kaum hatte sie diesen Satz ausgesprochen, merkte sie, dass sich diese Entscheidung gar nicht so schlecht anfühlte, wie sie gedacht hatte. Charlotte Foster knuffte Thommie liebevoll in die Seite und lächelte.

Herzlichen Glückwunsch! Auch wenn es in diesem Buch kein »richtig« oder »falsch« gibt, bist du mit dieser Entscheidung einem Happy End am nächsten gekommen. Außerdem hast du dich für die Lösung entschieden die ich persönlich am plausibelsten finde. Für dieses Buch habe ich mich knapp zwei Jahre mit diesem Fall beschäftigt und habe mir immer wieder eine Frage gestellt: Warum ist es auch nach fast 140 Jahren nie gelungen, Jack the Ripper zu identifizieren?

Vielleicht weil es nie einen Jack gab.

Im Jahr 1888 war von Anfang an klar, dass der Mörder ein Mann sein MUSS. Natürlich erfordert es eine gewisse Kraft, einen Menschen zu töten, aber einen Schnitt durch die Kehle kann eine kräftige Frau genauso gut durchführen wie ein Mann. Vor allem werden ihre Opfer sicher nicht mit einer Attacke gerechnet haben, eben weil sie einer an-

deren Frau gegenüberstanden. Das würde erklären, warum von keinem der fünf Opfer (mit Ausnahme vielleicht von Elizabeth Stride) laute Rufe nach Hilfe belegt sind. Die Frauen haben die Gefahr nicht kommen sehen. Und nach der Tat hätte sich eine Frau sicherlich unauffällig vom Tatort entfernen können, selbst zu einem Zeitpunkt der Mordserie, als Whitechapel voller Polizisten in Zivil war.

Eine Frau als Täterin könnte außerdem erklären, warum die Opfer vor ihrem Tod nicht sexuell missbraucht, ihnen aber in mehreren Fällen die Gebärmutter entfernt wurde. Und es gibt noch mehr Hinweise, die auf eine »Jane the Ripper« hindeuten: Im Kamin von Mary Jane Kelly wurden tatsächlich Reste von verbrannter Frauenkleidung gefunden, und auch die drei abgerissenen Knöpfe eines Frauenstiefels neben der Leiche von Catherine Eddowes entspringen nicht meiner Fantasie, sondern den damaligen Polizeiberichten. Im Mai 2006 untersucht außerdem ein australischer Wissenschaftler mehrere Briefe, die dem Ripper zugeordnet werden und stellt bei einer DNA-Analyse der Speichelreste an den Briefmarken fest, dass die Briefe wahrscheinlich von einer Frau verschickt worden sind. Eine der größten Fragen im Ripper-Fall bleibt bis heute, warum die Morde nach dem Tod von Mary Jane Kelly so abrupt endeten. Wenn Lizzie Williams tatsächlich der Ripper war, gibt es dafür eine einfache Erklärung: Kurz nach dem Mord an der Geliebten ihres Mannes soll Lizzie einen Nervenzusammenbruch erlitten und laut mehrerer Quellen psychiatrisch behandelt worden sein. Natürlich ist ein weiblicher Ripper nur eine von sehr vielen möglichen Varianten, aber wie ich finde, eine sehr faszinierende.

Wahrscheinlich werden wir das Rätsel um die wahre Identität von Jack the Ripper wohl nie lösen, aber genau das macht diesen Fall für uns alle ja auch so spannend.

Danke fürs Miträtseln!
Dein Philipp

Aaron Kosminski

Montag, der 12. November 1888 – Charlotte

Mit allem hätte Charlotte in der winzigen Wohnung der Kosminskis in der Greenfield Street gerechnet, aber nicht mit Tränen. Die verhärmte, dunkelhaarige Frau, die sie als Aarons Schwester Matilda kennengelernt hatte, war so aufgelöst, dass die Reporterin Schwierigkeiten hatte, ihr überhaupt einen zusammenhängenden Satz zu entlocken. »Mrs Kosminski, was ist denn überhaupt passiert?«

Matildas Haar hing strähnig in ihr Gesicht, und ihr lief der Rotz aus der Nase, als sie schluchzte: »Aaron ist weg, sie haben ihn mitgenommen!«

»Ganz ruhig«, sagte Charlotte und legte der Frau ihre Hand auf den Arm, »ich werde Ihnen helfen, aber dafür müssen Sie mir alles von Anfang an erzählen.«

Matilda Kosminski schnäuzte sich laut in ein verwaschenes Taschentuch und begann zögernd zu sprechen. »Wissen Sie, mein Bruder ist sehr krank, lange schon. Er sieht und hört manchmal Dinge, die gar nicht da sind. Einmal stand er deshalb mit einem Messer vor mir, aber als ich ihn gefragt habe, was er damit tun will, hat er sich schnell wieder beruhigt und das Messer wieder weggelegt.«

Das steckt also hinter dem mysteriösen Messer-Angriff, von dem Mrs Paddington geredet hat, dachte Charlotte, schwieg aber und ließ Matilda reden. Die hatte sich mittlerweile etwas gefangen und fuhr fort: »Manchmal, wenn mein Bruder seine Anfälle hat, verschwindet er für ein paar Tage und irrt durch die Straßen, aber eigentlich taucht er immer wieder auf. Das letzte Mal ist er vor knapp einem Monat abgehauen, das war am 18. Oktober. Sie hatten ja damals auch nach ihm gefragt, aber da wusste ich noch nicht, dass er so lange wegbleiben würde. Meine Brüder und ich haben uns furchtbare Sorgen um ihn gemacht. Am 1. November stand er dann wieder vor unserer Tür, von oben bis unten verdreckt und völlig ausgehungert. Seitdem hat er nur in seinem Bett gelegen und kein Wort gesprochen. Wir haben uns abgewechselt und waren die ganze Zeit an seiner Seite, bis es ihm wieder ein bisschen besser ging.«

Charlotte dachte nach: Wenn Aaron Kosminski tatsächlich seit dem 1. November nur im Bett gelegen hatte, konnte er Mary Jane Kelly nicht getötet haben.

»Ich glaube, das liegt alles an diesen furchtbaren Verdächtigungen«, erzählte Mathilda weiter. »Nachdem Aaron von der Polizei befragt wurde, gab es hier im Viertel kein anderes Thema mehr. Alle denken, dass mein Bruder hinter den Morden steckt. Aaron soll Jack the Ripper sein? Ich bitte Sie! Sie haben doch selbst gesehen, in welchem Zustand er zuletzt war, so wäre doch keine Frau freiwillig mit ihm mitgegangen!«

Charlotte wurde heiß, als sie ihren Irrtum bemerkte. Matilda Kosminski hatte völlig recht: Selbst das verzweifeltste Straßenmädchen würde sich nicht auf einen Mann einlassen, der so ungepflegt war und noch dazu nicht im Geringsten danach aussah, für ein paar schöne Stunden bezahlen zu können. Warum nur hatte sie das übersehen? Sie hätte sich ohrfeigen können, versuchte aber, sich nichts anmerken zu lassen, und fragte: »Und wer hat Ihren Bruder jetzt mitgenommen?«

»Das war dieser Fettsack Wilson mit seiner Bande! Seit Wochen streifen die hier durch die Straßen und spielen sich als Privatpolizei auf. Heute Morgen war der erste Tag, an dem es Aaron ein bisschen besser ging, also hatte ich ihn nach draußen vor die Tür geschickt, damit er ein bisschen frische Luft schnappen kann. Ich habe dann noch mitgekriegt, wie ihn dieser Junge angesprochen hat …«

»Junge, was für ein Junge?«, fragte Charlotte ganz aufgeregt.

»Der sah aus wie ein Straßenjunge, obwohl seine Klamotten ziemlich neu wirkten. Vielleicht zwölf oder 13 Jahre alt, mit blauen oder grauen Augen. Und er hatte eine Zahnlücke. Er und Aaron haben sich kurz unterhalten.«

Das war Thommie, schoss es Charlotte durch den Kopf, und ihre Stimme überschlug sich fast, als sie fragte: »Und was ist dann passiert?«

»Dann sind Arthur Wilson und seine Bürgerwehr aufgetaucht und wollten Aaron mitnehmen. Der Junge ist irgendwie dazwischengegangen, dann hat ihm einer der Männer eine verpasst und ihn auch mitgeschleppt. Ich bin natürlich nach unten gestürmt und habe um Hilfe geschrien, aber mir hat keiner geholfen. Miss Foster, was soll ich denn jetzt machen? Die wollen Aaron bestimmt irgendwas anhängen, dabei hat er doch gar nichts getan!«

Charlotte streckte den Rücken durch. »Keine Sorge, ich werde mich darum kümmern! Wenn ich richtig informiert bin, hat diese Bürgerwehr in der Nähe der Docks eine Art Zentrale, da werde ich als Erstes nachgucken.«

Es war bereits dunkel, als Charlotte eine Stunde später die alte Lagerhalle an den Docks erreichte. Von außen konnte sie sehen, wie Licht aus der Halle durch die größtenteils zerbrochenen Fenster nach draußen fiel. Sie war also am richtigen Ort. Charlotte duckte sich hinter einen Stapel aus Holzfässern und versuchte, mehr zu erkennen. An der Vorderseite der Lagerhalle sah sie ein großes Holztor, vor dem zwei Männer postiert waren, die beide Knüppel in der Hand hielten und offenbar den Eingang bewachen sollten. Also schlich sich die Reporterin vorsichtig um die Halle herum, während sie von drinnen laute Männerstimmen hörte. Auf der Rückseite der Halle fand sie, was sie gesucht hatte: eine rostige Feuertreppe, die zu einer Hintertür im ersten Stock der Halle führte. Weder auf der Treppe noch vor der Tür konnte sie Wachen entdecken. So leise wie möglich stieg Charlotte die Treppe hoch und konnte ihr Glück kaum fassen, als sie bemerkte, dass die Hintertür nicht verschlossen war. Oben fand sie sich auf einer Art Galerie wieder, die von innen einmal um die komplette Lagerhalle führte und von der aus sie einen perfekten Blick auf die bizarre Szene hatte, die sich direkt vor ihren Augen abspielte: Aaron Kosminski und Thommie standen beide am Ende der Halle, die Hände hinter dem Rücken gefesselt und von jeweils zwei grimmig dreinschauenden Muskelmännern bewacht. Vor ihnen war ein aus Kisten zusammengezimmerter hoher Tisch aufgebaut, an dessen Ende Arthur Wilson thronte. Seine Stimme donnerte durch die Halle: »Wir haben uns heute hier versammelt, um ein Urteil im Fall des Rippers zu sprechen und auch zu vollstrecken!«

Die etwa 20 Männer, die sich in der Halle versammelt hatten, jubelten.

Charlotte beugte sich über das Metallgitter der Galerie und versuchte, einen Blick auf Kosminski und Thommie zu erhaschen. Während Aaron Kosminski diese Parodie einer Gerichtsverhandlung mit gesenktem Kopf und halb geschlossenen Augen über sich ergehen ließ, zog und zerrte Thommie an seinen Fesseln, wofür er direkt eine Ohrfeige von dem Muskelmann hinter ihm kassierte. Erst jetzt sah Charlotte, dass Thommie geknebelt war.

Wilson war mittlerweile hinter seinem Tisch aufgestanden und breitete die Arme aus wie ein Prediger vor seiner Gemeinde. »Wenn die Polizei und die Politiker dieser Stadt es seit Monaten nicht schaffen, das Morden zu stoppen, dann müssen wir das Recht eben selbst in die Hand nehmen!«

Wieder jubelte die Menge, einige der Männer rissen ihre Knüppel, Eisenstangen oder rostige Rohre in die Luft, mit denen sie sich bewaffnet hatten.

Arthur Wilson beugte seinen massigen Oberkörper nach vorne und sagte: »Aaron Kosminski, das Gericht von Whitechapel verurteilt dich und deinen kleinen Komplizen wegen des Mordes an fünf Frauen aus unserer Mitte zum Tod durch den Strick! Das Urteil wird auf der Stelle vollstreckt! Den Galgen haben wir freundlicherweise schon mal aufgestellt!«

Mit seinem fleischigen Zeigefinger wies Wilson in eine Ecke hinter sich und lachte dabei polternd, als habe er gerade einen besonders guten Witz gemacht. Erst jetzt bemerkte Charlotte, dass in diesem Teil der Halle zwei Seile von einem Holzträger an der Decke hingen, an deren Enden zwei Schlingen geknotet waren. Ihr wurde eiskalt, als sie realisierte, dass ihr nicht mehr viel Zeit blieb.

Die Menge applaudierte, und Wilson richtete seinen Mehlsack-Körper auf. Mit einem Lächeln im Gesicht fragte er Kosminski: »Irgendwelche letzten Worte?«

Der Angesprochene wiegte den Kopf hin und her und schien längst in seine eigene Welt abgeglitten zu sein, während Thommie neben ihm strampelte und versuchte, an seinem Knebel vorbeizuschreien.

Der selbst ernannte Richter Arthur Wilson rieb sich die groben Hände. »Dann werden wir das Urteil jetzt und hier vollstrecken – im Namen der Bürger von Whitechapel!«

Während die Muskelmänner Kosminski und Thommie in Richtung des improvisierten Galgens schoben, überlegte Charlotte fieberhaft, wie sie die beiden retten könnte. Ihr war klar, dass sie keine Chance hatte, sich durch die 20 Männer bis zum Galgen vorzukämpfen. Also suchte sie nach einer geeigneten Waffe, fand aber auf der Galerie nur mehrere große Ballen mit Baumwolle, die wohl mal zu einer Schiffslieferung gehört hatten und hier vergessen worden waren. Die Ballen waren zu einem fast mannshohen Stapel geschichtet, der direkt neben dem Geländer stand.

Die Menge unten johlte, als Arthur Wilson persönlich Aaron Kosminski und Thommie die Schlingen um den Hals legte. Hinter ihm warteten schon zwei der Muskelmänner darauf, die beiden Seile über den Holzträger ruckartig nach oben zu ziehen und damit das Leben der beiden »Verurteilten« zu beenden.

In diesem Moment kam Charlotte eine Idee: Hastig riss sie ihr Klappmesser aus der Tasche, klappte es auf und zog die Klinge einmal von oben nach unten über die Stoffhülle der übereinandergestapelten Ballen, bis die weiße Baumwolle herausquoll. Mit schwitzigen Händen suchte sie ihr Feuerzeug, ließ es aufschnappen und hielt die kleine Flamme direkt an die Baumwolle aus dem obersten Ballen. Die Wolle begann zu glimmen, aber sie brannte nicht. Verdammt! Fieberhaft suchte sie in ihren Taschen nach etwas, das ihr helfen konnte, das Feuer anzufachen. Ihre schwitzigen Finger ertasten ein Blatt Papier: den Brief des Rippers. Es war ihr nicht gelungen, die geheime Botschaft zu entschlüsseln, trotzdem war das Schreiben natürlich ein wichtiges Beweisstück. Aber Charlotte hatte keine andere Wahl. Sie stopfte den Brief in das Loch in dem Ballen und zündete ihn an. Und tatsächlich: Innerhalb von Sekunden stand erst der Brief und dann der ganze Ballen in Flammen, das Feuer griff bereits auf den Rest des Stapels über. Charlotte holte aus und versetzte dem brennenden Baumwollstapel einen kräftigen Tritt. Die Ballen schwankten, hingen einen Augenblick in der Luft und stürzten dann zwei Stockwerke nach unten in die Halle, direkt in die Menge, die sich vor dem improvisierten Galgen versammelt hatte. Durch den Aufprall auf den Boden platzten die Ballen auf, und die brennenden Baumwollflocken flogen überall durch den Raum. Aus dem Jubel unter Charlotte wurde Panik. Die Männer rannten auseinander, einer von ihnen stand sogar schreiend in

Flammen. Das Feuer breitete sich rasend schnell aus und fand in den Stapeln aus Kisten und altem Holz, das überall in der Halle herumstand, immer mehr Nahrung. Durch den schwarzen Rauch konnte Charlotte sehen, dass auch Arthur Wilson seinen schweren Körper in Bewegung gesetzt hatte und laut brüllend in Richtung des Vordereingangs der Lagerhalle rannte. Thommie und Arthur Kosminski schienen gar nicht zu begreifen, was da um sie herum passierte. Beide standen wie angewurzelt weiter unter dem mittlerweile ebenfalls brennenden Dachbalken, mit den Händen hinter dem Rücken gefesselt und der Schlinge um den Hals.

»Holy Crap!«, brüllte Charlotte, als sie die Treppe nach unten hechtete und dabei immer zwei Stufen auf einmal nahm. Erst als Thommie sie rennen sah, schien das Leben in ihn zurückzukehren, und er zerrte so lange an seinen Fesseln, bis er seine Hände befreien konnte. Nur Augenblicke später war auch Charlotte bei den beiden angekommen und machte sich direkt daran, Kosminskis Handfesseln zu lösen.

Thommie hatte sich in der Zwischenzeit seinen Knebel aus dem Mund gerissen und rief: »Danke, Miss Charlotte, ich dachte, das war's mit mir! Dabei wollte ich heute doch nur …«

»Keine Zeit für Erklärungen«, unterbrach sie ihn, »wir müssen hier raus, bevor die Halle zusammenbricht!«

Der Rauch war mittlerweile so dicht, dass sie kaum weiter als eine Armlänge weit sehen konnte. Hustend kniete sie sich auf den Boden und versuchte, den immer noch völlig lethargischen Aaron Kosminski dazu zu bewegen, dasselbe zu tun. »Wir müssen kriechen! Hier unten ist der Rauch nicht so stark. Gibt es vielleicht einen zweiten Ausgang, Thommie?«

Der Junge nickte. »Ja, da hinten an der Seite, über die Tür haben sie uns hier reingebracht. Ist direkt da vorne hinter dem Kistenstapel!«

Mittlerweile hatten auch die hölzernen Dachbalken der Lagerhalle Feuer gefangen, und immer wieder stürzten brennende Holzteile auf den Boden. Die Flammen waren überall, und Charlotte wusste, dass sie keine Zeit mehr hatten. Zum Glück hatte sich jetzt auch Aaron Kosminski in Bewegung gesetzt und robbte neben Charlotte und Thommie in Richtung Ausgang. Als die Seitentür der Halle schon zum Greifen nah war, musste Charlotte so stark husten, dass sie keine Luft mehr bekam und ihr schwarz vor Augen wurde. Alles drehte sich. Am liebsten wäre sie einfach auf dem Boden liegen geblieben.

Dann aber traf sie ein Schwall frischer Luft wie ein Schlag mitten ins Gesicht. Thommie hatte mit seiner Schulter die Tür aufgestoßen. Mit letzter Kraft rettete Charlotte sich durch die Tür, dann wurde sie ohnmächtig.

Wenige Stunden später saßen Charlotte und Thommie gemeinsam mit Mrs Paddington vor dem Kamin im blitzeblank geputzten Salon ihrer Vermieterin. Zum ersten Mal überhaupt hatte Berta Paddington die beiden in diesen Raum eingeladen, der sonst für ihre Dinnerpartys oder Damenkränzchen reserviert war. Charlotte konnte immer noch nicht glauben, dass sie es lebend aus dieser Flammenhölle geschafft hatten. Als sie aus ihrer Ohnmacht erwacht war, hatte sie in die besorgten Gesichter von Thommie und Aaron Kosminski geschaut, die ihr erzählten, dass die Lagerhalle nur Sekunden nachdem sie sich nach draußen gerettet hatten, in sich zusammengestürzt war. Von den Männern der Bürgerwehr um Arthur Wilson war nichts mehr zu sehen gewesen, wahrscheinlich waren sie in Panik in alle Himmelsrichtungen davongerannt. Trotzdem hatte Charlotte Matilda Kosminski, die ihren Bruder überglücklich in ihre Arme geschlossen hatte, dringend geraten, die Polizei zu rufen und die Männer anzuzeigen.

Danach hatten sich Charlotte und ihr junger Begleiter auf den Heimweg gemacht, immer noch hustend, aber am Leben. Nach einem heißen Bad und einer Tasse Tee mit einem ordentlichen Schuss Bourbon fühlte sich Charlotte so langsam wieder wie ein normaler Mensch. Natürlich war ihr der strenge Blick von Mrs Paddington nicht entgangen, genauso wenig wie die kleine Träne in ihrem Auge, als sie Thommie an ihre Brust gedrückt hatte. Der mümmelte währenddessen an seinem sechsten Sandwich, nachdem er sich immer wieder dafür entschuldigt hatte, allein losgezogen zu sein.

»'tschuldigung, Miss Charlotte und Mrs Berta, ich wollte nich, dass Sie sich Sorgen machen! Aber irgendwie wollte ich helfen bei der Suche nach dem Mörder, und dann habe ich mir gedacht, dass ich Kosminski noch mal unter die Lupe nehme. War eine blöde Idee, aber jetzt glaube ich sowieso nich mehr, dass der es war.«

»Da hast du recht«, sagte Charlotte lächelnd, »Aaron Kosminski können wir ziemlich sicher als Täter ausschließen. Ich ärgere mich immer noch darüber, dass ich da nicht früher drüber nachgedacht habe.«

Thommie sah sie mit seinen großen grauen Augen an und fragte: »Was machen wir denn jetzt, Miss Charlotte?«

Charlotte dachte an den Brief, den sie nun nicht mehr würde entschlüsseln können. Sie atmete tief ein und aus und sagte dann: »Ich glaube, als Nächstes kümmern wir uns darum, dass du hier im Haus ein ordentliches Kinderzimmer bekommst, und dann suchen wir dir einen Platz in einer anständigen Schule.«

Im Salon war es daraufhin ganz still, und Charlotte genoss es, zwei Reaktionen zu beobachten, die unterschiedlicher nicht hätten sein können: Berta Paddington grinste über das ganze Gesicht, und Thommie schaute sie an, als hätte sie völlig den Verstand verloren.

»Aber was ist denn dann mit Ihren Recherchen? Und wer ermittelt jetzt weiter in diesem Fall?«

Der Satz kam aus Charlottes Mund, ohne dass sie wirklich darüber nachdachte: »Das können jetzt andere machen. Es gibt Dinge, die sind viel wichtiger, als in einem Fall zu ermitteln, selbst wenn es der von Jack the Ripper ist.«

Noch während sie den Satz aussprach, schaute Charlotte erst in Thommies und dann in Berta Paddingtons Augen und merkte dabei, dass sie sich einer Sache schon lange nicht mehr so sicher gewesen war.

Für dich ist also Aaron Kosminski der wahrscheinlichste Kandidat für Jack the Ripper. Mit dieser Einschätzung bist du absolut nicht allein, auch einige der damaligen Ermittler haben Kosminski verdächtigt. So soll es zum Beispiel einen Zeugen gegeben haben (wahrscheinlich Israel Schwartz), der Kosminski eindeutig als den Mann identifizierte, den er kurz von dem Mord mit dem späteren Opfer Elizabeth Stride gesehen hatte. Angeblich wollte Schwartz diese Aussage aber nicht offiziell machen, da Kosminski wie er jüdischen Glaubens war. Außerdem soll die Mordserie geendet haben, nachdem Kosminski von seiner Familie in eine geschlossene Anstalt eingewiesen wurde. Allerdings sind die Notizen der damaligen Ermittler, auf denen diese Annahmen beruhen, unvollständig und weisen Widersprüche auf. 2014 tauchte Kosminski wieder als Verdächtiger auf, als ein finnischer Wissenschaftler DNA-Material von einem Schal analysierte, der Catherine Eddowes gehört haben und bei ihrer Leiche gefunden worden sein soll. Diese Genspuren konnte der Wissenschaftler angeblich eindeutig Aaron Kosminski zuordnen. Allerdings ist zweifelhaft, ob der Schal wirklich Catherine Eddowes gehörte, da er in den Tatortbeschreibungen nirgendwo erwähnt wird. Außerdem sind dem Wissenschaftler bei seiner Untersuchung grobe Fehler unterlaufen, die den Abgleich eigentlich unbrauchbar machen. Fakt ist: Kosminski kannte sich in Whitechapel aus, und er hatte schon mal eine Frau mit einem Messer angegriffen (seine Schwester).

Trotzdem bin ich mir nach meinen Recherchen sicher, dass Aaron Kosminski nicht Jack the Ripper gewesen sein kann. Erstens wird Kosminski in den Patientenakten von damals zwar als aufbrausend, meistens jedoch als apathisch und antriebslos beschrieben. Zweitens wurde er, nach allem, was man weiß, erst 1891 in eine Anstalt eingewiesen – warum endete die Mordserie also schon zwei Jahre vorher? Und der dritte und für mich überzeugendste Punkt: Aaron Kosminski wird überall als verwahrloste Gestalt beschrieben, die oft wochenlang auf der Straße lebte. Warum hätten seine Opfer mit ihm irgendwohin gehen sollen?

Deshalb bin ich überzeugt, dass Aaron Kosminski nicht der Ripper gewesen sein kann und viele der Gerüchte über ihn auf dem Antisemitismus der damaligen Zeit basieren. Vielleicht gehst du noch mal zurück zu Seite 305 und versuchst dein Glück bei einem der anderen Verdächtigen?

Viel Erfolg!
Dein Philipp

Prinz Albert Victor & sein Kutscher John Netley

Montag, der 12. November 1888 – Charlotte

Der Empfang in Clarence House ging bereits dem Ende entgegen, zumindest sah Charlotte im Minutentakt Kutschen mit diamantenbehängten Damen und Herren in Paradeuniformen wegfahren. Dieses Mal hatte sie keine Einladung und keinen Termin für ein Interview mitgebracht, der Vordereingang kam also nicht in Frage. Aber es war einfacher als gedacht, in den Garten des weißen, vierstöckigen Herrenhauses zu kommen. Das Baugerüst an der Rückseite des Gartens hatte sie als Zeichen verstanden und stand kurz darauf inmitten gepflegter Blumenbeete. Jetzt musste sie nur noch irgendwie einen Weg zum Prinzen finden, ohne dabei erwischt zu werden.

Plötzlich hörte sie hinter sich lautes Geschrei: »Hey, sofort raus da!«

Hastig drückte sie sich hinter den breiten Stamm einer alten Eiche, doch die Schreie wurden lauter. »Du kommst jetzt auf der Stelle zurück!«

Hastig sah Charlotte sich um: Ihr Fluchtweg, die Gartenmauer, war nur fünf Yards von ihr entfernt und gleichzeitig unerreichbar. Das Baugerüst, über das sie in den Garten geklettert war, stand nur an der Außenseite der Mauer, von der Gartenseite aus bestand sie aus acht Fuß hohem, glattem Stein. Zwar war Charlotte eine ganz passable Kletterin, aber so gut dann doch nicht.

Vielleicht sollte sie einfach aus ihrem Versteck kommen, mit erhobenen Händen und behaupten, sie habe sich verlaufen? Sie bemerkte, dass ihre Hände, die sich in die Rinde des Baumes krallten, schweißnass waren.

Warum hatte sie sich nicht wenigstens die Spur eines Plans überlegt, bevor sie in die Residenz des britischen Thronfolgers eingebrochen war? Andererseits: Was sollte ihr hier auf einem Empfang mitten in Westminster schon passieren? Da konnte sie genauso gut in die Offensive geben.

Gerade wollte Charlotte sich aus ihrer Deckung hinter dem Baumstamm wagen, da flitzte laut kläffend ein braunes Fellbündel an ihr vorbei. Ein Hund? »Da bist du ja endlich, du Drecksköter! Wenn du noch einmal in die Blumenbeete gehst, hole ich die Reitpeitsche!«

Erst jetzt wagte es Charlotte, vorsichtig hinter der Eiche hervorzuschauen. Es war tatsächlich der Kutscher John Netley, der den kleinen braunen Hund laut fluchend am Halsband in Richtung Herrenhaus zog. Und sie sah noch etwas:

Prinz Albert Victor stand weit abseits der Abendgesellschaft in dem weitläufigen Garten und rauchte eine Zigarette. Allein.

Das war Charlottes Chance, jetzt oder nie. Sie raffte ihr Kleid und lief über den penibel gestutzten Rasen in Richtung des Prinzen.

»Eure Hoheit? Auf ein Wort!«

Der Prinz, der eine dunkelblaue Marineuniform trug, drehte sich zu ihr um. Für einen kurzen Augenblick konnte Charlotte die Überraschung in seinen hellblauen Augen sehen, dann hatte er sich wieder gefangen und seine royale Fassade aufgesetzt. »Miss Foster, das ist eine Überraschung! Ich kann mich nicht daran erinnern, Sie zu diesem Empfang eingeladen zu haben. Hat Ihr Chef Ihnen nicht mitgeteilt, dass ich nicht mehr für Interviews zur Verfügung stehe?«

»Lassen wir den Blödsinn«, unterbrach ihn Charlotte, »und reden wir Klartext: Ich weiß, was Sie getan haben. An Ihren Händen klebt das Blut unschuldiger Menschen!«

Der Prinz runzelte die Stirn. »Sie glauben also wirklich, ich hätte irgendetwas mit diesen ekelhaften Morden im East End zu tun? Ich denke, Sie haben sich da in etwas verrannt.«

Charlotte verschränkte die Arme und schaute Albert Victor direkt an.

»Wenn ich so falschliege, warum hat Ihr Kutscher dann versucht, mich und meinen Assistenten umzubringen? Ich weiß, dass Sie die Angewohnheit haben, sich heimlich im East End zu vergnügen, wahrscheinlich sind Ihnen die Frauen dabei in die Quere gekommen? Vielleicht haben sie etwas gesehen, dass sie nicht hätten sehen dürfen? Was würde die Öffentlichkeit sagen, wenn herauskäme, dass Sie sich mit Prostituierten treffen?«

Der Prinz schaute die Reporterin schweigend und ohne eine erkennbare Regung im Gesicht an, also redete sie einfach weiter. »Es war der Tod von Mary Jane Kelly, der mich noch mal zum Nachdenken gebracht hat. Sie war noch viel übler zugerichtet als die anderen vier Opfer vor ihr. Vielleicht, weil der Mörder eine besondere Verbindung zu ihr hatte? Ich habe herausgefunden, dass Mary Jane sich neben ihrer Beziehung zu ihrem Freund Joseph Barnett mit einem anderen Mann getroffen hat, den sie Joe nannte. Aber Joe ist nicht sein richtiger Name, oder? Der Mann, mit dem Mary Jane Kelly eine heimliche Affäre hatte, sind Sie!«

Zum allerersten Mal in diesem Gespräch hatte Charlotte das Gefühl, im Gesicht des Thronfolgers eine Regung erkennen zu können. Bei der Erwähnung des Namens Mary Jane Kelly hatte es in seinen Augen aufgeblitzt. Sie war unglaublich wütend, aber auch sicher, auf der richtigen Spur zu sein.

Deutlich lauter fügte Charlotte hinzu: »Wahrscheinlich ist mein Assistent Thommie auf dieselbe Idee gekommen wie ich, und Sie haben ihn deshalb kaltgestellt. Wir können das hier alles zivilisiert besprechen, aber sagen Sie mir sofort, wo der Junge ist!«

Als der Prinz anfing zu sprechen, war plötzlich alle Höflichkeit aus seiner Stimme verschwunden. »Dieses Mal sind Sie zu weit gegangen, Miss Foster. Bei unserem ersten Treffen fand ich Ihr kleines Detektivspielchen noch ganz amüsant, aber damit ist es jetzt vorbei. Ich werde nicht zulassen, dass Sie mich oder meine Familie mit diesen haltlosen Anschuldigungen in Verbindung bringen. Das alles endet genau jetzt.«

Wie aufs Stichwort spürte Charlotte, wie von hinten zwei Hände nach ihr griffen und ihre Arme wie Schraubstöcke auf ihren Rücken drückten. Noch bevor sie sich umdrehen konnte, hörte sie bereits die kalte Stimme von John Netley. »Ich werde Sie jetzt nach draußen begleiten, Miss Foster. Machen Sie keinen Ärger, sonst werde ich dafür sorgen, dass Sie nie wieder Ärger machen können.«

Charlotte wehrte sich nicht, sie wusste, dass es keinen Sinn mehr hatte.

Mittwoch, der 14. November 1888 – Charlotte

Die Tränen in Charlottes Augen kamen nicht nur vom schneidend kalten Seewind. Sie stand auf dem Oberdeck der *City of New York*, die sie innerhalb von neun Tagen von Liverpool zurück nach New York bringen würde, und schaute aufs Meer. In ihrer Hand hielt sie den Brief des Rippers, den sie am Abend von Thommies Verschwinden erhalten hatte. Es war ihr nicht gelungen, das Rätsel zu lösen, dafür war ihr komplettes Leben innerhalb eines einzigen Tages in ihren Händen auseinandergefallen: Nach ihrer missglückten Konfrontation mit dem Prinzen im Garten von Clarence House hatte sie der Kutscher John Netley direkt bei Scotland Yard abgeliefert. Zwar war es nicht das erste Mal gewesen, dass sie dort mit Abberline aneinandergeraten war, aber so hatte sie den Inspector noch nie gesehen: Er hatte sie mit offenem Mund angestarrt und dann still den Kopf geschüttelt. Fast schon im Vorbeigehen hatte Abberline ihr dann mitgeteilt, dass sowohl der Prinz als auch John Netley für jeden der fünf Morde ein felsenfestes Alibi vorweisen konnten und ihr deshalb eine Anklage wegen Verleumdung drohte.

»Und selbst wenn Netley derjenige war, der sie mit seiner Kutsche verfolgt hat«, hatte der Inspector hinzugefügt, »bedeutet das noch lange nicht, dass er oder Seine Königliche Hoheit irgendetwas mit den Morden zu tun hätten. Sie haben sich da komplett verrannt. Warum zum Teufel haben Sie nicht auf mich gehört? Ich hatte wirklich gehofft, dass ich Ihnen vertrauen kann.«

Diesen letzten Satz hatte er ganz leise gesagt, fast schon flüsternd, und hatte Charlotte damit mehr getroffen als mit jedem Wutanfall.

Als die Reporterin wenig später zu Hause bei Mrs Paddington eingetroffen war, hatte sie gleich zwei Schreiben auf ihrem Schreibtisch entdeckt: Das erste war ein Telegramm von ihrem Chefredakteur William Raymond, in dem er ihr in knappen Worten mitteilte, dass sie mit sofortiger Wirkung gefeuert war.

Obwohl Charlotte damit gerechnet hatte, schmerzte sie diese Kündigung sehr. Sie war immer stolz auf ihren Beruf als Reporterin gewesen, und natürlich war das für sie viel mehr als nur ein Job.

Doch es kam noch schlimmer: Das zweite Schreiben war eine offizielle Aufforderung des britischen Innenministeriums gewesen, innerhalb von 24 Stunden das Land zu verlassen. Immerhin hatte man ihr bereits eine Kabine auf der *City of New York* reserviert.

Es war Charlotte unglaublich schwergefallen, ihrer Vermieterin Mrs Paddington davon zu erzählen, überhaupt darüber zu sprechen. Dann hatten sich die beiden Frauen lange in den Armen gelegen. Charlotte hatte nur wenige Stunden zum Packen gehabt. Kaum hatte sie ihre Remington-Schreibmaschine zwischen die Kleidung in ihren Schrankkoffer gequetscht, standen auch schon zwei Beamte des Innenministeriums vor der Tür, um sicherzustellen, dass sie ihren Schiffstransfer nicht verpasste.

Jetzt stand Charlotte an der Reling des riesigen Linienschiffes, das erst seit einem halben Jahr in Betrieb war, und weinte, wie sie noch nie in ihrem Leben geweint hatte. Es war vor allem die Wut, die Charlotte die Tränen in die Augen trieb: Wut über ihre eigene Dummheit, Wut darüber, dass sie nicht auf Abberline gehört hatte, und Wut darüber, dass sie es nicht geschafft hatte, ihre selbst gewählte Mission zu Ende zu bringen.

Der Seewind zerrte an dem Zettel in ihrer Hand, und Charlotte ließ das Papier los. Was hatte es noch für einen Sinn, sich an diesem Brief festzuhalten?

Sie hatte verloren.

Bei ihrer Verabschiedung hatte Berta Paddington sie mit ihren traurigen Bernhardiner-Augen angeschaut und gefragt: »Was ist denn jetzt mit dem Ripper-Fall? Und vor allem: Was ist mit Thommie? Irgendjemand muss doch etwas tun!«

»Ich weiß es nicht«, hatte die Reporterin geantwortet.

Und leider sollte Charlotte Foster auf beide Fragen nie eine Antwort bekommen.

Du bist also überzeugt davon, dass Prinz Albert Victor und der Kutscher John Netley hinter den Ripper-Morden stecken müssen? Diese Meinung teilen einige. Schon 1895 erscheinen in den USA erste Zeitungsartikel, die von einer mysteriösen »royalen Verschwörung« berichten, die angeblich hinter den Ripper-Morden stecken soll. In den Artikeln ist die Rede von einem irren Arzt, der die Morde begangen hat. Seine Identität würde aber von den Behörden verschleiert, weil der Doktor beste Verbindungen ins Königshaus habe. Diese Theorie taucht dann in den 70er Jahren des 20. Jahrhunderts in mehreren Büchern wieder auf und wird zum Beispiel auch im Hollywood-Film »From Hell« mit Jonny Depp als Inspector Ab-

berline aufgegriffen: Dort heißt der Täter Sir William Gull und ist der Leibarzt der königlichen Familie. Seine Morde sollen vertuschen, dass der Thronfolger Prinz Albert Victor eine uneheliche Tochter mit einer Frau aus dem East End namens Annie Crook hat. Die späteren Opfer sollen den Prinzen mit dieser Tatsache erpresst haben und mussten deshalb sterben. Bei seinen Taten soll William Gull Hilfe von dem Kutscher John Netley gehabt haben. Für Gull als Mörder gibt es aber aus meiner Sicht keine Hinweise, vor allem wenn man bedenkt, dass William Gull zum Zeitpunkt der Morde 71 Jahre alt war und mit den Folgen eines Schlaganfalls kämpfte und deshalb schon körperlich gar nicht in der Lage war, die Taten zu begehen.

Aber es gibt auch immer wieder Experten, die behaupten, dass Prinz Albert Victor persönlich hinter den Morden steckt. Sie führen an, dass der Prinz an Syphilis erkrankt und deshalb wahnsinnig geworden war. Zwar könnte es durchaus sein, dass Albert Victor wirklich an dieser Geschlechtskrankheit litt, wäre die Syphilis aber schon 1888 so weit bei ihm fortgeschritten gewesen, dass sie zu Wahnvorstellungen geführt hätte, hätte er nicht noch vier weitere Jahre bis zu seinem Tod 1892 gelebt. Und es gibt noch einen viel einfacheren Grund, warum Prinz Albert Victor nicht Jack the Ripper gewesen sein kann: Der Prinz war bei allen fünf Morden nachweislich nicht in der Stadt, das beweisen Zeitungsartikel, Tagebucheinträge und dutzende Zeugenaussagen.

Die Idee, dass hinter den Morden von Jack the Ripper eine groß angelegte Verschwörung steht, die bis in die allerhöchsten Kreise der Gesellschaft reicht, finde ich selbst total spannend. Aber sie ist sehr wahrscheinlich eben doch einfach nur ein Produkt der Fantasie.

Vielleicht hast du ja noch eine Vermutung, wer der Ripper sein könnte? Dann geh zurück zu Seite 305 und versuch dein Glück noch mal.

Viel Spaß!
Dein Philipp

Lösungen

Lösung Rätsel 1:
Der Mord in der Sackgasse

Welcher der drei Stadtstreicher hat den Mord begangen?

Warum sollte man jemanden niederschlagen, ihm seine zerlumpten Schuhe ausziehen und diese dann in den Müll werfen? Das klingt nicht besonders sinnvoll. Abberline fand jedoch schnell eine naheliegendere Erklärung: Die Schuhe im Müll waren nicht die des Opfers, sondern die des Täters! Der Täter hatte die geraubten Schuhe sofort in Windeseile angezogen und seine alten weggeworfen.

Die Spur Größe 10, die zum Tatort hinführte, war nicht die des Opfers, sondern die des Täters in seinen alten Schuhen!

Wer war der Täter? Der, der jetzt die Schuhe des Opfers trug! Und das waren mit ziemlicher Sicherheit die der Größe 11, denn ein Mann mit Größe 10 könnte seine Füße wohl kaum in Schuhe der Größe 6,5 oder kleiner hineinquetschen. Der Täter war also Pinky.

Natürlich wäre es theoretisch möglich, dass ihm auch die Schuhe, die er vorher trug (Größe 10), schon deutlich zu groß gewesen waren – aber für Schuhe, die ihm noch schlechter passen, hätte er wohl kaum einen Mord begangen. Außerdem hatte Abberline am Tatort deutlich gesehen, dass das Opfer große Füße hatte.

Der Inspector bewies seine Theorie, indem er befahl, allen Verdächtigen die Schuhe auszuziehen und die echten Schuhgrößen zu vermessen, inklusive der des Opfers.

Lösung Rätsel 2:
Durchschaut

Wie hat Charlotte herausgefunden, dass Abberline sie belogen und gar nicht persönlich mit William Nichols gesprochen hat?

Charlotte hat Abberline mit einer kleinen Finte entlarvt. Als sie ihm gegenüber erwähnte, dass ihr bei Polly Nichols' Mann seine »Hände eines Chirurgen« aufgefallen seien, war das eine bewusst platzierte Fehlinformation. Bei ihrem vorangegangenen Gespräch mit dem Verdächtigen hatte Charlotte registriert, dass der Mann auffällig große »Pranken« besitzt. Hätte Abberline persönlich mit William Nichols gesprochen, wären ihm diese Hände mit Sicherheit ebenfalls aufgefallen und er hätte irritiert auf Charlottes Behauptung reagiert.

Lösung Rätsel 3:
Der Schlüssel zum Hof

Behältst auch du in diesem Chaos den Überblick? Wo ist der Schlüssel zum Hinterhof versteckt?

Charlotte hat aufmerksam zugehört. Sie hat nicht nur registriert, dass es ein Ort sein musste, der dem Constable kalte Hände bescherte, sondern sie hatte auch ein leises Platschen vernommen, als der Schlüssel zurück in sein Versteck »gelegt« wurde.

Ihre Vermutung war, dass der Schlüssel am Grund der halb mit Wasser gefüllten Regentonne liegen würde, und sie behielt recht.

Lösung Rätsel 4:
Der geheimnisvolle Treffpunkt

Wo will Eddy sich mit Mary Jane treffen?

Die Formulierung »am Ende der Häuserzeilen« hatte Mary Jane stutzig gemacht. Das klang kryptisch, nicht wie eine nützliche Ortsbeschreibung. Und warum der Plural? Diese grammatikalische Unkorrektheit war sicher kein Zufall, sondern ein Hinweis auf die Codierung der Botschaft.

Nimmt man von jedem Eintrag den jeweils letzten Buchstaben der *Zeile* (und verdoppelt ihn da, wo »2x« angegeben ist), dann ergibt sich das Lösungswort »Ellington Inn«. Dies muss der Treffpunkt sein – dem Namen nach offenbar eine Pension oder ein Hotel in Whitechapel. Bei »Stand mit der Nummer 14« handelt es sich vermutlich um die Zimmernummer, bei »Lieferung heute um 19 Uhr« offenbar um den Zeitpunkt des Treffens.

Lösung Rätsel 5:
Entführt

Wo befindet sich das Haus, in dem Dora Ferguson festgehalten wurde?

Nach der Aussage von Dora Ferguson befand sich das Haus an einer langen Verkehrsstraße und gegenüber einer Kirche.

Die Kirchen St. Botolph's, St. Katherine, Christ Church und English Martyrs Church liegen an größeren Straßen und kommen daher in Frage.

Den Angaben zur Morgensonne nach zu urteilen, muss die Front des Hauses nach Osten zeigen. Genau dort gegenüber, auf der anderen Straßenseite, steht nach der Aussage von Dora Ferguson eine Kirche. Nur die Christ Church liegt an der östlichen Seite einer Nord-Süd-Straße, der Commercial Street.

Und auch der Rest ihrer Geschichte passt: Dora Ferguson gab an, nach rechts gelaufen zu sein, also Richtung Süden. Nachdem sie einmal rechts abgebogen war, kam sie irgendwann auf einen Markt. Das muss der Petticoat Lane Market gewesen sein.

Das Haus befindet sich also gegenüber der Christ Church auf der Commercial Street.

Lösung Rätsel 6: Die Gästeliste

Welche beiden Gäste waren in dieser Nacht im Hof?

Der, dem zum Geburtstag gratuliert wurde, muss Thomas Jeffers sein. Er hat laut Gästeliste als Einziger heute Geburtstag.

Laut Aussage der Wirtin Mrs Wilkins kamen die beiden Männer aus Manchester, daher muss es sich um Engländer handeln. Der Deutsche, die Franzosen und der Niederländer scheiden damit also aus.

Wie Minerva Wilkins gesagt hat, sind zwei der Gäste alte Leute, die so gebrechlich sind, dass sie ihr Zimmer kaum verlassen können – diese wären wohl kaum in der Lage, die steile Treppe von der Haustür zur Berner Street in der Dunkelheit alleine heruntérzusteigen, geschweige denn, tanzen zu gehen. Damit kann sie nur Jim Watson und Anthony Kent gemeint haben, denn die beiden sind deutlich älter als die anderen Gäste. Also scheiden auch sie aus.

Da einer der beiden Männer der Aussage der Wirtin nach die Haustür aufgeschlossen haben muss, Thomas Jeffers aber keinen Schlüssel hat, bleibt nur Gregory Steward, denn dieser ist der einzige junge Engländer mit einem eigenen Schlüssel.

Es müssen also Thomas Jeffers und Gregory Steward gewesen sein.

Lösung Rätsel 7: Das Zahlenschloss

Wie lautet der Code zum Öffnen des Zahlenschlosses?

»Verdoppelt man die zweite Zahl zweimal, erhält man die letzte Zahl.«

→ Die zweite Ziffer kann nur die 1 oder die 2 sein, alles andere führt zu Ergebnissen, die zweistellig sind. Die letzte Ziffer kann also nur eine 4 oder eine 8 sein.

»Die dritte Zahl ist das Doppelte von der letzten Zahl.«

→ Das wiederum bedeutet, dass die letzte Ziffer NICHT die 8 sein kann. Es kann nur die 4 sein. Die dritte ist dann folglich die 8 und die zweite Ziffer die 1.

»Die Summe aller Ziffern ist 20.«

→ Die noch fehlende erste Ziffer ist demnach die 7.

Der Code lautet also 7184.

Lösung Rätsel 8: Kauderwelsch

Was hat der Inspector herausgefunden?

Bei dem Brief handelt es sich um eine codierte Nachricht. Die Decodierung findet sich in dem Satz, den der Straßenjunge ausrichten sollte.

Die Anweisung ist wiederum selbst codiert, und zwar durch Reime: Das »fitte Wort« steht für das »dritte Wort«, »breite Feile« steht für »zweite Zeile«. Gesucht ist also das dritte Wort aus jeder zweiten Zeile.

Damit ergeben sich folgende Wortfolgen:

Fädchen singt Zelt Schnur Schrank
Sorgen lieben Kur

Das ist offenkundiger Unsinn. Es lässt sich aber wiederum entschlüsseln. Die Decodierung funktioniert ebenso wie bei der mündlichen Anweisung: Indem man entsprechende Reimwörter findet. Dann lässt sich herauslesen:

Mädchen bringt Geld zur Bank
Morgen sieben Uhr

Hank Harding hatte es gar nicht auf die Mitarbeiterin der Apotheke selbst abgesehen. Es ging ihm vielmehr um Geld – offenbar hatte er herausgefunden, wann sie die Wocheneinnahmen der Apotheke zur Bank bringen würde. Diese Information wollte er in der codierten Botschaft an seinen Komplizen übermitteln. Es handelt sich demnach also mit großer Wahrscheinlichkeit um die Verabredung zu einem

Überfall, bei dem Hank Harding und Jakob Ludwig die Angestellte der Apotheke um die Wocheneinnahmen erleichtern wollten.

Lösung Rätsel 9: Die Kutschfahrt

Welchen Weg hat die Kutsche genommen? Und von welcher Straße reden Charlotte und Abberline? Wo vermuten sie den Stellplatz der Kutsche?

Jeder Polizist hat eine Straße im Viertel, auf der er patrouilliert und die Augen offen hält. Einige von ihnen haben die schwarze Kutsche gesehen.
Nur die in der Liste genannten Straßen wurden überwacht.
Die Polizisten haben ihre Straßen gut im Auge. Wenn eine Kutsche über eine überwachte Straße fährt, und sei es auch nur ein kurzes Stückchen, dann wird sie auch gesehen. Das gilt allerdings nicht, wenn eine überwachte Straße nur überquert wird.

Markiert man die Straßen mit Sichtungen, so ergibt sich folgendes Bild:

Die Kutsche kam am Abend über die Vallance Road in das Viertel und bog dann in die Whitechapel Road ab. In der Nacht tauchte sie in der Aldgate Street wieder auf und verließ das Viertel über die Fenchurch Street, wo sie die Verfolgung von Charlottes Kutsche aufnahm. Das Auffällige, von dem Charlotte und Abberline sprachen, ist die räumliche Lücke zwischen Abend und Nacht – in der Whitechapel High Street wurde die Kutsche NICHT gesichtet!

Da die Straßen Osborn Street, Alie Street, Cannon Street und Leman Street überwacht wurden, aber hier keine Sichtung der Kutsche erfolgte, kann die Kutsche nur den Weg über die Braham Street genommen haben (in der es keine Patrouille gab). Dort vermuten sie also ihren Stellplatz.

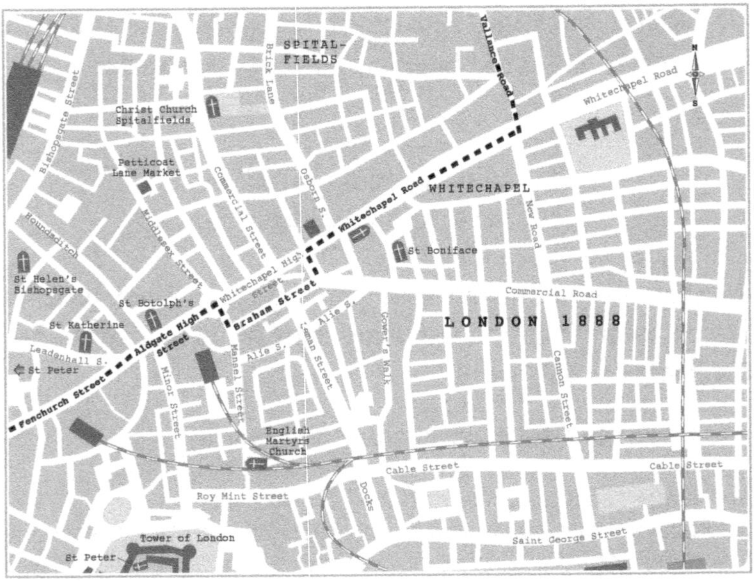

Lösung Rätsel 10:
Der letzte Brief des Rippers

Wie sind die Regeln des »Spiels«? Welchen Namen hat der Ripper hier verschlüsselt?

Jede »Koordinate« steht für einen Buchstaben. Die drei Zahlenwerte jeder Koordinate stehen für Brief; Zeile; Buchstabe.

Die erste Koordinate 1;10;1 steht also für den ersten Buchstaben in der zehnten Zeile des ersten Briefs: W.

Der verschlüsselte Name lautet: WILLIAMS

Danksagung

Eigentlich sollte ich nach meinem ersten Buch ja ein bisschen Übung im Schreiben von Danksagungen haben, aber wirklich gewöhnt habe ich mich immer noch nicht daran. Als Kind war ein Autor etwas komplett Unerreichbares, jemand der mit Sonnenhut, schwarzer Sonnenbrille und weißem Seidenschal auf einer alten Schreibmaschine mysteriöse Dinge aus seiner Fantasie zaubert. Jetzt bin ich selbst so einer (leider ohne das Outfit und die Schreibmaschine). Manchmal werden Träume eben doch wahr.

Wie ich im Vorwort geschrieben habe, ist ein Buch (und dieses ganz besonders) eine Reise mit unbestimmtem Ausgang. Deshalb möchte ich mich als Erstes bei den Menschen bedanken, die mit mir auf diese Reise gegangen und das Buch überhaupt erst möglich gemacht haben:

Johannes & Peter: Danke, dass ihr mir dabei geholfen habt, meinen Traum von einem True-Crime-Rätselbuch umzusetzen – mit euren Ideen, eurem Feedback und eurer Kreativität.

Johannes: Danke natürlich auch an dich, ohne deinen Humor, deine klugen Ideen (und etwas Aperol) wäre diese verrückte Reise namens Buch Nummer 2 wahrscheinlich gar nicht erst möglich gewesen.

Carla: Jetzt, wo ich weiß, was eine Lektorin so alles macht, bin ich noch glücklicher, dass ich dich habe. Viele der Ideen in diesem Buch sind im Austausch mit dir entstanden – danke dafür!

Nina: Danke, dass du in den letzten zwei Jahren zu einer der wichtigsten Menschen in meinem beruflichen (aber auch privaten) Leben geworden bist. Auf noch viele weitere Jahre, in denen wir zusammen klug sind!

Maja, Ha My, und Sophia von OGP: Ohne euch wäre mein Leben erstens wesentlich langweiliger und zweitens ein ziemliches Chaos, danke dafür!

Andrea, Lucie, Vivi und das gesamte Team bei RTL: Danke, dass ihr die Podcast-Maschine am Laufen haltet, ich könnte mir kein besseres Team vorstellen.

Mirijam: Danke für deine Unterstützung und deine Freundschaft!

Meine Autorenkollegin Jasmin Schreiber: Danke für den besten Schreib-Tipp überhaupt: »Wenn dir nichts einfällt, schreib einfach trotzdem.« Klingt komisch, funktioniert aber.

Franka und das gesamte Team der Agentur Thomas Schlück: Danke, dass ihr mich als kompletten Newcomer unter Vertrag genommen habt und wir jetzt schon das zweite Buch zusammen machen können.

Mindestens genauso wichtig wie die berufliche Unterstützung ist natürlich auch die private, deshalb danke an all die Menschen, die mein Leben mit bereichern:

Joel, meine Familie, Ralf, Judith und all die Menschen, die ich meine Freunde nennen darf: Auch wenn ich in den letzten Jahren nicht so viel Zeit mit euch verbringen konnte, wie ich gerne gewollt hätte – danke, dass ihr mein Leben und mich so viel besser macht!

Last but not least danke ich natürlich dir, der oder die du dieses Buch gerade in den Händen hältst. Danke für deine Unterstützung, ein Autor ohne Leserinnen und Leser wäre ziemlich traurig. Falls du mehr über den historischen Fall von Jack the Ripper erfahren möchtest, möchte ich dir zwei Bücher ans Herz legen, die mir bei der Recherche sehr geholfen haben:

»Jack the Ripper: Anatomie einer Legende« von Hendrik Püstow und Thomas Schachner ist wohl das deutsche Standardwerk zu diesem Fall und gibt einen großartigen Überblick über die Fakten, die Theorien und den Mythos.

»The Five: Das Leben der Frauen, die von Jack the Ripper ermordet wurden« von Hallie Rubenhold beschäftigt sich mit einem Thema, über das bei all der Berichterstattung der letzten 150 Jahre viel zu wenig gesprochen wurde: Das Leben der fünf Frauen, die Jack ermordet hat.

Ihr habt bis hierhin gelesen? Dann wird's jetzt mal Zeit, das Buch (oder den E-Book-Reader) zuzuklappen. Macht was Schönes, umarmt die Menschen, die ihr liebt oder hört einen anständigen Podcast. ☺